现代物流经营活动法律与案例

主　编　高　泉　尚　珂
副主编　王　淼　彭　幸　白　硕

中国财富出版社有限公司

图书在版编目（CIP）数据

现代物流经营活动法律与案例 / 高泉，尚珂主编；王淼，彭幸，白硕副主编 . —北京：中国财富出版社有限公司，2022.12

ISBN 978 - 7 - 5047 - 7849 - 9

Ⅰ. ①现… Ⅱ. ①高… ②尚… ③王… ④彭… ⑤白… Ⅲ. ①物流管理－法律－研究－中国 Ⅳ. ①D922.290.5

中国版本图书馆 CIP 数据核字（2022）第 231056 号

策划编辑	张 婷 黄正丽	**责任编辑**	白 昕 赵晓微	**版权编辑**	李 洋
责任印制	尚立业	**责任校对**	杨小静	**责任发行**	敬 东

出版发行	中国财富出版社有限公司		
社　　址	北京市丰台区南四环西路 188 号 5 区 20 楼	**邮政编码**	100070
电　　话	010 - 52227588 转 2098（发行部）		010 - 52227588 转 321（总编室）
	010 - 52227566（24 小时读者服务）		010 - 52227588 转 305（质检部）
网　　址	http://www.cfpress.com.cn	**排　　版**	义春秋
经　　销	新华书店	**印　　刷**	北京九州迅驰传媒文化有限公司
书　　号	ISBN 978 - 7 - 5047 - 7849 - 9/D · 0202		
开　　本	787mm×1092mm　1/16	**版　　次**	2023 年 9 月第 1 版
印　　张	17.75	**印　　次**	2023 年 9 月第 1 次印刷
字　　数	378 千字	**定　　价**	55.00 元

前　言

　　现代物流业是融合运输、仓储、货代、信息等产业的复合型服务业，是国民经济的重要组成部分，是支撑国民经济发展的先导性、基础性、战略性产业。在经济理论上，现代物流业被誉为经济领域的"黑大陆"，是企业经营活动的"第三利润源泉"。现代物流业的重要意义和产业地位已经在学界形成共识。伴随着我国四十多年的改革开放进程，我国现代物流业经历了概念引进、理念传播、实践探索、快速发展、改革创新和高质量发展等不同的历史阶段，取得了举世瞩目的成就。在新发展阶段，党和政府对发展现代物流、构建现代物流体系做出了重要的战略部署，为我国现代物流业的未来发展指明了方向。现代物流业的发展与兴盛有赖于统一、透明、公平的法律制度环境，也有赖于目标明确、重点突出、措施具体的国家政策支撑。我国日益健全的物流法律法规体系和不断完善的物流政策体系为我国现代物流业的发展奠定了重要的基础。

　　互联网等新一代信息技术引发的科技革命和产业革命，深刻改变了经济运行方式，重组了物流和供应链结构。物联网、大数据、人工智能等新技术正在与现代物流业深度融合，物流新业态、新模式不断涌现，物流经营创新活动方兴未艾。我国现代物流业进入了转型升级和高质量发展的新阶段，正朝着信息化、数字化、智能化、绿色化、全球化等方向发展，这给我国的物流产业政策和物流法律体系带来了新的挑战。同时，现代物流经营活动面临的国内外政策环境和法律问题也日益复杂化、多样化，这对物流经营者依法合规经营、合理化解风险，提出了新的要求。

　　基于上述背景，本教材根据我国现代物流业的发展趋势与特征，结合国家主要的物流产业政策，在介绍我国现代物流法律的总体现状、发展趋势的基础上，主要就供应链物流、电子商务物流、跨境物流、绿色物流、智慧物流、应急物流等现代物流经营活动中的法律与案例进行较为系统的分析、阐述和研究。本教材具有以下主要特色。

　　一是体现了政治性和专业性相统一。按照价值引领、能力培养、知识传授相统一的原则，充分挖掘教材内容中的思想政治教育元素，以习近平法治思想为指引，将党和政府关于现代物流业发展的政策精神融入教材内容。通过物流法律知识介绍和案例分析研究，希望读者树立法治意识，加强诚信建设，培养依法合规经营理念，践行社会主义核心价值观。

二是体现了鲜明的时代特色。根据现代物流业的发展趋势与特征，结合国家最新的政策精神，本教材内容上体现了现代物流经营活动的新业态、新模式、新理念。主要聚焦供应链物流、智慧物流、电子商务物流、绿色物流等颇具前沿性和新颖性的法律问题，与传统的物流法律类教材相比，本教材编写体系和内容上具有一定的创新性。

三是体现了现代物流学和法学之间的学科交叉与融合。经济社会越发展，行业分工就越复杂，同样，法治建设越完善，行业法律就越重要。物流法律具有鲜明的行业法律特征，学习研究物流法律和从事物流法律实务有必要了解现代物流学的基础知识，也有必要了解法学的基础知识。本教材在阐释现代物流经营活动中的法律与案例的同时，也着重介绍了相关物流领域的基本概念和基础知识，体现了学科交叉特色。

四是体现了理论性与实践性相结合。本教材兼具学术性与实务性，以现代物流经营活动法律实务为导向，既从理论上分析物流经营活动所涉及的法律关系，又通过实践案例为物流经营者提供合规经营、防范风险的启示。实践案例主要选择物流活动中实际发生并经司法裁判的代表性案例或较为典型的企业经营案例，同时案例评析与法理分析也体现出一定的理论深度和学术价值。

五是体现了立体化、电子化教材建设的要求。本教材编写过程中注意内容的图文并茂，注重教材的可视化、可读性。同时，注重教材电子资源建设，制作了电子课件，将教材涉及的司法裁判文书、企业经营案例、行业发展报告等作为拓展阅读资料以数字化的方式提供给读者。

本教材的编写团队在国内较早地从事流通和物流法律的教学、研究工作，形成了一支专长于流通和物流法律的教学研究团队。本教材在教材编写指导委员会指导下，由北京物资学院法学院高泉、尚珂编写第一章、第二章、第八章，王淼编写第四章、第六章，彭幸编写第七章、第九章，白硕编写第三章、第五章。教材编写过程中，编者紧密关注了物流领域的新模式、新问题，并与京东集团、顺丰集团等大型领先物流企业的法务部门开展合作，吸取了丰富的实践经验，在此对各合作单位表示衷心感谢。

本教材可作为法学专业、物流相关专业本科生、研究生的教学参考书，也可以为律师、法官、企业法务人员等处理相关法律实务提供参考，同时还可以为物流企业相关人员开展相关物流经营活动提供法律借鉴。

编　者

2022 年 8 月

教材编写指导委员会

何明珂　北京工商大学电商与物流学院教授，博士，博士生导师，享受国务院政府特殊津贴专家，北京市教学名师。曾任北京物资学院副院长，兼任教育部高等学校物流管理与工程类专业教学指导委员会副主任委员、商务部现代供应链专家委员会委员。曾长期兼任中国物流与采购联合会副会长、中国物流学会副会长、中国仓储与配送协会副会长等职。主要研究方向为物流与供应链管理、电子商务与现代物流等，主持国家社科基金重点项目 1 项，主持完成国家科技支撑计划项目子课题 2 项，主持完成《物流术语》（GB/T 18354—2001）及修订版《物流术语》（GB/T 18354—2021），发表学术论文 100 多篇，代表作《物流系统论》获北京市第八届哲学社会科学优秀成果二等奖。

尚珂　北京物资学院法学院院长，法学教授，研究生导师，北京市优秀教师，北京市第十二届、第十三届政协委员。兼任中国商业法研究会副会长、北京市交通运输法学研究会副会长、北京市通州区法学会副会长等。主要研究方向为经济法、流通法、社会保障政策。出版《北京流通产业法制环境研究》《新形势下的中国残疾人就业问题研究》《劳动关系管理》《政策法规评估的理论与实践》《经济法学》等学术著作 7 部、主编教材 8 部。主持多项省部级、企事业单位项目，研究成果获得省部级奖 4 项，获得中国物流与采购联合会、中国商业联合会等国家一级行业协会科技进步奖 7 项。

胡焕刚　京东集团法律合规与知识产权部负责人，法学博士。曾任职于北京市朝阳区人民法院，具有多年审判工作经验。2016 年加入京东集团，先后负责过法务部争议解决、物流及综合法务、物流法务、科技法务团队的工作。兼任中国快递协会法律事务专业委员会委员、北京物资学院硕士研究生校外导师、中国政法大学法律硕士学院兼职导师。

姚宗元　顺丰集团法律事务处高级法务经理。曾担任顺丰集团法律事务本部事业群支持处负责人，青岛仲裁委员会第五届、第六届仲裁员。具有中国法律职业资格证。

从事企业物流法律事务工作，致力于物流与快递领域的法律实务研究，多次深度参与国家相关部门与中国快递协会发起的立法意见征求活动与立法研讨活动，其中包括《中华人民共和国电子商务法》《快递暂行条例》《中华人民共和国道路运输条例》《快递市场管理办法》《邮政行政处罚程序规定》等。办理过多起重大、复杂的快递物流领域的民事诉讼纠纷案件。

教材编写组主要成员

高泉　北京物资学院法学院副教授，研究生导师，从事法学教学与科研工作，主要研究方向为经济法、流通法、物流法。出版专著、教材《物流法规体系建设研究》《物流法案例研究》等10多部，主持和参与各级各类科研项目10多项，研究成果获国家一级行业协会科技进步奖2项。

尚珂　北京物资学院法学院院长，法学教授，研究生导师，北京市优秀教师，北京市第十二届、第十三届政协委员。兼任中国商业法研究会副会长、北京市交通运输法学研究会副会长、北京市通州区法学会副会长等。主要研究方向为经济法、流通法、社会保障政策。

王淼　北京物资学院法学院副教授，法学博士，研究生导师。从事法学教学与科研工作，主要研究方向为经济法、国际经济法。主持省部级科研项目2项，发表核心期刊论文8篇，参与多项国家级、省部级科研项目。

彭幸　北京物资学院法学院副教授，法学博士，研究生导师。主要研究方向为国际私法、流通法。在流通法领域发表多篇学术文章，论文获中国人民大学复印报刊资料《国际法学》《物流管理》全文转载2篇，主持高水平科研项目多项，获得省部级奖项2项。

白硕　北京物资学院法学院研究生导师，法学博士。长期从事"物流法规"等课程的教学，曾在北京市综合保税区管委会挂职。兼任中国商业法研究会理事、中国破产法学会理事。主要研究方向为物流法、民商法等。主编或参编《物流法规》《物流法案例研究》等著作。在核心期刊发表学术论文多篇，参与商务部及北京市商务局等政府机构的流通物流领域课题10余项。

目　录

第一章 现代物流业政策与法律概述

导 言

现代物流业是国民经济的重要组成部分，是支撑国民经济发展的基础性、战略性、先导性产业。改革开放以来，我国现代物流业实现了历史性变革，取得了举世瞩目的成就，现代物流业的产业地位不断彰显，对经济社会发展的作用日益增强。市场经济就是法治经济，现代物流业的发展依赖于完善的政策和法律环境。改革开放以来，我国现代物流业的政策和法律体系不断完善，发展环境不断优化，有力地促进和保障了现代物流业的健康发展。随着新一轮科技革命带来的产业变革，我国现代物流业进入了转型升级和高质量发展的新阶段，正朝着信息化、数字化、智能化、绿色化、全球化等方向发展，给现代物流业政策和法律体系带来了新的挑战，同时也对现代物流业政策和法律体系的完善提出了新的要求。

第一节 现代物流业概述

一、物流的概念及演化

物流活动具有悠久的历史，人类社会开始有物品的交换行为时就存在物流活动。但真正意义上的物流概念直到近代社会才出现。物流概念自诞生以来，其内涵和外延已发生了多次变化。

（一）西方国家物流概念的演化：从"PD"到"Logistics"

一般认为，最早的物流概念是 1915 年美国学者阿奇·萧（Arch Shaw）在《市场流通中的若干问题》一书中从市场营销的角度提出的"Physical Distribution"（以下简称"PD"），并指出物流与创造需求是不同的问题，流通活动的重大失误都是因为创造需求和物流之间缺乏协调性，阐明了物流在流通中的重要作用。[①] 1962 年，著名的美国管理学家彼得·德鲁克在《财富》杂志上发表了题为《经济领域的黑色大陆》一文，这个所谓的"黑大陆"主要针对物流而言。"黑大陆"主要是指尚未认识、尚未了解、尚未开发的领域。[②] 物流被誉为经济领域的"黑大陆"，更加彰显了其重要性和发展潜力。

"PD"的概念产生以后，美国市场营销协会（American Market Association，AMA）和美国国家配送管理协会（National Council of Physical Distribution Management，NCPDM）在不同的历史时期，对物流进行过多次定义。其中，美国国家配送管理协会在 1976 年将物流定义为：物流是为了计划、实施和控制原材料、半成品及产成品从起源地到消费地的有效率的流动而进行的两种或多种活动的集成。

随着产业结构的变化和科学技术迅猛发展，经济全球化进一步扩大了企业经营的空间范围，而传统的物流理念仅仅应用于销售领域，"PD"概念的范围狭窄，其局限性逐渐表现出来。1985 年，美国国家配送管理协会更名为美国物流管理协会（Council of Logistics Management，CLM），将物流从"Physical Distribution"改为"Logistics"，并将其定义为：物流是以满足客户要求为目的，以高效和经济的手段来组织原料、在制品、制成品，以及相关信息从供应到消费的运动和存储计划、实施与控制的过程。此时，物流涉及的范围已突破商品流通的范围，物流活动已扩大到生产领域，物流活动包括原材料采购、加工生产、产品销售、售后服务、废旧物品回收等物理性的流通活动。这一定义，充分体现了现代物流的思想和理念。1992 年、1998 年和 2002 年，美国物流管理协会曾三次对物流定义进行修订，并强调供应链物流，反映了人们对物流的认识更加深入。

2005 年，美国物流管理协会又更名为美国供应链管理专业协会（Council of Supply Chain Management Professionals，CSCMP）。这次更名体现了物流向供应链概念的转变，也标志着现代物流全面进入供应链时代，供应链在企业中扮演的角色越来越重要，供应链管理已经成为企业普遍的运营实践模式。

（二）我国物流概念的引进及演化

改革开放以前，我国没有使用"物流"概念。1978 年，我国相关部门组织考察团出访日本，研究日本生产资料的交换和流通方式。这个考察团通过多次的国际交流，取得了把"物流"概念带回中国的重大成果。

随着我国社会经济的发展，我国的物流业进入了崭新的发展阶段，社会各界的专

---

① 张亮，李采风. 物流学［M］. 2 版. 北京：电子工业出版社，2018.
② 王之泰. 从"黑大陆"到"灰大陆"：王之泰物流研究 30 年轨迹［M］. 重庆：重庆大学出版社，2009.

家学者对物流概念的研究也愈加广泛而深入。比如何明珂认为：物流是一个系统；物流是整个制造、流通和消费组成的供应链中的一部分；物流不是储运，但储运是物流的一部分。①丁俊发认为：物流是随着经济全球化与信息网络技术的发展而出现的一种经济运作新模式，这种模式就是对全球物流资源与物流基本功能的整合，根据客户的要求，完成物品从供应地到接收地的实体流动的过程，不管这一过程在何地或由哪一个主体实施、采取哪些方式来完成、过程的复杂程度如何。所以，从这一意义上讲，物流是一种先进模式，是一种先进方法，是一种先进生产力。②

2001年4月，我国首次颁布并实施的《物流术语》（GB/T 18354—2001）将物流定义为："物品从供应地向接收地的实体流动过程。根据实际需要，将运输、储存、装卸、搬运、包装、流通加工、配送、信息处理等基本功能实施有机结合。"同时也对物流管理进行了定义："为了以最低的物流成本达到用户满意的服务水平，对物流活动进行的计划、组织、协调与控制。"该项国家标准于2006年修订，修订后的《物流术语》（GB/T 18354—2006）没有改变物流的定义，但是对物流管理的定义进行了修改，修订后的《物流术语》（GB/T 18354—2006）中物流管理是指："为达到既定的目标，对物流的全过程进行计划、组织、协调与控制。"

2021年，国家发布了新版的《物流术语》（GB/T 18354—2021），新版的《物流术语》（GB/T 18354—2021）将物流定义修改为："根据实际需要，将运输、储存、装卸、搬运、包装、流通加工、配送、信息处理等基本功能实施有机结合，使物品从供应地向接收地进行实体流动的过程。"将物流管理定义修改为："为达到既定的目标，从物流全过程出发，对相关物流活动进行的计划、组织、协调与控制。"由此可见，我国物流和物流管理是两个术语。与美国物流管理协会当初给出的物流概念比较，一个重要的不同之处是用"有机结合"取代"计划、实施与控制"，把"物流"概念只描述为一个过程，不包含对这一过程的管理。为此，我国的《物流术语》对"物流管理"进行了单独界定。③

从物流概念的发展演变可以看出，随着经济社会变迁和发展，物流概念的内涵在不断扩充，从最初的"Physical Distribution"概念转变为现在的"Logistics"概念，两者所围绕的中心是不同的，前者以企业为中心，后者以用户为中心。而且在范畴上，后者在前者的基础上有了延伸与扩展。④改革开放后，我国经历了物流概念的引进和理念的传播过程，相关人士对物流概念的认识也日益深入。由此可见，物流概念是伴随着社会经济的发展而变化的。

---

① 何明珂. 物流系统论［M］. 北京：高等教育出版社，2004.
② 丁俊发. 中国物流［M］. 2版. 北京：中国物资出版社，2007.
③ 王健. 现代物流概念的比较研究［J］. 发展研究，2005（1）：59-61.
④ 王之泰. 新编现代物流学［M］. 3版. 北京：首都经济贸易大学出版社，2012.

二、现代物流的概念及演化

经济全球化和科学技术飞速发展的背景下，企业为了实现竞争优势，必须在全球的市场里统筹资源，安排生产与流通活动。物流活动的标准化、信息化、智能化、集约化水平不断提高，在全球范围内影响生产、生活的各个领域，现代物流业在国民经济中发挥的作用日益显著，可以说现代经济水平将在很大程度上取决于现代物流水平。在这样的时代背景下，出现了现代物流相关的概念。

在我国，直到 20 世纪 90 年代中期才开始对现代物流理论进行研究，相继出现《现代物流学》等著作。特别是 1999 年在北京召开"现代物流发展国际研讨会"，时任国务院副总理的吴邦国同志指出现代物流是新的经济增长点，并要求中国物流要实现跨越式发展。自此，"现代物流"一词开始在全国广泛使用。但是，现代物流还没有一个完整、公认的定义，国家标准《物流术语》（GB/T 18354—2021）中也没有涉及，国内学者关于现代物流的观点也不尽一致。比如丁俊发提出传统物流一般是指商品在空间与时间上的位移，以解决商品生产与消费的地点差异与时间差异。现代物流包括运输合理化、仓储自动化、包装标准化、装卸机械化、加工配送一体化、信息管理网络化等。[1] 何明珂认为物流作为一个被专门研究的对象和企业专门投资的领域，其历史很短，因此我们可以说是"现代物流"。[2] 王佐认为传统物流整合的是操作功能，而现代物流整合的是管理功能；传统物流侧重于在企业内部整合资源，而现代物流则要进行跨企业边界的资源整合；传统物流主要关注的是物料和相关服务的可得性，而现代物流却要通过众多企业的协调来优化资源配置并建立战略协作竞争体系，即供应链管理。[3]

2001 年 3 月，原国家经贸委等六部门联合印发的《关于加快我国现代物流发展的若干意见》中指出：现代物流泛指原材料、产成品从起点至终点及相关信息有效流动的全过程。它将运输、仓储、装卸、加工、整理、配送、信息等方面有机结合，形成完整的供应链，为用户提供多功能、一体化的综合性服务。2004 年 8 月，国家发展改革委等九部门印发的《关于促进我国现代物流业发展的意见》中指出现代物流是一个新兴的复合性产业，涉及运输、仓储、货代、联运、制造、贸易、信息等行业，政策上关联许多部门。2014 年 10 月，国务院发布《物流业发展中长期规划（2014—2020年）》，指出物流业是融合运输、仓储、货代、信息等产业的复合型服务业，是支撑国民经济发展的基础性、战略性产业。加快发展现代物流业，对于促进产业结构调整、

---

① 丁俊发. 中国物流 [M]. 2 版. 北京：中国物资出版社，2007.
② 何明珂. 物流系统论 [M]. 北京：高等教育出版社，2004.
③ 王佐. 物流管理新概念（上）[J]. 中国物流与采购，2006（15）：68-70.

转变发展方式、提高国民经济竞争力和建设生态文明具有重要意义。

从我国政府发布的一系列发展现代物流业的政策性文件和规划来看，发展现代物流业，以提升经济运行总体的质量和企业的市场竞争力已经成为政府和社会各界的共识。现代物流业是一个新兴的复合型产业，涉及运输、仓储、货代和信息等产业，或者说现代物流业是一个融合运输业、仓储业、货代业和信息业等产业的复合型服务产业，是国民经济的重要组成部分。

三、现代物流业的地位

随着经济全球化和信息技术的迅速发展，社会生产、物资流通、商品交易及其管理方式发生了深刻的变革。与此相适应，现代物流业在世界范围内广泛兴起。

现代物流业连接着生产和消费，贯穿了农业、工业、流通业，是基于物流资源产业化的一种复合型产业。现代物流活动涵盖了运输、仓储、装卸、搬运、包装、流通加工、配送等环节，现代物流业涉及交通运输业、仓储业、装卸业、包装业、加工配送业、信息业等行业。现代物流业不是这些产业或行业的简单叠加，而是一种整合和融合，从而形成一种新兴的物流服务产业。在这个意义上，我国把物流业明确定位为"生产性服务业"，服务于生产，服务于流通，服务于消费。[①] 因此，物流业属于广义的服务业范畴。根据三次产业分类法，可以将物流业归为第三产业范围，这一划分方式也得到了广泛认同。然而，需要注意的是在国家标准《国民经济行业分类与代码》（GB/T 4754—2017）对产业的划分中，还不包含物流业，但是包括了交通运输、仓储和邮政业等。因此，有必要从国民经济行业分类、产业统计、工商注册及税目设立等方面明确物流业类别，进一步明确物流业的产业地位。

现代物流业是国民经济的支柱产业，现代物流业具有很强的产业关联度和带动效应。它不仅涉及水路运输、公路运输、铁路运输、航空运输等经营活动，还涉及仓储、包装、流通加工、信息处理等经营活动；不仅涉及仓储企业、包装企业、电子商务企业、邮政企业等生产经营企业，还涉及税收部门、检验检疫部门、海关等政府管理部门。因此，作为一个跨行业、跨地区、跨部门的新兴产业，现代物流业几乎影响到了三大产业的所有领域和细分产业门类。无论是在广度上，还是在深度上，现代物流业都具有很好的发展前景，是国民经济的综合性和支柱性产业之一。

在国际上，现代物流业被认为是国民经济发展的动脉和基础产业，其发展程度成为衡量一国现代化程度和综合国力的重要标志之一，被喻为促进经济增长的"加速器"和"第三利润源泉"。在我国，现代物流业在拉动就业、促进消费、促进产业结构调整、转变经济发展方式和增强国民经济竞争力等方面发挥重要作用。加快我国现代物

---

① 王之泰.新编现代物流学［M］.3版.北京：首都经济贸易大学出版社，2012.

流业发展，对于优化资源配置、调整经济结构、改善投资环境、增强综合国力和企业竞争能力、提高经济运行质量与效益等具有非常重要而深远的意义。

四、我国现代物流业的基本现状

现代物流业是支撑国民经济发展的基础性、战略性、先导性产业，进入 21 世纪以来，我国现代物流业保持较快的发展速度，服务能力显著提升，基础设施条件和政策环境明显改善，现代物流产业体系逐步形成并不断完善，现代物流业已成为国民经济的重要组成部分。主要体现在以下五个方面。

（一）现代物流产业规模快速扩张，管理水平与服务能力显著提升

整体而言，改革开放以来，特别是进入 21 世纪后，我国的现代物流产业规模扩张较为迅速。2020 年以来，尽管遭遇全球性新冠感染疫情和经济下行压力等的冲击，我国的社会物流总额增速仍然保持了持续回升的态势，现代物流业总收入实现小幅增长。

中国物流与采购联合会发布的《2021 年物流运行情况分析及 2022 年展望》表明，2021 年，物流需求规模再创新高，全年社会物流总额 335.2 万亿元，是"十三五"初期的 1.5 倍。按可比价格计算，同比增长 9.2％，两年年均增长 6.2％。2011—2021 年社会物流总额如图 1-1 所示。

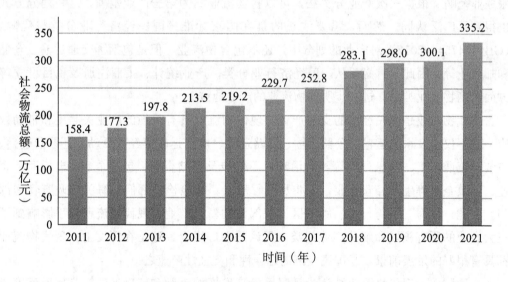

图 1-1　2011—2021 年社会物流总额

在电商快递、冷链物流、即时配送等民生物流领域，尽管经受新冠感染疫情考验但仍保持较快发展。新冠感染疫情影响下，电商平台、网络购物小程序已经成为居民消费的重要渠道，带动快递物流业务量快速增长。

拓展阅读 1-1

同时，随着物流业的转型升级和快速发展，一些制造企业、商贸企业开始采用现代物流管理理念、方法和技术，实施流程再造和服务外包。传统运输企业、仓储企业、传统货代企业实行功能整合和服务延伸，逐步从物流提供商向物流整合商和供应链服务商转变，加快向现代物流企业转型，物流市场主体活力显著增强。物流企业资产重组和资源整合步伐进一步加快，一批新型的物流企业迅速成长，形成了一批所有制多元化、服务网络化和管理现代化的物流企业。电商快递、零担快运、航空货运、港口物流等细分市场集中度有所加强，涌现出一批规模型骨干物流企业。制造物流、商贸物流、电子商务物流和国际物流等领域专业化、社会化服务能力显著增强，服务水平不断提升，物流核心竞争力显著增强，现代物流服务体系逐步建立并不断完善。

（二）物流基础设施日益完善，物流技术设备水平不断提升

我国的物流基础设施投资力度不断加强，物流基础设施日益完善，无论是铁路营业里程、公路总里程、内河航道通航里程、港口生产用码头泊位、民用航空机场数量，还是交通运输部门完成的营业性货运量、交通固定资产投资总量等均在全球居于领先地位。同时，我国物流业数字化转型、智能化改造迈开新步伐，物流发展方式向线上线下融合转变，连接人、车、货、场的"物流互联网"正在加速形成。物流企业加大智能化改造力度，物流机器人、无人机、无人仓、无人驾驶卡车、无人码头等无人化物流模式走在世界前列。智慧物流基础设施建设发力，智慧物流园区、智慧港口、智能仓储基地、数字仓库等促进"通道＋枢纽＋网络"的物流基础设施网络体系加快布局建设。

与此同时，物流技术设备更新换代，物流信息化建设有了突破性进展。信息技术广泛应用，大多数物流企业建立了管理信息系统，物流信息平台建设快速推进。物联网、云计算、大数据等现代信息技术开始被应用，装卸搬运、分拣包装、加工配送等领域的专用物流技术设备迅速推广。

拓展阅读 1-2

（三）现代物流业新业态、新模式不断涌现，物流科技创新活动方兴未艾

我国政府高度重视新业态、新模式发展，将其作为推动现代物流业转型升级、高质量发展的重要内容。比如中共中央、国务院 2019 年 9 月印发的《交通强国建设纲要》中，明确提出要发展"互联网＋"高效物流，创新智慧物流营运模式。

目前，互联网、云计算、大数据、人工智能、区块链等新一代信息技术正在赋能我国现代物流业的转型发展，新一代信息技术在物流领域的应用场景不断丰富，新业态、新模式层出不穷，颠覆了传统物流业的格局。在新一轮产业变革和技术革命带动下，供给模式、物流工具、组织方式、管理方式等快速变化并加速迭代。共同配送、多式联运、网络平台货运、车货匹配、物流云仓等新业态、新模式不断发展，物流网络化、协同化、标准化、数字化、智能化、绿色化和全球化水平不断提升。比如在配送模式上，我国正在推广共同配送、集中配送、统一配送、分时配送、夜间配送等集约化配送模式，并不断完善前置仓配送、门店配送、即时配送、网订店取、自助提货等末端配送模式。物流科技创新活动进一步推动了物流设施网络的协同互联，促进了各类物流资源和要素的有效对接，提升了物流效率，激活了物流新市场、培育了物流发展的新动能。总之，加快推动新业态、新模式发展，对于增强实体经济活力，提升物流运作效率，支撑消费扩容升级，培育新的经济增长点具有重要的意义。

（四）现代物流管理体制正在形成并不断完善

改革开放前，我国实行计划经济体制，国家对生产资料、主要消费品等物资实行指令性计划生产、分配和供应。商品的物流活动基本上由各级物资储运公司和商业储运公司来承担。物流活动仅限于对上述物资的储存和运输，主要目的是保证国家指令性计划分配指标的落实。改革开放以来，随着社会主义市场经济体制的逐步建立，物流业逐步发展成以市场为导向、以满足客户要求为宗旨的适应现代社会经济发展需要的新兴行业。科学技术迅速发展和信息技术的普遍应用，催生了新的物流需求，创造出了新的物流经营模式，也对现代物流管理体制提出了新的要求。

目前，我国的现代物流管理体制正处在进一步深化改革的过程中。由于受传统观念的影响，我国现代物流管理体制的改革相对滞后，交通运输部、商务部等专业管理部门和国家发展改革委等综合管理部门实行分散管理。由于体制没有理顺，各部门之间分工又有交叉，造成了现代物流管理体制中存在的条块分割、部门分割、重复建设等问题。目前，现代物流业及其相关行业管理体制改革不断深入，打破部门间和地区间的分割和封锁，创造公平的竞争环境，继续深化铁路、公路、水路等领域的体制改革，建立政企分离、决策科学、权责对等、分工合理、执行顺畅、监督有力的物流综合管理体系。法治政府建设不断推进，进一步推进"放管服"改革，反对垄断和不正当竞争，统筹城市和乡村、国际和国内的物流体系建设，建立有利于资源整合和优化配置的体制。同时，更好地发挥行业协会的桥梁和纽带作用，鼓励行业协会积极推动行业规范和诚信体系建设，推动行业健康发展。

（五）现代物流业政策法规体系不断完善，发展环境和营商环境不断优化

进入 21 世纪以来，我国政府高度重视现代物流业的发展，国家的重要经济社会发展规划中都明确提出要大力发展现代物流，并发布一系列发展现代物流业的政策性文件。比如先后发布了《物流业发展中长期规划（2014—2020 年）》《国务院关于促进快递业发展的若干意见》等。中央和地方政府相继建立了推进现代物流业发展的综合协调机制，地方政府和有关部门出台了一系列专项规划和配套措施。比如北京市相关部门制定了《北京市"十五"时期商业物流发展规划》，出台了《北京市人民政府关于推进流通现代化的意见》等，将大力发展现代物流业作为流通现代化的发展重点，并提出要加大支持物流发展的政策扶持力度。

与此同时，物流领域立法工作不断加强，调整物流关系的法律法规有机结合，形成一个庞大的物流法群。这些法律法规为规范物流活动起到非常重要的作用，现有的法律法规一定程度上缓解了物流领域的"法律空白"状况，在物流领域的基本方面做到了有法可依，对现代物流业的健康发展起到了保驾护航的作用。此外，物流领域环保治理、超限超载治理工作不断加强，引导物流企业依法合规发展，努力创造公平竞争的物流市场环境，现代物流业发展环境和营商环境不断优化。

总体上看，我国现代物流业已步入转型升级和高质量发展的新阶段。但是，物流发展不平衡、不充分、不协调问题依然存在，现代物流业发展总体水平还有待提高、应对各种风险挑战的能力还有待加强、发展方式和发展质量还有待升级。一是在新的国际竞争形势和新冠感染疫情冲击下，全球供应链调整风险加大，维护我国供应链安全、可靠、稳定与提升现代物流韧性和灵活性仍然面临重大挑战。二是社会物流总费用与国内生产总值（GDP）的比率仍然偏高，物流企业用人难、用人贵、用地难、用地贵问题依旧突出，现代物流业"提质、增效、降本"任务仍然艰巨，降低供应链全流程物流成本的能力需要提升。三是在现代物流业创新发展的过程中，制造业与现代

物流业融合的成熟度不够，现代物流业迈向价值链中高端存在瓶颈。同时，在现代物流业新业态、新模式发展中也面临资本无序扩张、不正当竞争、行业垄断等问题。中小企业仍然面临数字化鸿沟，数据治理、平台治理能力还有待提升。四是物流基础设施仍然不能满足现代物流发展的要求。现代化仓储设施、多式联运设施等仍有不足，高效、顺畅、便捷的综合交通运输网络尚不健全，物流基础设施之间不衔接、不配套问题较为突出。城市物流普遍面临限行、限地问题，特别是城市末端网点短缺，不适应电子商务时代的消费物流需求。五是政策法规体系不够完善，市场秩序不够规范，营商环境优化和体制机制改革任务仍然繁重。阻碍现代物流业发展的体制机制障碍仍未完全打破，货畅其流的体制机制尚未完全建立，向综合监管、协同监管、数字监管等新型监管机制转变的任务尚未完成。同时，我国的农村物流、应急物流、绿色物流等领域尚有短板，与经济高质量发展的要求还有一定差距，"物流大国"向"物流强国"转变仍然任重而道远。

第二节　现代物流业政策与立法的历史与现状

一、我国现代物流业政策与立法的历史进程

回顾历史，我国现代物流业政策与立法同我国现代物流业改革开放和发展壮大的历史进程是同步的，同我国法治化建设的历史进程也是同步的。改革开放以来，我国现代物流业政策与立法经历了起步与发展、丰富与完善、全面推进的过程。特别是党的十八大以来，现代物流业政策与立法进入了日益现代化的新时代。总体而言，可以将我国现代物流业政策与立法的历史进程分为以下三个阶段。

（一）起步与发展阶段（1978—2000 年）

在这个时期，党的十一届三中全会上做出把党和国家的工作重心转移到经济建设上来，实行改革开放的伟大决策，开启了我国各领域改革开放的新时代，我国传统的"物资"工作部门开始了解和接受了"物流"的概念。1993 年党的十四届三中全会审议通过《中共中央关于建立社会主义市场经济体制若干问题的决定》，明确了社会主义市场经济体制的基本框架。1999 年第九届全国人大二次会议把"依法治国，建设社会主义法治国家"写进宪法，使中国的法治化建设达到新的高度。在这样一个时代背景下，我国现代物流产业逐步形成并发展，物流政策与立法也进入了起步与发展阶段。

在交通运输、商贸流通立法领域，国家先后颁布了《中华人民共和国海商法》（以下简称《海商法》）、《中华人民共和国铁路法》（以下简称《铁路法》）、《中华人民共和

国对外贸易法》（以下简称《对外贸易法》）、《中华人民共和国公路法》（以下简称《公路法》）、《中华人民共和国民用航空法》（以下简称《民用航空法》）、《中华人民共和国海关法》（以下简称《海关法》）等，奠定了物流业发展的法律基础。

在市场主体法律制度方面，国家先后颁布并实施了《中华人民共和国个人独资企业法》《中华人民共和国合伙企业法》《中华人民共和国公司法》（以下简称《公司法》）等有关市场主体的法律。特别是《公司法》为建立现代企业制度、保障公司投资者和利益相关人的合法权益奠定了制度基础。物流业投资主体逐步多元化，同时，国有传统物资企业和运输企业改革也进入一个新的阶段，通过公司制改造，向现代物流服务商转型，并建立了现代企业制度。

在民商事立法领域，国家先后颁布实施了《中华人民共和国担保法》（以下简称《担保法》）、《中华人民共和国合同法》（以下简称《合同法》）等重要立法［《担保法》《合同法》现已被《中华人民共和国民法典》（以下简称《民法典》）替代］，特别是《合同法》的颁布实施，成为商贸流通、商品流转关系的基本规范，其中的"运输合同""仓储合同"等规定，明确了物流活动当事人的权利和义务。

在市场管理法律制度建设方面，主要立法有《中华人民共和国价格法》（以下简称《价格法》）、《中华人民共和国广告法》（以下简称《广告法》）、《中华人民共和国反不正当竞争法》（以下简称《反不正当竞争法》）等，为包括物流活动在内的市场公平竞争和有序发展奠定了法律基础。

（二）丰富与完善阶段（2001—2011年）

在这个时期，随着我国社会主义市场经济体制的日益完善，加入世界贸易组织后，市场逐步全面对外开放。同时，以互联网为代表的信息技术发展促进了连锁经营、物流配送、电子商务等现代流通方式快速发展，新兴经济不断发展。我国现代物流业在国民经济中的基础性地位日益显现，推动现代物流业发展成了国家重要产业之一，物流业政策与立法进入了一个不断丰富并完善的阶段。

2004年，国家发展改革委等九部门联合印发《关于促进我国现代物流业发展的意见》。为加强综合组织协调，我国建立了由国家发展改革委牵头、商务部等有关部门和协会参加的全国现代物流工作协调机制。

2009年，为了应对国际金融危机，国务院发布了《国务院关于印发物流业调整和振兴规划的通知》（国发〔2009〕8号），该文件分析了我国物流业发展的现状与面临的形势，提出了物流业调整和振兴的指导思想、原则和目标，提出了我国物流业发展的主要任务、重点工程和政策措施，为物流业发展指明了方向。

2011年，国务院办公厅发布了《国务院办公厅关于促进物流业健康发展政策措施的意见》（国办发〔2011〕38号），从九个方面提出促进物流业健康发展的政策措施：一是切实减轻物流企业税收负担；二是加大对物流业的土地政策支持力度；三是促进物流车辆便利通行；四是加快物流管理体制改革；五是鼓励整合物流设施资源；六是推进物流技术创新和应用；七是加大对物流业的投入；八是优先发展农产品物流业；九是加强组织协调。

与此同时，我国市场经济法律体系基本形成，交通运输相关的法律法规、商贸流通相关的法律法规也不断地修改完善，为物流业健康发展提供了法律基础。

在市场竞争立法上，我国 2007 年颁布的《中华人民共和国反垄断法》（以下简称《反垄断法》），对于制止垄断行为、保护公平竞争，具有十分重要的意义。为了打破行业垄断和地区封锁，依法制止滥用行政权力阻碍或限制物流业跨行业、跨地区服务，规范物流企业经营行为，提高物流服务质量，制止违法经营，维护物流市场秩序，原国家工商行政管理总局等六部门 2009 年发布了《关于做好制止滥用行政权力排除限制物流业竞争规范物流市场秩序工作的通知》（工商竞争字〔2009〕226 号）。这是我国关于物流领域市场竞争问题的一部专门的规范性文件。

（三）全面推进阶段（2012 年至今）

党的十八大以来，统筹推进"五位一体"总体布局、协调推进"四个全面"战略布局，不断推进国家治理体系和治理能力现代化。在新时代全面依法治国的战略方针指引下，法治中国建设驶入"快车道"。2017 年党的十九大报告提出加强水利、铁路、公路、水运、航空、管道、电网、信息、物流等基础设施网络建设，强调在中高端消费、创新引领、绿色低碳、共享经济、现代供应链、人力资本服务等领域培育新增长点、形成新动能。2020 年我国现代物流业进入了转型升级和高质量发展的新阶段，在此背景下，我国现代物流业政策与立法也进入了一个全面推进、日益完善的新时代。

这一时期，中央和地方政府出台了大量的物流业规划和发展政策，比如《物流业发展中长期规划（2014—2020 年）》《国务院关于促进快递业发展的若干意见》《国务院办公厅关于进一步推进物流降本增效促进实体经济发展的意见》《国务院办公厅关于积极推进供应链创新与应用的指导意见》《国务院办公厅关于推进电子商务与快递物流协同发展的意见》等，这些政策性文件对于推动我国现代物流业转型升级和高质量发展，推进供应链创新与应用具有重要意义，更加彰显现代物流业在我国国民经济中的基础性、战略性、先导性的地位。特别是在 2021 年我国政府制定的《中华人民共和国国民经济和社会发展第十四个五年规划和 2035 年远景目标纲要》中，对物流基础设施建设、智慧物流、国际物流、应急物流等涉及现代物流体系建设的重要领域，都做了系统表述，为现代物流在新阶段的发展指明了方向。

拓展阅读1-3

在政府的市场监管方面，我国大力推进法治政府建设，制定实施了《优化营商环境条例》等行政法规，全面实行政府权责清单制度，深入推进“放管服”改革，推进行政执法体制改革，推进“互联网＋监管”等新型监管机制和监管方式。修订完善《反垄断法》《反不正当竞争法》等法律。建立公平竞争审查制度，规范政府有关行为，逐步清理、废除妨碍全国统一市场和公平竞争的规定。并加大反垄断和反不正当竞争执法司法力度，防止资本无序扩张。

在市场准入领域，我国先后修改了《公司法》和《中华人民共和国道路运输条例》（以下简称《道路运输条例》），颁布了新的《国内水路运输管理条例》、《快递暂行条例》、《中华人民共和国外商投资法》（以下简称《外商投资法》）、《中华人民共和国市场主体登记管理条例》（以下简称《市场主体登记管理条例》）等法律法规。这些法律法规激发了包括物流业在内的各类市场主体的创造活力，降低了准入门槛，优化了营商环境，转变了监管方式，全面实施了负面清单制度。

在环境保护和生态文明法律制度建设方面，全国人大常委会颁布了《中华人民共和国环境保护法》（以下简称《环境保护法》），并修改完善了《中华人民共和国大气污染防治法》（以下简称《大气污染防治法》）、《中华人民共和国环境保护税法》（以下简称《环境保护税法》）、《中华人民共和国环境影响评价法》（以下简称《环境影响评价法》）等法律。我国环境保护和生态文明法律体系日趋健全和完善，也为物流业绿色发展提供了法律制度基础。

在民商事立法领域，《民法典》的编纂与实施，是我国法治事业的一座丰碑，标志着我国的民事法律制度日臻完善，进一步完善了社会主义市场经济的基本法律制度。《民法典》中的总则编、合同编、侵权责任编等的相关规定成为调整物流活动当事人之间民事关系的基本依据。《中华人民共和国电子商务法》（以下简称《电子商务法》）的颁布与实施，对规范电子商务行为、维护市场秩序、促进电子商务持续健康发展、推进电子商务与快递物流协同发展具有重要意义。

在网络和信息化立法领域，我国修改完善了《中华人民共和国电子签名法》（以下简称《电子签名法》），颁布了《中华人民共和国网络安全法》（以下简称《网络安全法》)、《中华人民共和国数据安全法》(以下简称《数据安全法》)、《中华人民共和国个人信息保护法》(以下简称《个人信息保护法》),为物流业数字化转型和智慧物流发展奠定了法律基础。

与此同时,我国物流业涉及的运输、快递、仓储、货代及物流应急与安全等领域的法律法规也通过"立改废"工作进一步完善,有利于我国物流业转型升级和高质量发展,推动物流法律法规体系日益完善。

二、我国现代物流业的政策现状

以政策为先导,推动产业发展是我国改革开放以来的重要历史经验。我国现代物流业的发展同样离不开政策的推动、引导,这些政策性文件既有国家层面的,也有地方层面的,涉及现代物流业发展的各个领域和环节,数量较为庞大,内容较为丰富。概括而言,主要有以下几类。

(一) 国务院颁布的综合性、纲领性政策

党中央、国务院高度重视构建现代物流体系,针对我国物流产业多个方面出台了一系列政策,为我国物流产业健康发展提供了坚实的政策保障。中央人民政府(即国务院)颁布的与现代物流业有关的政策文件中,既有以国务院名义颁布的,也有以国务院办公厅名义颁布的,国务院和国务院办公厅颁布的与现代物流业有关的政策文件如表1-1所示。这些政策文件是级别最高、效力最强、权威性最高的,往往涉及现代物流业发展主要领域和重要方面,具有综合性、纲领性的特点。

拓展阅读1-4

表1-1　　国务院和国务院办公厅颁布的与现代物流业有关的政策文件

发布日期	发文机关	发文字号	文件
2014年9月3日	国务院	国发〔2014〕32号	《国务院关于促进海运业健康发展的若干意见》
2014年10月4日	国务院	国发〔2014〕42号	《国务院关于印发物流业发展中长期规划(2014—2020年)的通知》

发布日期	发文机关	发文字号	文件
2015 年 10 月 26 日	国务院	国发〔2015〕61 号	《国务院关于促进快递业发展的若干意见》
2016 年 6 月 21 日	国务院 办公厅	国办发〔2016〕43 号	《国务院办公厅关于转发国家发展改革委营造良好市场环境推动交通物流融合发展实施方案的通知》
2016 年 9 月 26 日	国务院 办公厅	国办发〔2016〕69 号	《国务院办公厅关于转发国家发展改革委物流业降本增效专项行动方案（2016—2018 年）的通知》
2017 年 4 月 21 日	国务院 办公厅	国办发〔2017〕29 号	《国务院办公厅关于加快发展冷链物流保障食品安全促进消费升级的意见》
2017 年 8 月 17 日	国务院 办公厅	国办发〔2017〕73 号	《国务院办公厅关于进一步推进物流降本增效促进实体经济发展的意见》
2017 年 10 月 13 日	国务院 办公厅	国办发〔2017〕84 号	《国务院办公厅关于积极推进供应链创新与应用的指导意见》
2018 年 1 月 23 日	国务院 办公厅	国办发〔2018〕1 号	《国务院办公厅关于推进电子商务与快递物流协同发展的意见》
2019 年 5 月 7 日	国务院 办公厅	国办发〔2019〕16 号	《国务院办公厅转发交通运输部等部门关于加快道路货运行业转型升级促进高质量发展意见的通知》
2019 年 5 月 21 日	国务院 办公厅	国办发〔2019〕23 号	《国务院办公厅关于印发深化收费公路制度改革取消高速公路省界收费站实施方案的通知》
2019 年 8 月 27 日	国务院 办公厅	国办发〔2019〕42 号	《国务院办公厅关于加快发展流通促进商业消费的意见》
2020 年 12 月 14 日	国务院 办公厅	国办函〔2020〕115 号	《国务院办公厅转发国家发展改革委等部门关于加快推进快递包装绿色转型意见的通知》
2021 年 8 月 20 日	国务院 办公厅	国办发〔2021〕29 号	《国务院办公厅关于加快农村寄递物流体系建设的意见》
2022 年 1 月 18 日	国务院	国发〔2021〕27 号	《国务院关于印发"十四五"现代综合交通运输体系发展规划的通知》
2021 年 12 月 12 日	国务院 办公厅	国办发〔2021〕46 号	《国务院办公厅关于印发"十四五"冷链物流发展规划的通知》
2022 年 1 月 10 日	国务院	国函〔2021〕138 号	《国务院关于"十四五"现代流通体系建设规划的批复》

（二）国务院各部委和直属机构颁布的有关政策

由于物流活动衔接生产与消费的全过程，贯穿第一产业、第二产业和第三产业，涉及众多领域和众多环节。因此，国务院各部委及各直属机构众多管理部门都和现代物流业的发展密切相关。在我国现代物流业发展过程中，国务院各部委单独或联合制定了诸多促进现代物流业发展的政策文件。这些政策文件主要有以下两类。

一是涉及现代物流业的规划性文件。涉及现代物流业的规划性文件，既有常规的五年规划，也有专项规划。在涉及现代物流业发展的"十四五"规划方面，2021 年 11 月交通运输部发布了《综合运输服务"十四五"发展规划》。在涉及电子商务物流的专项规划方面，2016 年 3 月商务部等六部门制定了《全国电子商务物流发展专项规划（2016—2020 年）》等。

二是涉及现代物流业的专项政策措施。比如为了加强和改进城市配送管理，2013 年 2 月交通运输部等七部门联合发布了《关于加强和改进城市配送管理工作的意见》；为了提高鲜活农产品运输车辆通行效率，交通运输部、国家发展改革委、财政部 2019 年发布了《关于进一步优化鲜活农产品运输"绿色通道"政策的通知》；为了推进商贸物流高质量发展，2021 年商务部等九部门联合印发了《商贸物流高质量发展专项行动计划（2021—2025 年)》等。

（三）地方性政策

我国地方政府和地方部门出台的涉及现代物流业的政策文件主要有以下三类。

一是地方政府和地方部门出台的相关综合性规划和现代物流业专项规划。鉴于现代物流业在各地经济发展中的基础性、战略性地位，地方政府的经济社会发展综合性规划往往涉及现代物流业。另外，各地政府也根据各自发展定位和任务出台了相关的现代物流业专项规划。比如北京市商务委员会和北京市发展改革委发布的《北京市"十三五"时期物流业发展规划》。

二是地方政府和地方部门为了落实中央政策而出台的配套地方政策。各地经济发展水平不同，资源禀赋各异，发展定位不同，中央人民政府相关的现代物流业政策难免缺乏针对性，需要各地结合实际出台配套政策措施加以落实。比如为深入贯彻落实《国务院关于促进快递业发展的若干意见》（国发〔2015〕61 号），结合河北省实际，河北省人民政府出台了《河北省人民政府 关于促进快递业发展的实施意见》（冀政发〔2015〕52 号）等。

三是地方政府和地方部门根据自身功能定位和发展目标制定的现代物流业政策。比如河北省人民政府 2014 年 12 月颁布的《河北省人民政府关于加快沿海港口转型升级为京津冀协同发展提供强力支撑的意见》，提出加快建设全国知名大港，为区域协同发展提供强力支撑，并提出了"推进京津冀协同发展，合力打造环渤海第一大港口群"

等具体的政策措施。

三、我国现代物流业的立法现状

总的来说，我国现代物流业的法律规范数量众多、内容庞杂。从物流活动环节方面看，涉及运输、仓储、包装、配送、装卸、搬运、流通加工、通关、检验检疫等多个环节；从立法的领域上看，包括物流市场主体法律制度、物流行为法律制度、物流宏观调控法律制度、物流市场监管法律制度等；从法律规范的表现形式上看，有法律、行政法规、部委规章、地方性法规和地方性规章、国际公约和国际惯例及技术性规范等不同的层次。我国现代物流业有关的法律规范，从表现形式上看，可以分为以下几类。

（一）物流类法律

物流类法律即全国人大及其常委会制定的物流类规范性法律文件。比如《公路法》《铁路法》《民用航空法》《海商法》等，作为我国物流领域的基本法律规范。在保障和促进现代物流业发展的过程中，这些物流领域的基本法律规范仍然是最基本、最重要的法律依据。

（二）物流类行政法规

物流类行政法规即国务院制定的物流类规范性法律文件。如《收费公路管理条例》《道路运输条例》《快递暂行条例》等。作为我国最高行政机关颁布的行政法规，其法律效力仅次于法律，在我国现代物流法律规范中的地位也非常重要。

（三）物流类部委规章

物流类部委规章即由国务院的相关部委、直属机构制定的物流类规范性法律文件。如《中华人民共和国国际海运条例实施细则》（以下简称《国际海运条例实施细则》）、《智能快件箱寄递服务管理办法》、《道路货物运输及站场管理规定》等，部委规章涉及物流活动的各个领域和环节，数量众多、内容丰富，其法律效力次于法律、行政法规，往往是贯彻执行物流类法律、行政法规的具体规范，对于现代物流发展也起着规范和约束作用。

（四）物流类地方性法规和地方性规章

物流类地方性法规和地方性规章即具有地方立法权的地方人大和地方政府制定的物流类规范性法律文件。如《北京市道路运输条例》《天津市公路管理条例》《河北省道路运输条例》等。地方性法规和地方性规章仅在本行政区域内发生法律效力，但地方人大和地方政府可以根据区域协同发展的需要进行协同立法，建立区域联合执法机制。比如京津冀地方性法规和地方性规章在制定过程中，北京市、天津市、河北省各地主动将京津冀协同发展的原则精神渗透到新的立法之中，体现协同立法的要求和趋势。比如2017年河北省人大常委会通过的《河北省道路运输条例》中，专章规定了

"京津冀区域协作"，并明确规定河北省人民政府交通运输主管部门制定道路运输相关政策，应当统筹考虑与北京市、天津市道路运输的协调，按照统一规划、统一标准、统一管理的要求，促进道路运输区域协作和发展。河北省人民政府交通运输主管部门应当与北京市、天津市人民政府交通运输主管部门建立区域联合执法机制，加强区域道路运输管理信息共享和预警联动，解决跨区域道路运输纠纷，促进区域道路运输工作联防联治。

（五）物流类国际公约和国际惯例

国际物流活动在很多情况下会适用到物流类国际公约和国际惯例。同时，这些国际公约和国际惯例也会影响国内的物流立法。实际上，我国的《海商法》《民用航空法》等物流运输立法都吸收借鉴了相关国际运输规则，目的是与国际运输规则接轨。物流类国际公约和国际惯例涉及海上货物运输、航空货物运输、铁路货物运输及多式联运等领域。比如与国际海上运输相关的公约最重要的是调整提单运输的《海牙规则》《维斯比规则》和《汉堡规则》三大公约；较有影响力的国际航空运输公约有《华沙公约》《海牙议定书》等；与多式联运相关的国际公约和国际惯例有《联合运输单证统一规则》《联合国国际货物多式联运公约》等。

（六）物流类标准等技术性规范

物流类标准等技术性规范对于提高物流效率、提升物流水平、保障和促进物流业发展具有重要意义。物流类标准包括物流类国家标准、物流类行业标准、物流类地方标准和物流类企业标准等。这些标准包含通用基础类标准、物流技术类标准、物流信息类标准、物流管理类标准、物流服务类标准等。

四、我国物流业政策与法律的关系

我国现代物流业正处于转型升级和高质量发展的新阶段，蕴含着无限的发展潜力，同时也面临着巨大的挑战，如果具有完备的法律规制，我国的现代物流业会发展得更快、更好。市场经济是法治经济，现代物流业的发展与兴盛必须依仗于高效、统一、公平、透明的政策法律环境。我国政府高度重视物流业政策与法律制度的建设工作。比如国务院 2009 年发布的《国务院关于印发物流业调整和振兴规划的通知》明确指出加强对物流领域的立法研究，完善物流的法律法规体系，促进物流业健康发展。2014年国务院印发的《国务院关于印发物流业发展中长期规划（2014—2020 年）的通知》中也明确要求完善物流领域法规制度，提出健全物流业法律法规体系，抓紧研究制修订物流业安全监管、交通运输管理和仓储管理等相关法律法规或部门规章，开展综合性法律的立法准备工作，在此基础上择机研究制订物流业促进方面的法律法规。

政策和法律作为社会治理的工具，两者关系十分密切，既有联系又有区别。一般来说，政策是法律制定的指导思想和重要依据，而法律是对政策的定型化、条文化与规范化保障。同时，也要看到法律与政策之间存在复杂的关联性，以至于两者常被混杂在一起。在现代社会治理过程中，也出现了所谓的"政策法律化"和"法律政策化"的现象。法律不是一个自给自足的规范体系，如果不能有效地利用政策手段，一部法律就很难发挥作用。在一些教科书里，法律被视为政策实现的工具。实际上，政策亦是法律实施的工具。① 我国现代物流业的发展过程中，政府规制主要采取政策和法律手段。我国政府既重视政策的推动、引导作用，又重视法律的规范、约束作用。政策和法律总是发挥各自的特点和优势，相辅相成，共同作用于现代物流业发展的整个过程。比如，2015 年 10 月，国务院印发了《国务院关于促进快递业发展的若干意见》，明确了我国快递业发展的总体要求（包括指导思想、基本原则、发展目标）、重点任务和政策措施等，这是我国第一部快递业发展的纲领性政策文件。2018 年国务院制定实施了《快递暂行条例》，规定了快递业发展的保障措施、快递业经营主体的市场准入、快递服务和快递安全的基本要求和基本规范、快递业的监督检查等，这是根据《中华人民共和国邮政法》（以下简称《邮政法》）和其他有关法律，制定的第一部全面规范快递业的行政法规。上述政策和行政法规体现了国家对快递业的高度重视，对保障和促进快递业健康发展具有非常重要的意义。

从总体上看，我国已经初步构建了一个较为系统的现代物流业法律和政策体系。这些相关政策和法律为现代物流业高质量发展奠定了坚实的制度基础。目前，我国现代物流业正朝着更加安全、更加高效、更加便利的方向发展，同时也正朝着信息化、数字化、智能化、绿色化、全球化等方向发展。在推动现代物流业发展的初始阶段，主要还是以政策推进为主，这是因为相对于法律而言，政策具有明显的针对性、便捷性、灵活性、探索性、指导性等特点，其作用比较显著，因而成为政府调控经济的主要工具。但政策不能代替法律，将原则性较强的政策纲要、理念目标转化为具有可操作性的具体行动指南，仍然需要将政策转化为具体的法律。随着政策的实施和逐步成熟，应当结合法律的稳定性、规范性、强制性等特征，及时将政策转化为法律，以明确现代物流业发展中政府、企业和其他相关主体的权利、义务，并以法治思维、法治方式调整现代物流业发展过程中各方利益的关系。

第三节　现代物流业政策与立法的趋势与展望

当今世界正经历百年未有之大变局，新一轮科技革命和产业变革蓬勃兴起。面对

---

① 肖金明. 为全面法治重构政策与法律关系 [J]. 中国行政管理，2013（5）：36 - 40.

变化了的国内和国际形势，立足新发展阶段，我国提出创新、协调、绿色、开放、共享的新发展理念，构建以"国内大循环为主体、国内国际双循环相互促进"的新发展格局。在这样一个新的历史阶段，营造现代物流业市场化、法治化、国际化的营商环境，推动现代物流体系建设和现代物流业高质量发展，实现我国现代物流业向着信息化、数字化、智能化、绿色化、全球化方向转型升级，打造统一开放的现代物流市场体系和综合一体、集约高效的现代物流服务体系。这是我国现代物流业发展的主要任务，也应当是现代物流业政策与立法未来的主要趋势。

一、关于现代物流业综合性、纲领性的政策与立法

我国中央和地方人民政府已经颁布了大量促进现代物流业发展的政策，但仍然存在权威性不足、政策较为分散、缺乏连续性等问题。因此，未来有必要由中央人民政府加强部门协调，全面统筹规划，制定实施综合性、纲领性政策，构建统一的现代物流业整体发展规划和战略。比如国务院可以制定并实施综合性、纲领性政策文件，总体上规划和引导我国现代物流业发展，并建立动态的政策实施评估与反馈体系，增强政策的权威性、连续性。

在协调政府部门共同推进综合物流政策制定实施方面，可以借鉴日本政府的经验。日本政府于1997年第一次制定了《综合物流施策大纲》（即1997年大纲），该《综合物流施策大纲》每四年评估并修订一次，至今已经出台了七次《综合物流施策大纲》，即1997年大纲、2001年大纲、2005年大纲、2009年大纲、2013年大纲、2017年大纲和2021年大纲。日本政府还成立了由国土交通省和经济产业省等相关部门组成的"综合物流施策推进会议"，综合推进物流业发展计划的实施。

另外，鉴于现代物流业在国民经济发展中的基础性、先导性和战略性地位，可以由立法机关制定《现代物流业发展促进法》，将我国政府推进现代物流业发展相关的土地、财政、金融等政策法治化、定型化、规范化，作为我国现代物流业发展的基本法。同时，进一步完善反垄断和反不正当竞争规则，打破地区、行业壁垒，构建物流业统一市场，预防和制止物流领域的垄断、不正当竞争等行为，维护公平竞争，引导经营者依法经营。

二、关于现代物流业节能减排、低碳绿色发展的政策与立法

20世纪90年代以来，基于可持续发展理念而产生的绿色经济和绿色发展成为各国政府的广泛共识，推动建立绿色发展的产业体系，已成为各国政府的重要战略任务。2020年9月，习近平在第七十五届联合国大会一般性辩论上发表讲话，宣布中国将提高国家自主贡献力度，采取更加有力的政策和措施，二氧化碳排放力争于2030年前达

到峰值，努力争取 2060 年前实现碳中和。这个目标充分体现了我国积极应对气候变化、走绿色低碳发展道路的坚定决心。现代物流业的发展在推动经济发展的同时，也产生了资源消耗、环境污染等外部负效应。推动现代物流业节能减排，发展绿色物流，是贯彻新发展理念、构建新发展格局的必然选择，也是现代物流业转型升级的必然趋势。我国目前的绿色物流政策与立法整体上还缺乏统筹规划，较为分散，协调性不足，可操作性不强，绿色物流法律体系不够健全。因此，应当加强宏观协调和统筹规划，建立覆盖物流活动全链条、全环节的绿色物流政策和法治保障体系。

三、关于推进现代物流业数字化转型、发展智慧物流的政策与立法

随着新一代信息技术在物流领域的广泛应用，我国现代物流业也迎来了数字化、智能化升级改造和创新发展的新阶段。我国政府也高度重视发展智慧物流，在发布的《关于推动物流高质量发展促进形成强大国内市场的意见》等多项现代物流业政策文件中都提出了促进智慧物流发展的措施，我国的《网络安全法》《数据安全法》等网络和信息化立法也为现代物流业数字化转型和智慧物流发展奠定了法律基础。加快物流数字化转型升级和创新发展对于降低物流成本，提升物流效率，推动现代物流业高质量发展具有重要意义。因此，智慧物流政策应当主要从物流技术装备、物流基础设施、供应链建设水平、服务模式创新和新一代信息技术应用等多个方面引导和促进我国智慧物流的发展。并在立法领域进一步完善有关智慧交通、智慧仓储、信息共享、数据和隐私保护等方面的配套法规及技术性规范。

四、关于现代物流业补短板、高质量发展的政策与立法

现代物流业是现代流通业的基础和重要组成部分，是连接生产和消费的重要桥梁，是扩大内需和促进消费的重要载体，是连接国内和国际市场的重要纽带。我国现代物流业仍然存在一些短板和弱项，比如物流成本相对较高，现代物流业"提质、增效、降本"的任务仍然艰巨；农村物流、冷链物流等基础设施较为薄弱，对于构建新发展格局的支撑力度还不够；我国物流企业国际竞争力不足，跨境物流和全球化服务能力与我国对外开放水平和国际贸易地位不相适应等。因此，现代物流业补短板、强弱项和高质量发展，既关系到民生，又关系到经济社会发展大局。应当采取政策措施，进一步推动我国农村物流、冷链物流、电子商务物流、跨境物流等领域补齐短板，增强服务构建新发展格局的能力。同时，也要着力完善涉及现代物流业发展的土地、财政、金融等领域的立法体系，为现代物流业高质量发展提供制度保障。

五、关于物流安全、应急保障的政策与立法

现代社会是一个风险社会，存在各种难以预测的自然风险和社会风险。风险的应

对和处置既是政府的责任，也是企业的责任。统筹现代物流业发展和安全、提升应对风险的应急物流保障能力，也是我国现代物流业未来发展中不可忽视的一个重要问题。首先，从宏观角度看，应当制定供应链、产业链安全战略，保障我国供应链、产业链安全、自主、可控，以有效应对诸如新冠感染疫情、国际经济贸易摩擦等带来的风险和挑战。其次，物流活动中涉及的危险货物运输和仓储等领域仍然存在较大的安全事故风险，有可能造成人身伤亡、财产损失及环境破坏等后果。应当继续完善安全生产相关立法和技术标准，落实企业的安全生产主体责任，预防和减少物流安全事故，保障现代物流业健康发展。最后，现代物流业在应对各种风险中具有重要和特殊的作用，应当继续加强突发公共事件应对立法，完善应急预案、应急物资储备、应急运输等领域的法律法规和技术标准，提高应急物流的保障能力。

第四节　现代物流业的行政监管

一、物流业行政监管概述

（一）行政监管的概念

行政监管是公共管理学、法学和经济学中的常见概念，其本身有多重含义。美国法学家赛尔兹尼克（Selznick）认为监管（规制）是指一个公共机构针对具有社会价值的活动进行的持续、集中控制。[①] 日本经济学家植草益认为监管（规制）是指依据一定的规则对构成特定社会的个人和构成特定经济生活的经济主体的活动进行限制的行为。[②] 国内学者对其概念也有不同的界定，但通常认为行政监管是行政机构为矫正市场失灵，获取公共利益，基于法律规定对市场主体的经济行为进行干预和控制的活动。

尽管中外学者对行政监管概念的认识不完全一致，但一般而言，行政监管兼有"监督"和"管理"的含义。从经济学视角看，行政监管的目的是应对"市场失灵"，保护公共利益。从法学视角看，行政监管的合法性基础是法律的授权或许可。在我国，行政监管的主体通常是各级政府及其有关部门，其通过对市场主体及其经营活动进行规范、制约、干预等，以达到维护市场秩序等政策目标。

（二）物流业行政监管的历史演变

从历史上看，自古以来就有物流活动，同时也伴随着国家政府对物流活动的监管。

---

① 卡罗尔・哈洛，理查德・罗林斯. 法律与行政（上卷）［M］. 杨伟东，李凌波，石红心，等译. 北京：商务印书馆，2004.

② 植草益. 微观规制经济学［M］. 朱绍文，胡欣欣，等译. 北京：中国发展出版社，1992.

我国古代就有"路可观政"之说，早在西周时期就修建了国家道路，并发展出了一套比较完整的邮驿制度，历代王朝的道路交通管理和邮驿制度的好坏反映着政权的兴衰。隋唐以来，随着大运河的开通，漕运成为我国历史上一项重要的经济活动，唐、宋、元、明、清历代均重视漕运，明清时期还设置了漕运总督来管理漕政，并不断改革漕运制度。

物流业也一直是西方国家政府规制和行政监管的重要领域和重点方向。从美国的情况看，1887 年，美国通过了《州际商业法》，并成立了州际商业委员会，负责对州际铁路运输进行规制。最初，州际商业委员会只是对铁路运输的价格进行规制，然而，20 世纪初州际商业委员会的权力迅速扩大。1920 年，州际商业委员会拥有对铁路的市场准入、退出和重组进行规制的权力。随后，州际商业委员会的权力在 1935 年扩大到对卡车运输业进行规制，1940 年扩大到对船舶运输业进行规制。

总的来看，20 世纪 30 年代以"罗斯福新政"为起点，西方国家的强化政府规制持续了将近 40 年。相应地，物流业的法律规制也在不断强化，比如美国国会通过的《汽车运输法》《民用航空法》。美国政府对交通运输业加强了政府规制，除了原有的州际商业委员会，还成立了民用航空委员会等独立的规制机构。

20 世纪 70 年代，世界范围内出现了政府开始大规模放松规制的浪潮。这期间，美国政府通过了许多放松规制的法律，如 1977 年通过了《航空货运解除管制法》，1978年通过了《航空管制放松法案》等。20 世纪 80 年代，美国政府又颁布了《汽车承运人规章制度改革和现代化法案》《斯塔格斯铁路法》等。

从日本的情况来看，第二次世界大战以后，日本政府对与物流有关的行业和产业实行严格的规制政策。进入 20 世纪 80 年代以来，日本政府对物流相关的法律法规进行了清理，废除并制定了新的法律法规。其中 1989 年制定、1990 年 12 月实施的《货物汽车运输事业法》和《货物托运事业法》具有重要意义。《货物汽车运输事业法》放松了准入管制，把由政府批准的方式改为许可制，并放宽了经营区域的规制。《货物托运事业法》改变了旧的管制，取消了承接运输代理业务企业自己不能进行货物运输的规定。另外，运输费用的制定也从批准制变为备案制，大大放宽了市场准入方面的限制。

在物流业放松规制的同时，一些负面效果相继露出水面，如超重装载、疲劳驾驶、汽车废气污染等问题。经济规制和社会规制之间的矛盾又给各国政府提出了必须解决的新课题，各国政府逐步进入了审慎放松规制和再加强规制的阶段，特别是加强了物流业社会性规制的内容。比如美国政府 20 世纪 70 年代以来，先后通过了《运输安全法》《清洁空气法》《清洁水法》《资源保护和恢复法》《危险品材料运输法》等，以尽量减少物流发展对自然环境和生产安全的威胁。美国政府对物流市场的管制，将重点从经济职能管理转向生产安全管理，通过不断改进政府对物流市场的管理，加强了行业自律，创造了良好的物流市场环境。

从我国的情况来看，改革开放之后，随着计划经济体制向中国特色社会主义市场经济体制的转变，行政监管体制不断优化。一方面，改革开放之后，我国的数次行政体制改革适应并推动了市场经济体制的建立和完善，有力推动了政府职能转变，促进了计划经济体制向市场经济体制的顺利转型。党的十八大以来，以简政放权为突破口，深入推进"放管服"改革，加快转变政府职能，使市场在资源配置中起决定性作用和更好地发挥政府作用，不断推进国家治理体系和治理能力现代化。另一方面，随着《中华人民共和国行政许可法》（以下简称《行政许可法》）、《中华人民共和国行政诉讼法》（以下简称《行政诉讼法》）、《中华人民共和国行政复议法》、《市场主体登记管理条例》、《优化营销环境条例》等一系列法律法规颁布实施，我国的行政监管的法律法规体系不断完善，法治政府基本建成，行政执法体制改革不断深化，行政执法组织体系更加健全，行政执法程序化、规范化水平明显提高。

在这样的背景下，我国物流业的行政监管体制、监管理念、监管方式也发生了深刻的变化。近年来，物流业相关管理部门以深化"放管服"改革为抓手，转变职能，正确处理政府与市场的关系，推进物流业行政监管体制改革，更新监管理念，创新监管方式，提高监管效能，加强物流活动的全过程监管，着力为物流业发展营造良好的市场环境，提升营商环境法治化水平，不断适应新时代物流业发展的新需求。

以铁路运输监管体制改革为例，原铁道部曾是主管铁路工作的部门，既对铁路运输承担监管职责，又对铁路运输生产经营活动进行高度集中的企业性管理。2013年，根据第十二届全国人民代表大会第一次会议审议的《国务院机构改革和职能转变方案》的议案，原铁道部实行政企分开，不再保留原铁道部。组建国家铁路局和中国铁路总公司。国家铁路局由交通运输部管理，承担原铁道部的部分行政职责，负责拟订铁路技术标准，监督管理铁路安全生产、运输服务质量和铁路工程质量等。中国铁路总公司承担原铁道部的企业职责，负责铁路运输统一调度指挥，经营铁路客货运输业务，承担专运、特运任务，负责铁路建设，承担铁路安全生产主体责任等。2017年中国铁路总公司所属18个铁路局均已完成公司制改革工商变更登记，标志着铁路公司制改革取得重要成果，为实现从传统运输生产型企业向现代运输经营型企业转型发展迈出重要一步。为贯彻党中央关于加快推动中国铁路总公司股份制改造的决策部署，2019年，中国铁路总公司改制成立中国国家铁路集团有限公司，我国的铁路运输管理体制进一步深化。

（三）物流业行政监管的作用与意义

物流业行政监管作为政府实现其政策目标的一种主要工具，在保障物流领域市场统一和公平竞争，限制垄断和消除不正当竞争行为，防范企业道德风险和违法违规行为，维护物流市场秩序，减少物流活动的外部不经济性，保护生态环境，维护物流活动安全，促进消费者合法权益保护等方面都有着极其重要的作用。

同时，我国物流业行政监管活动及其体制机制改革对于推动政府职能转变，推进国家治理体系和治理能力现代化，维护物流市场公平竞争，营造法治化营商环境，推动我国经济高质量发展，适应消费升级趋势，满足人民群众物流服务需求等方面具有重要意义。

二、我国现代物流业行政监管的基本现状

（一）我国现代物流业的行政监管体制

现代物流业属于复合型产业，涉及运输、仓储、制造、贸易、口岸服务等多个领域，作为国民经济基础性、战略性产业，其业务范围具有明显的跨行业、跨部门、跨地域的特点。因此，许多履行经济管理职责的相关政府部门都与现代物流业行政监管工作密切相关。经过国务院机构改革和调整之后，目前，在国务院的统一领导下，我国现代物流业的宏观管理主要由国家发展改革委承担，负责研究拟定物流行业发展战略、方针政策和总体规划，具体管理部门则涉及国家市场监督管理总局、交通运输部（含部管国家局：国家铁路局、国家邮政局、中国民用航空局）、商务部、海关总署、生态环境部等多个部门。我国现代物流业的主要行政监管机构与主要相关职责如表1-2所示。除了中央层面，地方各级人民政府及其相关的部门，也依照相关法律法规，在各自职责范围内承担地方的物流业行政监管工作。

表1-2　　　　我国现代物流业的主要行政监管机构与主要相关职责

主要行政监管机构	主要相关职责
国家发展改革委	拟订并组织实施国民经济和社会发展战略、中长期规划和年度计划； 推动完善基本经济制度和现代市场体系建设，会同相关部门组织实施市场准入负面清单制度； 牵头推进优化营商环境工作； 组织拟订综合性产业政策； 管理国家粮食和物资储备局、国家能源局等
国家市场监督管理总局	负责市场综合监督管理； 负责市场主体统一登记注册； 负责组织和指导市场监管综合执法工作； 负责反垄断统一执法； 负责监督管理市场秩序； 负责产品质量安全监督管理； 负责特种设备安全监督管理； 负责食品安全监督管理综合协调及食品安全监督管理； 负责统一管理计量工作、标准化工作、检验检测工作等

主要行政监管机构		主要相关职责
交通运输部		负责推进综合交通运输体系建设，统筹规划铁路、公路、水路、民航及邮政行业发展； 负责组织拟订综合交通运输发展战略和政策，组织编制综合交通运输体系规划，拟订铁路、公路、水路发展战略、政策和规划； 负责组织起草综合交通运输法律法规草案，统筹铁路、公路、水路、民航、邮政相关法律法规草案的起草工作； 承担道路、水路运输市场监管责任； 承担水上交通安全监管责任； 承担公路、水路建设市场监管责任； 指导公路、水路行业安全生产和应急管理工作等
交通运输部的部管国家局	国家铁路局	起草铁路监督管理的法律法规、规章草案，参与研究铁路发展规划、政策和体制改革工作，组织拟订铁路技术标准并监督实施； 负责铁路安全生产监督管理； 负责拟订规范铁路运输和工程建设市场秩序政策措施并组织实施，监督铁路运输服务质量和铁路企业承担国家规定的公益性运输任务情况； 负责组织监测分析铁路运行情况，开展铁路行业统计工作等
	国家邮政局	拟订邮政行业的发展战略、规划、政策和标准； 承担邮政监管责任； 负责快递等邮政业务的市场准入，维护信件寄递业务专营权，依法监管邮政市场； 负责监督检查机要通信工作，保障机要通信安全； 负责邮政行业安全生产监管，负责邮政行业运行安全的监测、预警和应急管理，保障邮政通信与信息安全； 负责邮政行业统计、经济运行分析及信息服务，依法监督邮政行业服务质量等
	中国民用航空局	提出民航行业发展战略和中长期规划、与综合运输体系相关的专项规划建议，按规定拟订民航有关规划和年度计划并组织实施和监督检查。起草相关法律法规草案、规章草案、政策和标准，推进民航行业体制改革工作； 承担民航飞行安全和地面安全监管责任； 负责民航空中交通管理工作； 承担民航空防安全监管责任； 负责民航机场建设和安全运行的监督管理； 承担航空运输和通用航空市场监管责任等

主要行政监管机构	主要相关职责
商务部	拟订国内外贸易和国际经济合作的发展战略、政策； 负责推进流通产业结构调整，指导流通企业改革、商贸服务业和社区商业发展，提出促进商贸中小企业发展的政策建议，推动流通标准化和连锁经营、商业特许经营、物流配送、电子商务等现代流通方式的发展； 承担组织实施重要消费品市场调控和重要生产资料流通管理的责任，负责建立健全生活必需品市场供应应急管理机制，监测分析市场运行、商品供求状况，调查分析商品价格信息，进行预测预警和信息引导，按分工负责重要消费品储备管理和市场调控工作等
海关总署	负责全国海关工作、组织推动口岸"大通关"建设、海关监管工作； 负责进出口关税及其他税费征收管理； 负责出入境卫生检疫、出入境动植物及其产品检验检疫、进出口商品法定检验、海关风险管理； 负责国家进出口货物贸易等海关统计、全国打击走私综合治理工作等
生态环境部	负责建立健全生态环境基本制度； 负责重大生态环境问题的统筹协调和监督管理； 负责监督管理国家减排目标的落实； 负责提出生态环境领域固定资产投资规模和方向； 负责环境污染防治的监督管理； 统一负责生态环境监督执法等

由此可见，现代物流业的行政监管并没有专门的特定监管机构，并不是单一监管而是多头监管。相关的行政监管机构依照相关法律法规，对特定物流活动按照职责分工，实施协同监管。以道路运输为例，依据《道路运输条例》第五十三条的规定，县级以上地方人民政府交通运输、公安、市场监督管理等部门应当建立信息共享和协同监管机制，按照职责分工加强对道路运输及相关业务的监督管理。

实践中，为了统筹协调相关部门工作，协同推动现代物流业发展，我国还实行部际联席会议制度。我国先后成立两个与物流有关的部际联席会议。一是 2005 年国家发展改革委为联席会议牵头单位，由商务部、原铁道部、原交通部等共 15 个部门和单位组成的全国现代物流工作部际联席会议。其主要任务是综合协调涉及现代物流发展的政策、战略和规划；统筹推进现代物流标准化、信息化、统计指标体系、人才培养等基础性工作；指导各省、自治区、直辖市人民政府及其职能部门的现代物流工作；协调解决涉及相关部门的有关问题，促进部门协作配合，实现信息共享，建立长效机制，全面推进现代物流工作。二是 2021 年交通运输部为牵头单位，由国家发展改革委、工业和信息化部、商务部等 16 个单位组成的推动道路货运行业高质量发展部际联席会议。其主要职责是研究制定营造公平竞争市场环境、推动道路货运行业高质量发展的有关政策，形成工作合力，共同推动各项措施落地；协调完善道路货运基础设施体系，推广先进车辆技术装备和运输组织模式，提升道路货运集约化发展水平；组织清理涉及道路货运行业的不合理处罚规定，规范日常执法行为；完善常态化协同联动执法机制，联合开展依法查处损害货车司机合法权益行为、严厉打击车匪路霸和偷油偷货等违法犯罪活动相关工作；畅通投诉举报渠道并指导监督处置，及时梳理解决货车司机反映的带有普遍性、规律性的痛点、难点、堵点问题；加强道路货运市场运行监测分析，促进信息互通共享，引导运力投放与货运需求合理匹配等。

除政府机构外，中国物流与采购联合会是经国务院批准设立的物流与采购行业综合性社团组织。其主要任务是推动中国物流业的发展，推动政府与企业采购事业的发展，推动生产资料流通领域的改革与发展，完成政府委托交办事项。授予中国物流与采购联合会外事、科技、行业统计和标准制修订等职能。中国物流与采购联合会在加强行业自律，维护会员和企业的合法权益，推进行业咨询、调研、培训、职业资格认证等工作中发挥着重要作用。

（二）我国现代物流业行政监管的主要领域

物流活动涉及众多环节和领域，具有跨行业、跨部门的特征。因此，广义来看，我国现代物流业行政监管几乎涉及政府经济、社会监管活动的所有领域。结合物流经营活动的实践，主要涉及以下四个领域。

1. 物流市场准入监管

目前，我国政府大力推进"放管服"改革和商事制度改革，积极推进"先照后证""三证合一""证照分离"等涉企事项改革，全面实行市场准入负面清单制度，大力降低市场准入门槛，市场准入制度发生了根本性变革。具体到物流市场准入监管方面，交通运输部门、铁路主管部门、民航主管部门、海关总署、邮政主管部门等依法对交通运输、保税仓储和邮政快递等业务实施许可管理。比如交通运输部门负责道路货运经营许可（不包含总质量 4500 千克及以下普通货运车辆从事普通货运经营）、危险货物运输经营许可、从事港口经营资质许可；铁路主管部门负责铁路运输企业准入许可；民航主管部门负责公共航空运输企业经营许可、公共航空运输企业航线（航班运输）许可；海关总署负责保税仓库、出口监管仓库、保税物流中心（A 型）或保税物流中心（B 型）设立审批；邮政主管部门负责快递业务经营许可等。

2. 物流市场秩序监管

建设统一开放、竞争有序的市场体系，实行统一的市场监管，清理和废除妨碍全国统一市场和公平竞争的各种规定，反对垄断和不正当竞争，是我国党和政府的重要政策方针。现代物流是加快建设全国统一大市场的重要支撑，维护物流市场秩序是行政监管的重点领域。一方面，要落实《反垄断法》和公平竞争审查制度，依法制止滥用行政权力排除和限制物流业竞争的行为，纠正不合理排除和限制物流业跨行业、跨地区服务的规定；另一方面，也要加大反垄断和反不正当竞争执法司法力度，防止资本无序扩张。同时，要加强物流市场监管，严厉打击无证无照经营和其他违法经营活动，规范物流市场秩序，营造诚信经营环境。

3. 物流经营活动与服务监管

物流经营活动与服务具有较强的专业性，涉及公共利益、物流活动相关当事人及消费者合法权益的维护和保障。我国《道路运输条例》《邮政法》《快递暂行条例》等相关法律法规和相关技术规范对从事物流经营活动和提供物流服务均有规范性要求，并对物流经营活动与服务实施监管，以保证物流经营者依法合规经营。比如对于道路运输而言，货运经营者应当采取必要措施，防止货物脱落、扬撒等，违反该规定，相关交通运输主管部门应责令改正，处罚款，情节严重的，由原许可机关吊销其道路运输经营许可证。同时，运输的货物应当符合核定的载重量，严禁超载；载物的长、宽、高不得违反装载要求，否则由公安机关交通管理部门依照《中华人民共和国道路交通安全法》（以下简称《道路交通安全法》）的有关规定进行处罚。对于快递服务而言，冒领、私自开拆、隐匿、毁弃、倒卖或者非法检查他人快件，尚不构成犯罪的，依法给予治安管理处罚。经营快递业务的企业有前述行为，或者非法扣留快件的，由邮政管理部门责令改正，没收违法所得，处罚款，甚至可以责令停业整顿直至吊销其快递业务经营许可证。经营快递业务的企业有不建立或者不执行收寄验视制度，收寄快件未查验寄件人身份并登记身份信息等行为的，由邮政管理部门依照《邮政法》和《中华人民共和国反恐怖主义法》（以下简称《反恐怖主义法》）的规定予以处罚等。

4. 物流安全监管

安全生产工作涉及人民群众生命健康、财产安全和生态环境保护，历来是政府监管的重点领域。我国的应急管理部门（含安全生产监督管理部门）、公安机关、交通运输主管部门（含铁路监管部门、民用航空主管部门、邮政管理部门）等相关政府机构依照安全生产和危险化学品管理相关法律法规及物流领域相关的法律法规，履行物流领域安全生产和安全监管职责。比如公安机关负责核发民用爆炸物品、烟花爆竹等道路运输通行证，负责查处利用物流渠道进行的违法犯罪活动等；交通运输主管部门负责危险化学品道路运输、水路运输的许可及运输工具的安全管理；邮政管理部门应当重点监督经营快递业务的企业，其安全管理制度是否健全并有效实施，经营快递业务的企业违反法律、行政法规，以及国务院和国务院有关部门关于禁止寄递或者限制寄递物品的规定，由邮政管理部门依法予以处罚等。

此外，环境保护部门对物流领域的环境污染违法行为的监督检查，海关总署等部门对进出口货物的通关、检验检疫和保税工作的监督检查，工业和信息化部门对物流领域网络安全、数据安全的监督检查等，都可以当作我国现代物流业行政监管的主要领域。

三、我国现代物流业行政监管的发展趋势

（一）我国现代物流业行政监管面临的问题

近年来，我国不断加强法治政府建设，不断推进行政执法体制改革，全面实行政府权责清单制度，深入推进"放管服"改革，推进"互联网＋"监管、信用监管、协同监管等新型监管机制和监管方式，物流领域行政监管能力不断提升。

但是，在新的时代背景下，我国现代物流业的行政监管仍然面临诸多问题与挑战。主要体现在以下三个方面。

一是法治政府建设和行政监管体制改革不到位、不彻底。政府的行政监管过程也存在"政府失灵"或"监管失灵"的风险，在不同领域、不同地区，物流市场的行政性垄断和地方保护主义仍然不同程度地存在。物流领域的生产安全事故和环境污染案件等时有发生，存在监管漏洞。

二是从物流领域的监管实践来看，属于多部门混合监管模式，分别由交通运输、邮政、商务、海关、公安等不同主管部门履行监管职责，各部门之间的职责难免具有交叉重叠或者模糊地带，容易导致监管不到位，影响正常物流市场秩序。同时，多头的监管模式也未完全形成监管合力，监管模式也不够多元化。

三是物流领域的技术创新和商业模式创新对传统监管理念、监管方式提出了新的挑战。比如随着物流信息化、网络化和智慧物流的发展，大量新业态的发展缺乏准入门槛、行业标准及服务规范等。再如共享经济、平台经济也不断向物流相关领域渗透，这些新经济模式多以互联网为依托——一点上线、全国服务，参与主体广泛，从业人数多，行业复杂，数据繁杂，给资源紧缺的行政监管部门带来了巨大的监管压力与冲击，传统条块分割的监管体制也无法与之适应。

（二）我国现代物流业行政监管的改革与发展方向

在物流领域行政监管体制改革已经取得成就的基础上，根据我国现代物流业的发展现状和发展趋势，我国现代物流业行政监管发展完善的主要任务如下。

一是持续推进法治政府建设和行政监管体制改革，深入推进"放管服"改革，健全物流监管法律法规体系。明确物流相关监管主体的职能定位，规定具体的监管范围、种类及监管执法方式，堵塞监管漏洞，形成监管合力，为物流统一大市场的形成发展和现代物流业高质量发展更好地发挥作用。

二是构建多元化的行政监管体系和监管方式，提高行政监管效能。一方面，树立

社会协同共治理念，政府机构、市场主体、行业组织与社会公众充分地发挥各自优势，才能达到行政监管的主要目标。特别是要强化物流行业组织的建设，促进物流行业自身的自律自治，充分发挥社会公众、新闻媒体、中介组织等的外部监督作用，拓宽公众参与监督的渠道，激发各方的主动性和创造性，调动各方资源，实现行政监管的总体目标。另一方面，行政监管可以采用强制、制裁等刚性方式，也可以采用合作、指导等柔性方式，特别要重视劝告、提议、指示等柔性方式，以获得被监管对象的同意或协助，从而实现监管目的。

三是更新行政监管理念，创新行政监管手段，适应物流领域新业态、新模式发展需求。一方面，对于物流发展过程中的新业态、新模式，应当坚持包容、审慎的监管原则，坚持市场导向，包容、引领新业态、新模式发展，更加侧重事中和事后监管，放宽事前监管，保障物流市场创新活力；另一方面，顺应时代发展的潮流，要重视大数据、云计算、人工智能等技术应用，建立"互联网＋物流监管"机制，将政府审批、信用奖惩等信息公开透明化，增强行政监管的实时性、针对性与有效性，提高政府的工作效率。

本章小结

本章介绍了物流、现代物流等概念及其演化过程，以及我国现代物流业的基本现状，回顾了我国现代物流业政策与立法的历史进程，对我国现代物流业的政策与立法现状做了梳理，根据我国现代物流业的发展趋势，对我国现代物流业未来的政策与立法重点做出了展望。同时，鉴于现代物流业的行政监管与现代物流业健康发展密切相关，现代物流业的行政监管对我国现代物流业的政策和法律的落地执行至关重要，因此，也专门对我国现代物流业行政监管相关问题做了介绍。希望读者通过本章内容，对我国现代物流的基本知识有所了解，对我国现代物流业的基本现状和发展成就有所理解，对我国现代物流业政策法律体系的基本情况有一个概括性、综合性的认识，树立法治理念和法治思想，以法治化方式推进和保障我国现代物流业转型升级和高质量发展。

第二章　供应链物流法律与案例

导　言

我国政府高度重视通过产业政策积极推进供应链创新与应用，将供应链创新与应用作为落实新发展理念的重要举措和提升经济竞争力的重要载体。同时，供应链节点企业之间的协同和合作关系本质上属于契约关系，涉及的采购、分销、运输、仓储、保管、加工等合同关系可以适用《民法典》中的总则编、合同编及物流领域相关法律法规来调整。但是供应链物流合同又具有自身的特征，比如涉及主体多、当事人的法律地位识别困难、法律关系多元化及责任制度复杂化等，这就给供应链物流服务商和相关主体带来了新的法律风险。因此，供应链物流服务商有必要了解供应链物流相关法律法规，并借鉴供应链物流合同纠纷解决的相关案例，不断提高法律风险的防范控制能力，提升供应链物流服务的质量和效率。

第一节　供应链物流概述

关于物流与供应链的相关概念及二者之间的关系，理论上一直存在较大的争议。有人认为二者都为消费需求服务，都为客户增值服务，所以二者没有区别；也有人认为供应链是物流发展的延伸，囊括了物流管理在内的各个有关环节和流程，而物流是供应链管理中的一个关键部分，因此二者之间存在着本质的区别，不可互换使用，同时，供应链与物流之间又互为条件，共同发展，存在着紧密的联系。

一、供应链相关概念及其演化

(一) 供应链相关概念

供应链这一名词翻译自英文"Supply Chain"，国内也有人将其翻译为"供需链"。

供应链是与物流密切相关的一个概念，但是对于供应链和供应链管理的概念也并未形成统一的认识。

国家标准《物流术语》（GB/T 18354—2021）中分别规定了供应链和供应链管理两个物流术语。其中，供应链是指生产及流通过程中，围绕核心企业的核心产品或服务，由所涉及的原材料供应商、制造商、分销商、零售商直到最终用户等形成的网链结构。供应链管理是从供应链整体目标出发，对供应链中采购、生产、销售各环节的商流、物流、信息流及资金流进行统一计划、组织、协调、控制的活动和过程。《国务院办公厅关于积极推进供应链创新与应用的指导意见》（国办发〔2017〕84号）中把供应链定义为：供应链是以客户需求为导向，以提高质量和效率为目标，以整合资源为手段，实现产品设计、采购、生产、销售、服务等全过程高效协同的组织形态。

此外，学者们也对供应链和供应链管理的概念做了不同的界定，其中具有代表性的为马士华、林勇等将供应链定义为围绕核心企业，通过对信息流、物流和资金流的控制，从采购原材料开始，到制成中间产品及最终产品，最后由销售网络把产品送到消费者手中的将供应商、制造商、分销商、零售商，直到最终用户连成一个整体的功能网链结构。供应链管理是使供应链运作达到最优化，以最小的成本，让供应链从采购开始，到满足最终顾客的所有过程，包括工作流、实物流、资金流和信息流等均能高效率地操作，把合适的产品以合理的价格，及时、准确地送到消费者手上。[1]

一般大家会认为，供应链是在物流的基础上产生的，是物流理念的深化和发展，而物流又是实现供应链的基本手段，二者密切相关。所以在特定的场景之下，很多人并不区分物流与供应链的概念，而是将二者混同使用。但是，供应链的概念及供应链管理思想的产生是企业市场竞争环境变化和企业管理模式变革等多种因素共同作用的结果，二者之间存在着较大的区别，供应链的概念及供应链管理思想的产生与发展有一定的必然性。

（二）供应链管理产生的原因

1. 市场竞争环境的变化

从市场竞争环境上看，随着生产力和科学技术的不断进步，企业面临的市场竞争环境发生了巨大的变化。比如消费者和客户对产品和服务质量的期望越来越高，个性化的需求越来越多，同时对订单响应速度的要求越来越高，而产品的生命周期越来越短。这就要求企业要对市场的变化和市场的需求做出快速反应，在不断提高产品质量的同时降低成本，缩短交货期限，并满足消费者和客户日益多样性、个性化、定制化的产品需求。这样才能赢得竞争，占领市场。也就是说，企业只有在有效地整合上下游产业资源的基础上才能在激烈的市场竞争中获得生存和发展的机会。

---

① 马士华，林勇，等. 供应链管理 [M] . 6版. 北京：机械工业出版社，2020.

2. 企业运营驱动模式的转换

从企业运营驱动模式上看，随着互联网和电子商务的发展，消费者能够掌握更多的产品信息，有了更大的选择余地，消费的便捷性大大提高，对产品的时效性要求更高。在新的消费环境下，企业运营驱动模式也从生产者驱动模式转换为消费者驱动模式，而要实现消费者驱动模式，仅靠企业自身的力量是无法完成的，企业只有整合产品的设计、研发、原材料采购、运输、仓储和末端配送等资源，才能在价格、质量、时间和个性化、便利化需求等方面满足消费者。

3. 企业管理模式的变革

从企业管理模式上看，传统的企业倾向于对生产过程的直接控制，采取直接投资建厂或参股供应商企业等方式，直接控制零部件等的生产、流通过程，呈现出"大而全、小而全"的管理模式，也就是所谓的"纵向一体化"管理模式。但这种模式在新的市场环境下产生了诸多弊端，比如企业的投资负担过重，企业的应变能力较差，企业花费过多的时间、精力和资源去从事非核心业务等。因此，很多企业逐步放弃了"纵向一体化"管理模式，将非核心业务从母体企业剥离出去，那些剥离出去的业务部门转化为具有独立法人资格的利益主体，并与母体企业形成平等合作的伙伴关系。因此，这种新的模式被称为"横向一体化"的管理模式。随着"横向一体化"的管理模式的发展，逐步形成了以核心企业为中心，上下游企业具有合作伙伴关系的利益共同体，核心企业可以充分利用外部资源，发挥合作伙伴的专业优势，提高市场反应速度和竞争能力。

4. 物流系统发展的趋势

从物流系统发展上看，随着流通经济的发展，供应商、制造商、批发商、零售商等不同企业都在建立相应的物流系统，以提高物流系统的效率。但是，这种"各自为政"的物流系统，必然在各个经济实体的联结点出现矛盾和对立，造成经济主体间的利益冲突。为弥补和解决企业间物流系统的缺陷与矛盾，客观上也需要一种新的联盟型或合作式的物流新体系，这也是供应链管理的重点之一。

（三）供应链管理的发展演变

在当今的市场环境下，竞争不仅发生在单独的企业与企业之间，还越来越多地转化为供应链和供应链之间的竞争。在供应链发展的早期，有的观点称供应链是制造企业的一个内部过程，其后逐步发展的供应链企业开始注意与其他企业的联系，而且更加关注供应链企业的外部环境，认为供应链应是一个通过链中不同企业的制造、装配、分销、零售等过程将原材料转换成产品，再到最终用户的过程。而到了最近，供应链的概念更加注重围绕核心企业的网链关系，如核心企业与供应商、供应商的供应商乃至一切前向的关系，核心企业与用户、用户的用户及一切后向的关系。

因此，供应链是一个扩展了的企业结构模式，包含所有加盟的节点企业，从原材料供应开始，经过链中不同企业的制造、装配、分销等过程直到最终售给用户。它不但是一条连接供应商到用户的物流链、信息链、资金链，而且是一条增值链，物料在供应链上因加工、包装、运输等过程而增加了其价值，给相关企业带来了收益。根据供应链的实际运行情况，在一个供应链系统中，有一个企业处于核心地位，该企业起着对供应链上的信息流、资金流和物流的协调作用。供应链结构模型如图 2-1 所示。

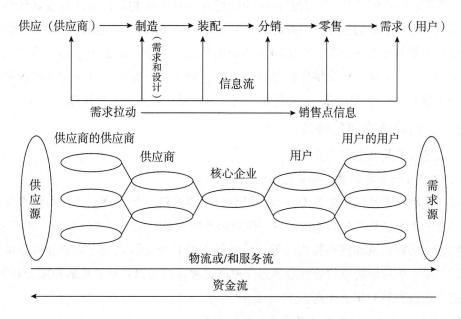

图 2-1　供应链结构模型

随着供应链管理服务新业态的发展，市场上出现了供应链管理服务企业，为各类企业提供供应链一体化、专业化服务。供应链上核心企业往往与供应链管理服务企业形成战略合作伙伴关系，大大提高了国民经济中工业、农业和流通业等供应链的整体管理水平和竞争力，供应链创新和应用水平也不断提高。比如，深圳市怡亚通供应链股份有限公司整合全国各地流通资源，打造供应链综合服务平台，为客户提供集商贸交易、仓储服务、流通加工、干线运输、城市配送、产品产销、智慧托管等于一体的服务，打造更智慧、更迅捷、更高效的流通供应链新业态。

同时，我国政府相关部门积极研究供应链管理服务企业在国民经济中的行业分类，理顺行业管理关系，明确供应链服务企业的地位，给予政策支持。比如在国家标准《国民经济行业分类》（GB/T 4754—2017）中，将"供应链管理服务（小类代码：7224）"纳入"商务服务业（大类代码：72）"之中，单列了统计类别。同时，《国民经济行业分类》（GB/T 4754—2017）也明确了供应链管理服务的含义，即基于现代信息技术对供应链中的物流、商流、信息流和资金流进行设计、规划、控制和优化，将单

一、分散的订单管理、采购执行、报关退税、物流管理、资金融通、数据管理、贸易商务、结算等进行一体化整合的服务。

二、供应链物流的概念、特征与作用

(一)供应链物流概念

所谓供应链物流，其实质就是在供应链管理环境下的物流作业活动及其计划、协调、控制等管理活动的总称。供应链管理环境下，物流活动呈现出新的特征，物流管理被赋予了新的意义和作用。由于物流活动连接着供应链中的各个节点，是节点企业间合作的纽带，贯穿于整个供应链的各个环节，物流管理也成了供应链管理的核心问题，越来越多的企业认识到，成功的供应链管理依赖于高效的物流管理。

(二)供应链物流的特征

供应链物流具有以下主要特征。

1. 供应链物流贯穿整个供应链系统

供应链物流涉及供应链各个环节，贯穿整个供应链系统，物流活动对整个供应链系统的竞争力和绩效产生重要的影响。供应链系统中的物流包括供应物流、生产物流、销售物流、回收物流和废弃物物流等，供应链上的各个企业之间存在着相互影响、相互制约关系，供应链物流的管理应当充分考虑这种互动关系，从系统的角度分析问题，以促进供应链整体效率的提高。

2. 供应链物流与信息流过程同步、实时共享

供应链物流与信息流过程同步、实时共享，提高了整个供应链的敏捷性和客户的满意度。供应链管理环境下的信息量更加丰富，需求信息和供应信息不再是逐级单向传递，而是网络式传递。随着新一代信息技术的广泛应用，供应链中各个节点企业的供应信息、需求信息、物流信息等可以实现过程同步，实时共享。快速而透明的信息传递，可以有效地优化物流作业流程，实现整个供应链的敏捷性、便利性作业。实时的信息交换和信息反馈，可以实现物流系统的无缝对接，加强了供应链的合作性和协调性，灵活和便利的物流服务也提高了客户的满意度。可见，随着信息技术的发展，供应链已发展到与互联网、物联网深度融合的智慧供应链新阶段。

3. 供应链物流的运营模式以第三方物流的外包模式为主

供应链管理环境下，物流是企业核心竞争力的体现。在物流运营模式上，主要有自营物流模式和外包物流模式。自营物流模式是指企业自建物流系统，由企业内部物流部门负责管理。自营物流模式的优点是企业可以加强对物流活动的管理，保障服务质量，但是其缺点是运营成本较高，有可能承担较大风险。外包物流模式是指企业将物流业务委托给供方和需方之外的第三方来完成的物流运营模式，承担物

流外包服务的主要是第三方物流企业。物流外包可以使企业将有限的资源专注于核心业务的发展，减少固定资产的投资，并可以得到第三方物流企业的专业化服务，从而降低成本，提高服务质量。因此，供应链物流的运营模式以第三方物流的外包模式为主。

（三）供应链物流的作用

供应链物流的主要作用体现在以下三个方面。

1. 提高企业快速响应市场的能力，缩短交货周期

在新的市场环境下，客户对订单的响应速度要求越来越高，企业面临着更加激烈的市场竞争，企业对客户需求的反应速度稍微慢一点就可能丧失商业机会。实践证明，在整个供应链的活动周期中，从接到客户订单到最终交货，真正花在生产过程的时间比较短，大部分时间其实都花在了物料采购、运输和存储等环节上，特别是在复杂产品的生产过程中，物料种类繁多，如果物料采购、运输和存储等过程缺乏组织和协调，就会产生更多的无效等待时间。因此，高效的物流系统对于提高企业快速响应市场的能力和缩短交货周期至关重要，这也是供应链管理环境下物流的主要作用。

2. 降低供应链成本，创造供应链价值

物流管理水平的高低影响着整个供应链的成本。长期以来，我国企业的物流费用占总费用的比例较高，物流成本较高，直接影响了供应链的竞争力和绩效。因此，为进一步推进物流降本增效，国务院办公厅2017年8月发布了《国务院办公厅关于进一步推进物流降本增效促进实体经济发展的意见》（国办发〔2017〕73号），这对于激发物流运营主体活力，提升物流综合服务能力，提升国民经济整体运行效率具有重要意义。供应链是物流、信息流和资金流的统一，同时也是增值链，通过物流过程中的包装、流通加工等活动，可以为客户创造新的价值。可见，提高供应链物流的组织管理水平，就可以有效地降低运输、库存等成本，就可以为客户创造更多的价值，提高经济效益。

3. 保障供应链运营的可靠性，提高客户服务水平

供应链物流活动不仅是要保障企业内部生产过程的连续性和稳定性，更重要的是要具有和制造系统及外部合作伙伴协调运作的能力，提高整个供应链的敏捷性和便利性，保障整个供应链运营的可靠性。这样才能为所有提出订单和需求的客户在正确的时间、正确的地点，及时提供精准的产品，实现供应链管理的核心目标。如果物流组织管理落后，就可能造成整个供应链生产不能同步进行，比如一部分按时到货的零部件等待进一步加工或装配，而另一部分未按时到货的零部件缺货，最终影响总的生产装配进度，影响最终产品按时交货，就会影响供应链运营的可靠性，容易导致违约纠纷，也会造成客户的流失。

总之，供应链是物流、信息流和资金流的统一，物流管理自然也是供应链管理体

系的重要组成部分，甚至可以在一定程度上被当作供应链管理核心。物流管理水平的高低和物流系统能力的强弱，直接影响供应链整体竞争力和绩效，在供应链运营实践和管理实践中具有特殊的意义和作用，应当成为政府、行业和企业共同关注的重要问题。

第二节　供应链物流相关政策与法律规范

物流业作为复合型现代服务业，贯穿第一产业、第二产业、第三产业，衔接着生产与消费。供应链通过资源整合和流程优化，促进供需精准匹配，促进产业跨界和协同发展。因此，促进供应链物流的发展、创新和应用，对于我国经济高质量发展和产业转型升级具有重要意义。我国政府通过政策引导和法律保障，推动物流产业健康发展和供应链创新应用，取得了很多成果。

一、供应链物流相关政策

供应链物流相关政策大体上可以分为安全政策、发展政策和相关配套政策等。

（一）安全政策

优化和稳定产业链、供应链，保障国家产业链、供应链的安全、自主、可控是各国政府政策的优先目标。

2012年，美国签发了《全球供应链安全国家战略》，美国政府认识到，美国与其他国家和地区通过全球供应链系统进行了有效和安全的货物运输，并随着信息技术的进步，推动了贸易的发展，开拓了新的市场，创造了新的工作岗位。但是，自然灾害（地震、海啸等）和针对全球供应链系统的恐怖主义犯罪活动对供应链的破坏也影响全球经济。为此，美国的《全球供应链安全国家战略》确立了两个目标：一是促进商品的有效和安全运转，降低供应链的脆弱性，为此要加强供应链基础设施、设备和信息的安全管理，减少商品在供应链流转中的早期风险；二是建立一个有弹性的供应链，即建立一个有准备的、能够应对不断变化的风险和危害、能够从破坏状态快速恢复的弹性供应链。为此，要优先考虑减少供应链系统漏洞，并做好供应链系统被破坏之后的重建计划。

我国的产业链、供应链在抗击新冠感染疫情和应对国际经济贸易冲突过程中体现出强大的韧性，有力地促进了经济社会发展和经济贸易活动正常开展，但同时也暴露出我国产业链、供应链存在的风险隐患。为此，习近平总书记在多个场合，反复强调了产业链、供应链稳定和安全的重要性。比如2020年4月10日，习近平总书记在中央财经委员会第七次会议上的讲话中强调为保障我国产业安全和国家安全，要着力打造自主可控、安全可靠的产业链、供应链，力争重要产品和供应渠道都至少有一个替代来源，形成必要的产业备份系统。提升产业质量，拉紧国际产业链对我国的依存关系，形成对外方人为断供的强有力反制和威慑能力。同时也强调要在关系国家安全的领域和节点构建自主可控、安全可靠的国内生产供应体系，在关键时刻可以做到自我循环，确保在极端情况下经济正常运转。习近平总书记的相关论述为我国产业链、供应链的稳定安全指明了方向。

《中共中央关于制定国民经济和社会发展第十四个五年规划和二〇三五年远景目标的建议》也重点提到"提升产业链供应链现代化水平"，并提出要坚持自主可控、安全高效，分行业做好供应链战略设计和精准施策，推动全产业链优化升级。可见，维护供应链的自主可控、安全高效，提高全球供应链安全水平，已经成为我国政府的重要政策目标。

拓展阅读 2-1

（二）发展政策

利用产业政策，推进供应链创新与应用，提升供应链现代化水平，培育新的经济增长点，保障经济高质量发展，是我国供应链产业政策的中心任务。

党的十九大报告中指出：加快建设制造强国，加快发展先进制造业，推动互联网、大数据、人工智能和实体经济深度融合，在中高端消费、创新引领、绿色低碳、共享经济、现代供应链、人力资本服务等领域培育新增长点、形成新动能。党的十九届五中全会也将"提升产业链供应链现代化水平"作为加快发展现代产业体系、推动经济体系优化升级的重点任务。因此，在落实新发展理念、贯彻新发展格局的过程中，供应链被赋予了新的使命，发展现代供应链已经成为培育新的经济增长点、形成经济发展新动能的重要手段。为此，我国政府相关部门出台了一系列政策性文件。供应链发展的主要政策性文件如表 2-1 所示。

表 2-1 供应链发展的主要政策性文件

发布日期	发文机关	发文字号	文件
2017 年 10 月 13 日	国务院办公厅	国办发〔2017〕84 号	《国务院办公厅关于积极推进供应链创新与应用的指导意见》
2018 年 4 月 10 日	商务部、工业和信息化部、生态环境部等	商建函〔2018〕142 号	《商务部等 8 部门关于开展供应链创新与应用试点的通知》
2020 年 4 月 10 日	商务部、工业和信息化部、生态环境部等	商建函〔2020〕110 号	《商务部等 8 部门关于复制推广供应链创新与应用试点第一批典型经验做法的通知》
2020 年 4 月 10 日	商务部、工业和信息化部、生态环境部等	商建函〔2020〕111 号	《商务部等 8 部门关于进一步做好供应链创新与应用试点工作的通知》
2017 年 8 月 11 日	商务部办公厅、财政部办公厅	商办流通发〔2017〕337 号	《商务部办公厅 财政部办公厅关于开展供应链体系建设工作的通知》

　　2017 年 10 月 13 日，国务院办公厅发布了《国务院办公厅关于积极推进供应链创新与应用的指导意见》（国办发〔2017〕84 号），将供应链作为落实新发展理念的重要举措和重要抓手，提出了"重点产业的供应链竞争力进入世界前列，中国成为全球供应链创新与应用的重要中心"等发展目标。为了落实该文件，2018 年 4 月，商务部、工业和信息化部、生态环境部等发布《商务部等 8 部门关于开展供应链创新与应用试点的通知》（商建函〔2018〕142 号），并决定在全国范围内开展供应链创新与应用城市试点和企业试点。2018 年 10 月，商务部等 8 部门公布了全国供应链创新与应用试点城市和试点企业名单，确定了北京等 55 个试点城市和 TCL 集团股份有限公司等 266 家试点企业，并逐步形成了一批可复制推广的典型经验和做法。为了统筹新冠感染疫情防控和经济社会发展，发挥供应链创新与应用试点工作在推动复工复产、稳定全球供应链等方面的重要作用，2020 年 4 月，商务部等 8 部门又发布了《商务部等 8 部门关于进一步做好供应链创新与应用试点工作的通知》（商建函〔2020〕111 号），该文件对推动供应链协同复工复产，完成好新形势下试点工作任务做出了进一步的安排。这一系列的政策性文件，推动了我国供应链体系的建设，激发了各地方、各企业推进供应链创新与应用的积极性。可以说，我国的供应链发展、创新与应用具备了良好的政策环境，迎来了新的战略机遇。

拓展阅读 2-2

（三）相关配套政策

供应链物流相关配套政策，主要涉及以下两个方面。一方面是指国家保障供应链物流发展的土地、财政、金融等相关政策。比如在土地政策上，国家加强了对物流发展的规划和用地支持，鼓励通过"先租后让""租让结合"等多种方式向物流企业供应土地。在财政政策上，对符合条件的供应链相关企业经认定成为国家高新技术企业后，可按规定享受相关优惠政策。另一方面是指我国政府相关部门发布的有关物流基础设施建设，物流业降本增效、高质量发展及电子商务物流等领域的专项政策。比如，2018 年 1 月国务院办公厅发布的《国务院办公厅关于推进电子商务与快递物流协同发展的意见》（国办发〔2018〕1 号）中，强调了推动供应链协同，优化电子商务企业供应链管理，并鼓励企业集成应用各类信息技术，整合共享上下游资源，促进商流、物流、信息流、资金流等无缝衔接和高效流动，提高电子商务企业与快递物流企业供应链协同效率。

二、供应链物流相关法律规范

供应链管理服务企业提供的专业服务包括订单管理服务、仓储管理服务、客户管理服务、供应链金融服务、支付结算服务等，涉及众多主体，法律关系复杂。因此，供应链物流相关法律涉及民商法、经济法、行政法等多个法律部门，从法律渊源上看，涵盖了法律、行政法规、部委规章、地方性法规，以及国际公约、惯例和各种技术性标准等。总的来说，与供应链物流活动密切相关的法律主要有以下几类。

（一）供应链物流合同法律

供应链上下游企业之间的合作关系本质上属于民商事交易关系，涉及的采购、分销、运输、仓储、保管、加工、信息处理等领域的业务关系属于合同关系。因此，《民法典》中总则编的第六章民事法律行为和《民法典》合同编是调整供应链物流合同关系的基本法律依据。虽然《民法典》合同编中的典型合同并没有针对供应链物流合同的专门规定，但是典型合同中的买卖合同、运输合同、保管合同、仓储合同、委托合同、租赁合同、承揽合同、技术合同、中介合同等均与供应链物流合同密切相关。如果当事人之间的合同关系属于典型合同，可以直接适用典型合同的规定。如果当事人之间的合同关系属于非典型合同，可以适用《民法典》总则编中民事法律行为和合同编通则的规定。

需要说明的是，在物流业务实践中，供应链上下游企业之间通常不用"××供应链合同"或"××物流合同"来命名当事人之间的合同，甚至也不用"××运输合同""××仓储合同"等命名。比如快递企业通过 App（小程序）等网络方式与寄件人订立的"电子运单契约条款"或与客户签订的"收派服务合同"等。在这种情况下，如果发生合同纠纷，司法实践中法院会根据物流服务合同的具体约定和商业习惯，对当事人的合同性质和法律地位进行识别和判断，如果其合同性质仍然属于运输合同中的货运合同，在判决的法律依据中，法院还是会适用《民法典》货运合同等典型合同中的具体条款来处理纠纷。

另外，按照特别法优于一般法的适用原则，如果其他法律当中对特定合同有专门规定，则适用其规定。比如海上货物运输合同、海上船舶租用合同应当优先适用《海商法》的相关规定。

（二）供应链物流作业法律规范

供应链物流具备运输、仓储、装卸、搬运、包装、流通加工、配送、信息处理等基本功能，涉及交通运输、仓储和邮政等多个行业和多个部门。供应链物流作业相关的法律规范有很多，以运输法律规范为主。同时，运输法律规范又可以分为铁路运输法律规范、道路运输法律规范、水上运输法律规范、航空运输法律规范、海上运输法律规范及邮政快递法律规范等。这些不同领域的运输法律规范对基础设施建设、运输经营许可、从业人员管理、安全生产、托运人与承运人权利义务及政府监督管理等事项分别做出了规定，是各类供应链物流经营者提供相应物流服务时必须遵守的基本规则。供应链物流作业相关的主要法律规范如表 2-2 所示。

表 2-2　　　　　　供应链物流作业相关的主要法律规范

领域类别		法律文件类别	主要法律规范文件
运输领域	铁路运输	国际公约	《国际铁路货物联运协定》
		法律	《中华人民共和国铁路法》
		行政法规	《铁路安全管理条例》
		部委规章	《铁路运输企业准入许可办法》

领域类别		法律文件类别	主要法律规范文件
运输领域	道路运输	法律	《中华人民共和国公路法》
		行政法规	《中华人民共和国道路运输条例》 《收费公路管理条例》
		部委规章	《道路货物运输及站场管理规定》 《道路运输从业人员管理规定》 《道路危险货物运输管理规定》
	水上运输	法律	《中华人民共和国航道法》
		行政法规	《国内水路运输管理条例》
		部委规章	《国内水路运输管理规定》 《危险货物水路运输从业人员考核和 从业资格管理规定》
	航空运输	国际公约	1999 年版《统一国际航空运输某些规则的公约》 （即《蒙特利尔公约》）
		法律	《中华人民共和国民用航空法》
		行政法规	《中华人民共和国民用航空器适航管理条例》
		部委规章	《民用航空安全管理规定》
	海上运输	国际公约	《便利国际海上运输公约》 《国际集装箱安全公约》 《国际海上人命安全公约》
		法律	《中华人民共和国海商法》 《中华人民共和国海上交通安全法》
		行政法规	《中华人民共和国国际海运条例》
		部委规章	《中华人民共和国国际海运条例实施细则》
	邮政快递	法律	《中华人民共和国邮政法》
		行政法规	《快递暂行条例》
		部委规章	《快递业务经营许可管理办法》 《邮政业寄递安全监督管理办法》 《智能快件箱寄递服务管理办法》
其他物流作业相关领域 （包装、报关、商检等）		法律	《中华人民共和国港口法》 《中华人民共和国海关法》 《中华人民共和国进出口商品检验法》

领域类别	法律文件类别	主要法律规范文件
其他物流作业相关领域（包装、报关、商检等）	行政法规	《中华人民共和国货物进出口管理条例》
	部委规章	《邮件快件包装管理办法》 《中华人民共和国海关对保税仓库及所存货物的管理规定》 《中华人民共和国海关对保税物流中心（A 型）的暂行管理办法》

（三）其他相关法律规范

除了供应链物流合同法律、供应链物流作业法律规范，还有一些法律规范与供应链物流活动密切相关。比如涉及电子商务物流时，要适用《电子商务法》《电子签名法》等相关法律；涉及物流信息和物流数据处理时，要遵守《网络安全法》《数据安全法》《个人信息保护法》等相关法律。尽管这些法律并非针对供应链物流的专门性法律，但是对供应链物流活动相关当事人一样具有法律约束力。

第三节　供应链物流合同的法律分析

供应链物流合同，就是供应链物流服务活动的当事人之间设立、变更、终止权利义务关系的协议。供应链物流合同是连接供应链节点企业之间物流服务关系的基本法律形式，供应链物流合同所涉及诸如运输、仓储、包装、货代、配送等物流服务合同，本质上属于民商事合同。但是，与一般的民商事合同相比，供应链物流合同具有自己的特殊性，供应链物流合同当事人之间的法律关系也较为复杂，有必要做进一步研究和分析。

一、供应链物流合同的特征

通常而言，与一般的民商事合同相比，供应链物流合同具有以下特征。

（一）供应链物流合同以第三方物流合同为主要形式

按照国家标准《物流术语》（GB/T 18354—2021），第三方物流是指由独立于物流服务供需双方之外且以物流服务为主营业务的组织提供物流服务的模式。由于第三方物流具有节省物流设施建设成本费用、减少资本积压和库存、实现企业资源的优化配置、提升企业形象等诸多优点，因此是供应链物流的主要模式。第三方物流的一个重要特点就是物流服务关系的合同化，第三方物流通过合同的形式来规范物流经营者和物流消费者之间的关系。物流经营者根据合同的要求，提供多功能直至全方位一体化的物流服务，并以合同来管理所有提供的物流服务活动及其过程。[①] 因此，供应链物流合同以第三方物流合同为主要形式。

（二）供应链物流合同中的主体相对复杂

实践中，供应链物流合同中的主体相对复杂，理论上包括以下几类。

一是供应链物流服务提供方。供应链物流服务提供方是供应链物流合同主要当事人，一般是第三方物流经营者。实践中，领先的第三方物流经营者往往是综合性物流服务商，其对外签订的物流合同，一般是以供应链物流服务需求方，或者其他物流服务中间商为对象，为客户提供整合性、一体化物流服务。

二是供应链物流服务需求方。供应链物流服务需求方是供应链物流合同中的另一方当事人，主要包括各种工业企业、批发零售企业及电子商务企业等。

三是供应链物流活动的实际履行者。供应链物流服务提供方和供应链物流服务需求方是供应链物流合同的基本主体，但供应链物流服务提供方有时会把海运、陆运、通关、仓储、装卸等环节分包或委托他人完成相关业务，使其参与供应链物流合同的实际履行，如运输企业、仓储企业、加工企业、关务代理企业等。由于供应链物流服务提供方的资源限制，在某些情况下，供应链物流服务提供方只有在与第三人合作或在第三人协助下才能完成物流作业，比如涉及海上运输的物流作业，就可能要借助海上运输经营者、港口经营者等。

需要注意的是，上述供应链物流合同中主体的分类只是一种理论上的概括，从不同角度也可以做不同的划分。比如供应链物流活动的实际履行者实质上也是通过合同约定成为物流服务提供商的，如运输服务提供商、仓储服务提供商等。存在物流业务外包的情况下，供应链物流服务提供方和供应链物流服务需求方的角色甚至是可以互换的。另外，对于并不参与实际物流作业活动，但负责对接、优化和整合物流资源，提供一体化供应链服务的商家，可以称为供应链管理服务提供商。因此，也可以将供应链物流合同可能涉及的当事人划分为供应链管理服务提供商、运输服务提供商、仓储服务提供商、关务代理服务商等，当然这种划分也是相对的。

（三）供应链物流合同的内容具有广泛性和复杂性

在供应链物流现代化发展过程中，提供供应链物流服务的企业从简单的仓储、运输等单项活动转为提供全面的供应链物流服务，其中包括物流活动的组织、协调和管理，设计规划最优物流方案，物流全程的信息和数据采集与处理等。提供第三方物流服务的企业大体上又可以分为资产型物流企业和非资产型物流企业，资产型物流企业

---

① 崔介何. 物流学概论［M］.3 版. 北京：北京大学出版社，2004.

又有以提供运输服务为主的企业和以提供仓储服务为主的企业,非资产型物流企业又有以提供货物代理为主的企业、以提供信息和系统服务为主的企业、以提供增值服务为主的企业。供应链物流业务的专业化和多样化,使得供应链物流合同的内容涉及运输、仓储、装卸、搬运、包装、流通加工、配送、信息处理等诸多环节,因此也具有广泛性和复杂性等特征。

(四)供应链物流合同通常是混合合同

供应链物流合同涉及的环节众多、合同的内容具有广泛性和复杂性。根据合同内容和实际操作来看,单一的物流服务合同在性质上容易确定,例如,纯粹的运输合同法律关系或仓储合同法律关系,其合同名称就是"××运输合同"或"××仓储合同",属于典型合同。然而,供应链物流合同往往是综合的物流服务合同,是集运输合同、委托合同、仓储合同、加工合同等各种合同于一身的混合合同,因而,供应链物流活动经营者的法律地位也是集承运人、保管人、委托代理人、承揽人等各种地位于一身的混合地位。然而,我国《民法典》合同编并没有"供应链合同"或"物流合同"等相关概念和相关规定。在《民法典》合同编分则中,分别就典型合同做了规定,包括涉及物流服务关系的运输合同、保管合同、仓储合同、委托合同、承揽合同等。

在物流活动实践中,当事人也很少把合同称为物流合同。尽管物流活动大多体现为运输合同,物流企业与客户签订的合同大多也是运输合同;但物流合同往往又超出运输合同的范围,比如,合同中如果要求物流企业对委托托运的货物进行包装、流通加工等,物流企业与客户的合同就有了加工承揽的性质,不是一个运输合同所能涵盖的。因此,把这种综合的物流服务合同称为运输合同就是不准确的。综上所述,通常来说,供应链物流合同,特别是综合的物流服务合同,往往具有混合合同的特征,某些情况下并不是一种典型合同。

(五)供应链物流合同通常具有长期性和稳定性

供应链是以客户需求为导向,以整合资源为手段,实现产品采购、生产、销售等全过程高效协同的组织形态。供应链物流涉及所有加盟的节点企业,从原材料供应开始,经过供应链中不同企业的制造、装配、分销等过程,将最终售给用户,体现供应链上下游企业合作共赢的协同发展要求。因此,供应链上核心企业往往与供应链管理服务企业或物流企业形成战略合作伙伴关系,建立较为稳定的长期业务合作关系,以加快产业融合、深化社会分工,促进产业跨界和协同发展,保障产业链、供应链的安全、可靠和稳定。因此,供应链物流合同约定的有效期往往是5年、10年,甚至更长,这也对供应链物流合同当事人诚实履行合同提出了更高的要求。否则,一旦发生违约或业务中断,会给当事人造成较大的经济损失。

二、供应链物流合同的法律关系

供应链物流通常属于第三方物流，供应链物流合同的内容广泛、复杂，可能涉及运输、仓储、装卸、搬运、包装、流通加工、配送、信息处理等诸多环节。同时，随着物流活动专业化分工的发展，供应链物流服务提供方拥有的资源不同，经营特色和经营方式也不同，供应链物流合同当事人之间的法律关系也变得复杂起来。

从供应链物流合同主体角度来看，重点有以下两方面内容。一方面是供应链物流服务提供方（物流经营者）与供应链物流服务需求方（物流客户）的关系。双方基于供应链物流服务合同的约定或法律的规定享有权利并承担义务，合同是约束双方权利义务关系的主要依据，同时双方也必须独立地承担民事责任。另一方面是物流经营者与供应链物流活动的实际履行者（实际履约方）的关系。当物流经营者利用自身的物流经营资源独立完成供应链物流服务的全部过程时，物流经营者与实际履约方是同一个人，法律关系相对简单一些。但供应链物流合同往往是综合性的供应链物流服务合同，每个物流经营者拥有的资源是有限的，不可能完成所有的供应链物流服务内容。因此，实践中物流经营者在接受物流客户的任务后，往往与一个或多个实际履约方再分别签订合同，委托他们从事具体的运输、仓储、装卸、搬运等物流作业服务。

从供应链物流合同内容和合同性质的角度来看，不管是物流经营者与物流客户的关系，还是物流经营者与实际履约方的关系，根据不同的合同约定和物流实践，比较常见的法律关系如下。

（一）运输、仓储、装卸、搬运等供应链物流作业服务法律关系

供应链物流活动主要是实现货物从供给者到需求者的物理移动最优化，运输、仓储、装卸、搬运等活动仍然是整个供应链物流活动的核心要素。当物流经营者接受物流客户的委托，根据物流客户发出的指令处理货物，自己进行运输、仓储等物流作业活动，自己完成供应链物流合同所约定的内容时，这种经营模式与传统运输业、仓储业等的区别不大，当事人双方形成相应的运输合同法律关系、仓储合同法律关系等。同时，在物流实践中，物流运输车辆、仓库及相关设施可以通过自购、自建或租赁取得。如果租赁取得，物流经营者还要与第三方形成租赁合同法律关系。如果物流经营者在经营物流作业服务时接受货主的委托，根据运输、销售或消费使用的需要而进行的包装、分割、计量、分拣、刷标志、组装等简单作业，或者对委托托运的货物进行包装、拼箱、装箱或者拆箱，此行为具有加工承揽的性质，物流经营者此时具有承揽人的法律地位，则形成相应的加工承揽合同法律关系。

（二）委托代理、中介服务等法律关系

物流经营者常常按照物流客户发出的采购指令，向指定的供应商代理采购货物，

并按照服务协议负责货物的支付、结算等相关事务。同时，当物流经营者未能拥有履行供应链物流合同的所有资源时，也可以以物流客户的名义委托第三人完成物流作业活动，这时供应链物流合同的当事人之间就形成了委托代理法律关系。另外，物流经营者也常常接受货主的委托，以货主的名义办理货物的报关、报检或向有关部门缴纳税金、办理保险、结汇等业务，此时除了物流经营者和物流客户之外，物流经营者以货主的名义与海关、商检部门、动植物检疫部门、税收部门、保险公司、银行或其他有关第三方形成法律关系。在实际业务操作中，物流经营者可能提供与运输有关的信息，促成物流客户之间的交易，从中收取一定的费用，并协调有关当事人的利益，而自己并没有同任何一方当事人签订委托代理合同或向任何一方当事人提供实体物流服务。此时，物流经营者处于中介人的法律地位，与物流客户形成中介服务法律关系。

（三）其他相关服务法律关系

随着供应链管理服务和物流业务的扩展，供应链管理服务商与物流服务提供商提供的服务种类越来越专业化、多样化。比如某些供应链管理服务商或物流服务提供商为物流客户提供物流系统设计规划、物流信息系统或物流数据处理等技术服务，形成技术合同法律关系。还有些供应链管理服务商为物流客户提供供应链金融服务，则可能形成借贷合同法律关系、担保合同法律关系、保理合同法律关系等。

总而言之，供应链物流合同不能简单地等同于运输合同、仓储合同等，供应链物流合同具有混合性、综合性的特点。供应链物流合同当事人的法律地位识别和法律关系的界定，需要根据当事人之间的合同约定和提供的服务及其行为性质来具体判断，由于法律地位的不同及法律关系的不同，当事人的权利义务、适用的法律、纠纷处理的结果也就不同，在某些情况下还涉及损失赔偿及其责任限额的不同规定，这一点是值得我们注意的。

第四节　供应链物流专题案例分析

一、供应链物流合同当事人法律地位识别和责任承担问题

【案例 2 - 1】吴某某与江苏江南特拉华供应链管理有限公司运输合同纠纷案。[①]

---

① 本案例来自江苏省常州市新北区人民法院民事判决书（2018）苏 0411 民初 3652 号。

【案例简介】

原告：吴某某。

被告：江苏江南特拉华供应链管理有限公司（曾用名：江苏芒果国际货运代理有限公司）。

原告于 2014 年 7 月 19 日，通过被告运营的网站，与被告签订了会员协议，注册成了其会员。会员协议明确，被告向会员提供国际电子商务物流服务，第八条（本服务的内容）明确："本服务是国际电子商务物流的服务。由于不是本公司与销售公司达成商品的买卖关系，因此本公司不成为买卖合同的当事人，公司不承担一切与商品相关的瑕疵，侵害知识产权等责任。但如果会员有证据证明商品的遗失、破损发生在本公司保管及运输期间内，则不受本条限制。"第十七条（适用范围和管辖）明确："本服务条款之解释与适用，以及与本服务条款有关的争议，均应依照中国法律予以处理。如遇合同纠纷，管辖法院为：常州市新北区人民法院。"

从 2016 年起，原告到被告运营的网站购买商品，并按照被告的要求将所购商品由购物网站代为发送到被告指定的在美国的仓库，在进行报价后，确定了中国国内收货地址，与被告协商运费及保费后，从原告的会员账户中的余额中扣除上述运费、保费或由原告另行支付到被告账户后，被告将此包裹生成运单，通过航空运输等方式由被告直接委托运输到中国，并由被告承担清关、交付国内快递公司运输等方式直接邮寄到原告指定的中国国内地址，最终签收后完成整个服务工作。

2017 年 7 月 31 日，原告从美国阿瑟安德鲁官网购买 30 盒美国激巢黄体酮外用霜发到江苏芒果国际货运代理有限公司的美国芝加哥仓库，货物价值 749.7 美元。同年 8 月 4 日，被告确认该货已经到达指定仓库，原告要求并委托被告将货物转运至中国国内原告指定地点即湖北省宜昌市西陵区上导堤路 3 号机船公司施工设备厂。原告就货物申报价值 749.7 美元，双方确认运费为 82 美元。原告同日将上述款项转入被告账户，次日，被告告知该运单已经生成并通过审核，等待出库。因美国曼哈顿实业公司股东之间产生纠纷，其中一名股东扣押了位于被告租用仓库内的所有货物，导致无法向外发往航空运输企业进行运输，而致原告所购商品未能发回国内，原告最终也未收到上述货物。

法院审理查明，被告经营范围包括：供应链管理及物流方案设计；仓储服务（除危险品仓储）；企业管理咨询服务；贸易咨询；物流信息咨询服务；承办海运、陆运、空运进出口货物、国际展品、过境货物的国际运输代理业务；计算机软件的开发、维护；计算机软硬件的技术咨询、技术转让、技术服务；计算机软硬件及配件、机电产品、仪表仪器、通信设备、电子元器件、纺织原料及纺织品、化工原料（不含危险品）、橡塑制品、五金、工具、家用电器、钢材、一类医疗器械的销售。

原告向法院提出诉讼，请求被告偿还原告货款、运费等费用和损失。法院经审理认定原告、被告之间构成国际货物运输代理合同关系，原告要求被告赔偿货款、运费等诉讼请求合法有据，判决被告承担原告货物损失、运费损失等。

【案例要旨】

本案的核心问题是原告与被告之间合同关系的性质，以及被告的法律地位识别、身份认定和责任承担等问题。

【案例分析】

本案中，从被告的经营范围看，其包括了供应链管理及物流方案设计，仓储服务（除危险品仓储），承办海运、陆运、空运进出口货物、国际展品、过境货物的国际运输代理业务等多种业务种类；从原告与被告的会员协议、交易的流程看，被告为原告提供的是国际电子商务物流的服务，即原告将在美国购买的商品按要求发送到被告指定的美国仓库，进行报价后，原告确定了中国的收货地址，原告支付运费、保费后，被告将此包裹通过航空运输等方式委托运输到中国，其间由被告负责清关、将货物交付中国快递公司等工作，原告签收货物后被告的工作才算完成。因此，可以判断，原告与被告之间的基础法律关系属于国际货物运输代理合同关系，但具有涉外因素。基于双方约定发生争议时适用中国法律，合同纠纷管辖法院为常州市新北区人民法院，因此，该案件适用中国法律，在常州市新北区人民法院审理没有争议。

《中华人民共和国国际货物运输代理业管理规定实施细则》第二条规定，国际货物运输代理企业（以下简称国际货运代理企业）可以作为进出口货物收货人、发货人的代理人，也可以作为独立经营人，从事国际货运代理业务。国际货运代理企业作为代理人从事国际货运代理业务是指国际货运代理企业接受进出口货物收货人、发货人或其代理人的委托，以委托人名义或者以自己的名义办理有关业务，收取代理费或佣金的行为。

国际货运代理企业的业务种类较为复杂，在为发货人服务时，其服务包括：选择货物的运输路线、向客户建议仓储与分拨方案、挑选承运人、办理货物保险、货物拼装、货物存仓、安排到港运输、将货物交给承运人、承付运费、办理货运外汇交易、从承运人处取得提单交给发货人、监督货物运输进程、使托运人知道货物去向等。在为承运人服务时，其服务包括：订舱、议定费用、安排交货时间等。因此，当其以纯粹代理人的身份出现时，在发货人和承运人之间起牵线搭桥的作用，由发货人和承运人直接签订运输合同，国际货运代理企业收取佣金，当货物发生灭失或损失时，发货人可直接向承运人索赔；当其以当事人身份出现时，国际货运代理企业以自己的名义与承运人签订合同，或者在安排储运时使用自己的仓库或运输工具，或者安排运输、拼箱集运时收取差价，此三种情形，对于托运人来说，国际货运代理企业则是作为承运人出现的，应当承担承运人的责任；当其以无船承运人的身份出现时，被看成法律上的承运人，兼具承运人和托运人的性质。综上，国际货运代理企业的业务范围较为广泛，作为代理人代委托人报关、报检、安排运输，还存在用自己的雇员，用自己的车辆、船舶、飞机等来提供服务的情形。

本案中，被告建立网站，提供会员注册机制，会员从被告运营的网站所购买商品运送到被告指定仓库，由原告、被告商定运费、保费，并直接由被告收取上述费用，后从仓库予以发货，至国内清关后再指定快递公司发送到原告指定地点。这一系列行为符合国际货物运输代理业务中的国际货运代理企业以当事人身份出现的情形，原告、被告之间构成国际货物运输代理合同关系。因此，在发生货物灭失、损坏或者因其他原因导致仓储货物无法出库，均应由被告直接联系货主（即原告）进行处理，货主有权向国际货运代理企业即被告要求索赔。被告再依据其与相关美国公司之间的合作协议进行追偿，但不能以此为由影响其对原告的责任承担。

拓展阅读 2-3

二、关于供应链物流合同的法律效力与违约责任问题

【案例 2-2】湖南旻峰物流有限公司与湖南华菱电子商务有限公司仓储合同纠纷案。①

【案例简介】

原告：湖南旻峰物流有限公司（以下简称旻峰物流）。

被告：湖南华菱电子商务有限公司（以下简称华菱电商）。

2015 年，湖南宇顺物流有限公司（以下简称宇顺物流）根据被告的要求，在娄底市经济技术开发区投资修建了湖南华菱钢铁电子商务湘中基地仓库（以下简称湘中基地），专用于被告的钢材储存和运输，被告与宇顺物流签订了《仓库保管合同》。

为了更好地为被告提供仓储保管和运输服务，湘中基地的投资人于 2016 年 3 月 24 日还专门成立了旻峰物流，被告原与宇顺物流签订的《仓库保管合同》约定的权利义务由原告承继，为明确双方的权利义务，2016 年 3 月 31 日，原告、被告签订了书面的《仓库保管及物流运输合同》。《仓库保管及物流运输合同》约定：华菱电商要求旻峰物

---

① 本案例来自湖南省长沙市中级人民法院民事判决书（2018）湘 01 民初 4891 号。

流在湘中基地保管的货物，其货权一律属于华菱电商，以华菱电商名义入库；旻峰物流应按国家标准谨慎保管货物，提供单独存放货物的场所；旻峰物流必须使用现代化的管理方法（电子商务管理系统）管理华菱电商钢材在旻峰物流仓库的仓储和物流事宜；运输、吊装费用（包含钢厂到储运仓库的运输、出入库的装卸等费用）为人民币32元/吨（运输费13元/吨，仓储费19元/吨，根据市场行情，双方协商认可后适当调整价格）按入库磅量结算；在合同期内，如旻峰物流不能满足华菱电商仓储所需硬件、软件、各项业务服务，以及对华菱电商的业务情况未进行保密等情况下，华菱电商有权单方面解除合同，旻峰物流如果能满足上述条件，华菱电商不能在娄底区域与第三方（含华菱电商关联企业）开展同类业务合作；本合同有效期自 2015 年 8 月 1 日至2020 年 3 月 31 日止等。

华菱电商从 2015 年 12 月开始，将部分钢材交由湘中基地以外的第三方湖南华菱涟源钢铁有限公司保管和运输，致使湘中基地从 2016 年 7 月开始处于闲置状态。原告认为，导致湘中基地闲置，造成原告亏损完全是被告单方面违约造成，被告应承担违约责任。为了维护原告的合法权益，原告请求人民法院判解除原告与被告签订的《仓库保管及物流运输合同》、被告赔偿原告经济损失等。

法院经审理认定，华菱电商的上述行为已经构成合同根本违约。判决解除被告与原告双方的《仓库保管及物流运输合同》，华菱电商赔偿旻峰物流因此造成的经济损失等。

【争议焦点】

本案的争议焦点是原告、被告之间合同的法律效力，被告的行为是否构成违约及如何承担违约责任等问题。

【案例分析】

从合同主体角度看，旻峰物流为第三方物流服务商，其营业执照上的经营范围包括：货物配送、仓储、包装、搬运、装卸服务，货物专用运输（罐式），大型物件运输，物流信息咨询服务，汽车租赁，钢材、建材贸易等。华菱电商为物流服务需求方，以电子商务网站为平台，旨在构建一个集原材料采购、钢材交易、物流联盟和贸易融资于一体的钢铁产业链服务平台。为进一步促进电子商务实业的发展、更好地服务于华菱电商，做好仓储、物流相关工作，华菱电商将其仓储、运输等服务外包给旻峰物流，双方为此签订的《仓库保管及物流运输合同》为第三方物流合同，旻峰物流与华菱电商基于业务合作的需求，作为供应链物流合同当事人具有相应的缔约资格和缔约能力。

从合同的内容角度看，原告在娄底市经济技术开发区的湘中基地，主要为被告提供货物的入库、出库、保管等仓储服务，但同时也提供运输、吊装、装卸等相关服务，并根据合同约定，为以被告为核心的钢铁产业链、供应链节点企业提供相关服务，服务内容是综合性的物流服务。原告、被告订立的《仓库保管及物流运输合同》既包含了仓库保管服务，又包含了物流运输服务，双方的法律关系也不是纯粹的仓储合同法律关系或运输合同法律关系，具有混合合同的特征。华菱电商与旻峰物流签订的《仓库保管及物流运输合同》有效期自 2015 年 8 月 1 日至 2020 年 3 月 31 日止，说明当事人具有建立长期稳定合作关系的意图，合同意思表示真实，且内容不违反国家法律、行政法规的强制性规定，合法有效，依法应当作为本案认定事实及确定双方权利义务的依据。

合同履行过程中，华菱电商在旻峰物流未出现解除合同事由，且无正当理由的情形下，自 2015 年 12 月起将部分钢材交由合同之外的第三方公司储运，并最终导致湘中基地因无货可存而闲置，《仓库保管及物流运输合同》的目的已无法实现。根据《民法典》第五百六十三条的规定（原《合同法》第九十四条的规定），当事人一方迟延履行债务或者有其他违约行为致使不能实现合同目的的，当事人可以解除合同。根据《民法典》第五百六十六条的规定（原《合同法》第九十七条的规定），合同解除后，尚未履行的，终止履行；已经履行的，根据履行情况和合同性质，当事人可以请求恢复原状或者采取其他补救措施，并有权请求赔偿损失。合同因违约解除的，解除权人可以请求违约方承担违约责任，但是当事人另有约定的除外。[①] 本案中被告的行为既违反了合同约定，又违反了诚信原则，致使原告不能实现合同目的，已经构成根本违约。因此，旻峰物流有权解除合同，并要求华菱电商赔偿因此所造成的经济损失。

需要注意的是，某些情况下，供应链物流合同当事人在处理相关业务时，可能会签订一系列服务合同。在纠纷发生后，一方面，法院要对相关合同的效力进行认定，主要考察当事人的主体资格是否合法、意思表示是否真实、是否存在违反法律法规强制性规定的情形等；另一方面，实践中系列服务合同之间可能存在合同约定相互矛盾的情形，因此法院还要考察当事人实际履行合同的情况，是否存在违约行为，以便确定当事人应当承担的法律责任。比如在北京顺丰速运有限公司与北京儒牛供应链管理有限公司服务合同纠纷一案中［北京市顺义区人民法院民事判决书（2020）京 0113 民初 2163 号］，双方在业务合作中签订的《收派服务合同》《"票票保"保价服务协议》《收派服务与仓储管理合同》《仓配服务合同》等均为双方真实意思表示，且不违反法

---

① 说明：本案判决书依据的法律条文是《合同法》第九十四条、第九十七条等。《民法典》施行后，《担保法》《合同法》等法律同时废止，因此要依照《最高人民法院关于适用〈中华人民共和国民法典〉时间效力的若干规定》（以下简称《时间效力规定》），处理好新旧法律、司法解释的衔接适用问题。依照"法不溯及既往"的基本原则，《民法典》施行前的法律事实引起的民事纠纷案件，适用当时的法律、司法解释的规定，但《时间效力规定》另有规定的除外。鉴于《民法典》已于 2021 年 1 月 1 日开始施行，为了读者学习新法律的方便，在新旧法律规定基本一致的情况下，本书涉及相关案例分析部分的法律引用以《民法典》为主，或者以《民法典》等新法律来进行案例分析与研究，并不是司法案例判决书中法院实际适用的法律，提请读者注意。

律法规强制性规定，系有效合同。法院经过审理认为，其中的《仓配服务合同》与《收派服务与仓储管理合同》中约定的北京顺丰速运有限公司对涉诉仓库管理所提供的服务内容不同，所承担的责任亦不相同，存在一定矛盾之处，按常理并不能同时履行，最终认定双方实际履行的是《收派服务与仓储管理合同》，并未履行《仓配服务合同》。遂依据原《合同法》等相关规定，北京儒牛供应链管理有限公司具有逾期付款的违约行为，判决北京儒牛供应链管理有限公司支付拖欠北京顺丰速运有限公司的服务费1624777.5元，并给付逾期付款违约金100000元。

拓展阅读2-4 　　　　拓展阅读2-5

三、关于供应链物流合同的法律关系与法律适用问题

【案例2-3】徐州翔宇印务有限公司与沈某某公路货物运输合同纠纷案。①
【案例简介】

上诉人（原审原告）：徐州翔宇印务有限公司（以下简称翔宇公司）。

被上诉人（原审被告）：沈某某。

翔宇公司与沈某某之间素有业务往来，沈某某经营徐州安达货运部，该货运部未办理工商登记，具体业务是向货主和驾驶员提供货物配载信息，收取一定的报酬。

2011年11月24日，翔宇公司有一批《未来科学家》书刊需运往盐城，书刊总价82596元。翔宇公司即与沈某某联系，因沈某某通过运友网与案外人邵某某有业务往来，沈某某便与邵某某联系，询问邵某某是否愿意承运，双方在电话里谈好运费，运费由翔宇公司支付给沈某某，沈某某再付给邵某某。谈好后，邵某某让司机张某某去翔宇公司拉货。同日，沈某某与张某某签订《徐州安达货运部公路运输合同》，该合同上托运单位和托运人一栏空白，承运单位一栏载明张某某的住址及手机号码，张某某在承运人一栏签字，沈某某在经办人一栏签字。该合同另注明：运输途中一切安全均由承运人负责，如果造成丢失、损坏、受潮或由其他原因造成损失，托运单位或受害人在当时当地有权追究承运人全部负责；货运站只负责货物运输前的事项，货物运出

---

① 本案例来自江苏省徐州市中级人民法院民事判决书（2013）徐商终字第0348号。

后，一切事宜均由甲乙双方自行处理，若有争议之事，货运站应起中证人作用；如果货物有损失或丢失均由车主和司机负责赔偿，货运站不负赔偿责任。

张某某到沈某某指定的地点——翔宇公司拉货，翔宇公司相关人员查看其驾驶证、行驶证后，将货物交给张某某，张某某在发货单上签字，后张某某将货物交给邵某某。2011年11月25日，邵某某驾驶车辆运输书刊时，在淮安、泗阳交界处发生交通事故，书刊损毁未能运到目的地。后翔宇公司认为沈某某的运输行为使其遭受重大损失，请求判令沈某某赔偿损失82596元，并承担本案的诉讼费用。

原审法院认为，沈某某和翔宇公司之间的法律关系不符合居间合同的法律关系特征，也不是运输合同法律关系，而是委托合同法律关系。因此翔宇公司要求沈某某赔偿损失无事实和法律依据，依法不予支持，判决驳回翔宇公司对沈某某的诉讼请求。翔宇公司不服一审法院判决，提起上诉，二审法院驳回上诉，维持原判。

【争议焦点】

本案的争议焦点为翔宇公司与沈某某之间存在何种法律关系，进而应当判断需用何种法律来确定当事人的法律责任。

【案例分析】

（一）翔宇公司与沈某某之间是否存在运输合同法律关系

运输合同是承运人将旅客或者货物从起运地点运输到约定地点，旅客、托运人或者收货人支付票款或者运输费用的合同。沈某某所经营的徐州安达货运部没有运输车辆，不具备承运条件。沈某某所经营的徐州安达货运部的业务流程是货主找到沈某某所经营的徐州安达货运部，要求沈某某联系车辆运输货物，沈某某在运友网发布货物配载信息，驾驶员看到网上发布的信息后与沈某某取得联系，双方谈妥运费后，驾驶员到沈某某指定的地点拉货，沈某某从中收取信息费或运费差价。翔宇公司与沈某某之间多次发生业务往来，沈某某没有自己的车辆，对车辆无实际控制权，对运输车辆所带来的风险也无法避免，每次运输货物的车辆也并不固定，对上述客观事实，翔宇公司是明知或者应该知道的。在沈某某、翔宇公司、邵某某三方的关系中，沈某某向翔宇公司提供的是货运配载信息服务，并没有实际承运翔宇公司的货物。待运输业务完成之后，沈某某从中提取很少部分的信息费用，虽然该信息费用不是翔宇公司直接支付，但是系从其支付的运输费用中提取，这种支付方式亦不能确定沈某某就是实际的承运人。本案实际承运人是邵某某，邵某某本人对其承运了翔宇公司的货物及事故发生后主动与其联系赔偿事宜予以认可。故沈某某不是涉案货物的承运人，沈某某和翔宇公司之间不是运输合同法律关系。

（二）翔宇公司与沈某某之间是否存在中介合同①法律关系

中介合同是中介人向委托人报告订立合同的机会或者提供订立合同的媒介服务，委托人支付报酬的合同。中介服务的宗旨是把合同双方联系在一起，以促成交易后取得合理佣金的服务。中介人不是委托人的代理人，而是居于交易双方当事人之间起介绍、协助作用的中间人。本案中沈某某虽然按照翔宇公司的要求，提供了承运信息服务，但又实际参与并与承运人签订了运输合同，不符合中介合同的法律特征，故双方不存在中介合同法律关系。

（三）翔宇公司与沈某某之间应是委托合同法律关系

从双方的交易流程和相关证据看，翔宇公司与沈某某之间应是委托合同法律关系。委托合同是委托人和受托人约定，由受托人处理委托人事务的合同。《民法典》第九百二十条（原《合同法》第三百九十七条）规定，委托人可以特别委托受托人处理一项或者数项事务，也可以概括委托受托人处理一切事务。翔宇公司委托沈某某处理送货事务，沈某某又委托车辆所有人实际送货，虽然运输合同是沈某某签订的，车辆所有人也是直接和沈某某联系的，但是该运输合同中托运人一栏空白，沈某某在经办人处签字也能说明其不是实际的托运人，对此，车辆所有人和驾驶员都是知道的。故该运输合同可视为沈某某接受翔宇公司的委托，代理其与承运人签订的运输合同。张某某到翔宇公司处拉货时，翔宇公司审核证件后将货物交给张某某，是其对沈某某联系到的承运人的认可。故翔宇公司与沈某某之间是委托合同法律关系。委托合同可以是有偿合同，也可以是无偿合同，从物流配载的交易习惯上看，物流配载单位收取费用有多种较为灵活的方式，翔宇公司仅凭"将运费直接交给沈某某"主张双方系运输合同法律关系，与本案查明的事实不符，依法不予支持。

（四）关于责任承担与法律适用问题

综上所述，沈某某和翔宇公司之间不是运输合同法律关系，沈某某不是运输合同的承运人，在法律适用上也就不能以承运人的身份追究其法律责任。至于沈某某在本案中是否承担责任，《民法典》第九百二十九条（原《合同法》第四百零六条）规定，有偿的委托合同，因受托人的过错造成委托人损失的，委托人可以请求赔偿损失。无偿的委托合同，因受托人的故意或者重大过失造成委托人损失的，委托人可以请求赔偿损失。翔宇公司所主张的经济损失是因承运人邵某某发生交通事故而引起，送货车辆的运行是沈某某无法控制的，送货车辆的驾驶员具有合法的车辆驾驶资格证，沈某某在选取第三人的过程中不存在过错，故沈某某在本案中无须承担责任。《民法典》第

---

① 说明：《民法典》中以中介合同替代原《合同法》中居间合同的说法及规定，此处以《民法典》进行案例分析与研究，并不是司法案例判决书中法院实际适用的法律，请读者注意。

八百三十二条规定，承运人对运输过程中货物的毁损、灭失承担赔偿责任。但是，承运人证明货物的毁损、灭失是因不可抗力、货物本身的自然性质或者合理损耗以及托运人、收货人的过错造成的，不承担赔偿责任。因此，关于翔宇公司的货物损失 82596元，翔宇公司可另行向货物承运人主张权利。

需要注意的是，供应链物流活动的参与者涉及不同行业主体，如仓储经营者、包装服务商、信息服务供应商、各种运输方式下的承运人等。而且供应链物流活动的参与者经常处于双重甚至多重法律关系中，这也造成了供应链物流活动中法律的适用呈现出复杂性。所以，就供应链物流活动的整体而言，其法律适用具有内容的综合性、层次的多样性的特点。以运输这一主要物流功能为例，它包含公路运输、铁路运输、国内水路运输、海上运输、航空运输和管道运输等领域，这些不同领域的法律关系又有各自相应的法律约束。而就公路运输法律规范而言，就存在《民法典》《道路运输条例》等不同层次、不同效力的法律规范。如果是危险货物运输，还应遵守《道路危险货物运输管理规定》，某些情况下还可能适用一些技术标准和技术规范等。

另外，《民法典》第四百六十七条规定，本法或者其他法律没有明文规定的合同，适用本编通则的规定，并可以参照适用本编或者其他法律最相类似合同的规定。具体而言，如果供应链物流合同的法律关系比较明确，是一种典型合同，如运输合同、仓储合同等，这时，当事人之间的权利、义务关系就可以直接适用《民法典》合同编分则的"运输合同""仓储合同"等具体规定来调整；如果涉及综合性的物流服务合同，往往具有混合合同的特征，并不是一种典型合同，比如在某些第三方物流合同中，由第三方物流企业为客户进行物流系统的设计、负责客户整个物流系统的管理和运营，承担系统运营责任，而由客户向第三方物流企业支付物流服务费。在这种合同中，第三方物流企业提供的是一揽子服务，既要为客户设计并管理物流系统，也要提供综合的物流服务。这种情况下，很难在《民法典》合同编分则中找到对应的典型合同。在法律适用层面，可以在适用合同编通则规定的基础上，从物流系统的设计部分看，是否可以适用技术合同的规定，而提供的具体物流作业服务部分，则根据服务的具体内容分别适用运输合同、承揽合同、仓储合同、保管合同等的规定。同时，若该合同还具有委托合同的特征，也可以参照委托合同的相关规定。

拓展阅读 2-6

四、关于供应链物流合同的违约赔偿责任——以快递服务合同纠纷为例

【案例 2 - 4】云南顺丰速运有限公司盈江分公司、邵某某等服务合同纠纷案。①

【案例简介】

一审被告：云南顺丰速运有限公司盈江分公司（以下简称云南顺丰速运盈江分公司）、云南顺丰速运有限公司（以下简称云南顺丰速运）。

被上诉人（一审原告）：邵某某。

一审法院认定事实：被告云南顺丰速运盈江分公司系云南顺丰速运设立的分支机构，2020 年 7 月 2 日，原告邵某某购买了 4 件琥珀吊坠，价值 45000 元。2021 年 4 月 24 日，原告邵某某准备将购买的 4 件琥珀吊坠寄往浙江省宁波市，被告云南顺丰速运盈江分公司工作人员上门揽件，原告邵某某将 4 件琥珀吊坠及证书交给被告云南顺丰速运盈江分公司工作人员，并声明价值 45000 元，经被告云南顺丰速运盈江分公司工作人员现场验视，货物运费及保价费共计 257 元，约定货到付款。2021 年 4 月 29 日，货物到达浙江省宁波市，收件人开箱拆封后发现 4 件琥珀吊坠均有裂痕且无证书，被收件人拒收。随后，原告邵某某通过电话及顺丰速运网上客服要求赔付，均未得到处理，原告邵某某因此提起诉讼，要求二被告连带支付原告快件保价费 45000 元。

一审法院认为，双方之间的快递服务合同成立并生效，受法律保护，对当事人有约束力。被告云南顺丰速运盈江分公司在快递单上注明"到付 257 元"，显然双方约定了保价服务，4 件琥珀吊坠在被告云南顺丰速运盈江分公司承运过程中出现毁损，应按货物保价进行赔付。依照《民法典》相关规定，原告邵某某要求二被告连带支付快件保价费 45000 元的诉请，予以支持。

在二审诉讼中，二审法院对一审判决查明的法律事实予以确认，并认为一审法院对云南顺丰速运、云南顺丰速运盈江分公司应共同向邵某某赔偿快件保价费 45000 元的认定和处理并无不当，遂驳回上诉，维持原判。

【争议焦点】

本案的争议焦点：快递服务合同发生违约行为时，当事人应如何承担违约赔偿责任、如何确定赔偿金额及赔偿责任限额；云南顺丰速运、云南顺丰速运盈江分公司是否应连带向邵某某赔偿快件保价费 45000 元；如何评价快递服务合同关于保价等格式条款的法律效力等。

【案例分析】

本案中的当事人是基于快递服务合同产生的纠纷，故本案案由应为快递服务合同

---

① 本案例来自云南省德宏傣族景颇族自治州中级人民法院民事判决书（2022）云 31 民终 57 号。

纠纷。本案中，寄件人邵某某与快递企业云南顺丰速运盈江分公司之间约定将其所交付的 4 件琥珀吊坠快速投递给浙江省宁波市的特定收件人，约定货到付款，快递服务合同内容不违反法律、行政法规的强制性规定，双方之间的快递服务合同成立并生效，受法律保护，对当事人有约束力，涉案快递服务合同应认定合法有效，双方当事人应当按照合同约定全面履行各自的义务。双方当事人对此并无实质性争议，因此，结合本案及其他相关司法案例，重点讨论以下涉及快递物流赔偿责任的问题。

拓展阅读 2-7

（一）关于邮件、快件损失赔偿额及赔偿责任限额的法律适用问题

邮件是指邮政企业寄递的信件、包裹、汇款通知、报刊和其他印刷品等。邮政企业是指中国邮政集团公司及其提供邮政服务的全资企业、控股企业。快件是指快递企业递送的信件、包裹、印刷品等。快递企业是指依法取得快递业务经营许可，从事快递业务经营的企业法人。快递是指在承诺的时限内快速完成的寄递活动。寄递是指将信件、包裹、印刷品等物品按照封装上的名址递送给特定个人或者单位的活动，包括收寄、分拣、运输、投递等环节。目前，涉及邮件、快件损失赔偿问题，可以适用的法律法规主要包括《民法典》《邮政法》《快递暂行条例》等。

邮政普遍服务业务范围内的邮件和汇款的损失赔偿，适用《邮政法》第五章关于损失赔偿的相关规定。比如《邮政法》第四十七条规定，保价的给据邮件丢失或者全部损毁的，按照保价额赔偿；部分损毁或者内件短少的，按照保价额与邮件全部价值的比例对邮件的实际损失予以赔偿。未保价的给据邮件丢失、损毁或者内件短少的，按照实际损失赔偿，但最高赔偿额不超过所收取资费的三倍；挂号信件丢失、损毁的，按照所收取资费的三倍予以赔偿。《邮政法》关于损失赔偿及其责任限额的上述规定，一般情况下仅适用于邮政普遍服务业务范围内的邮件和汇款的损失赔偿。快递企业提供的服务不属于邮政普遍服务业务范围，不适用《邮政法》有关邮政企业对给据邮件的损失赔偿规定。

根据《邮政法》第四十五条的规定，邮政普遍服务业务范围以外的邮件的损失赔偿，适用有关民事法律的规定。所谓的"有关民事法律"目前主要是指《民法典》合同编、侵权责任编等相关规定。比如在云南省德宏傣族景颇族自治州中级人民法院

（2021）云 31 民终 797 号民事判决书中，针对黄某某与中国邮政速递物流股份有限公司服务合同纠纷一案，法院认为被上诉人中国邮政速递物流股份有限公司在提供服务过程中因寄递物品丢失，造成上诉人的损失赔偿，不应适用《邮政法》第四十七条的规定，而是适用原《合同法》的相关规定，按双方约定的保价金额赔偿上诉人 100 元。

拓展阅读 2-8

　　根据《邮政法》第五十九条的规定，《邮政法》第四十五条第二款关于邮件的损失赔偿的规定，适用于快件的损失赔偿。因此，对于快递企业提供服务过程中的快件损失赔偿，也适用有关民事法律的规定，主要就是《民法典》的相关规定。另外，《快递暂行条例》第二十七条规定，快件延误、丢失、损毁或者内件短少的，对保价的快件，应当按照经营快递业务的企业与寄件人约定的保价规则确定赔偿责任；对未保价的快件，依照民事法律的有关规定确定赔偿责任。目前，上述法律法规是处理快递企业快件延误、丢失、损毁损失赔偿的基本法律依据。

　　对案例 2-4 而言，本案系《民法典》施行后的法律事实引起的民事纠纷案件，故本案应当适用《民法典》进行规范。《民法典》第八百三十二条规定，承运人对运输过程中货物的毁损、灭失承担赔偿责任。但是，承运人证明货物的毁损、灭失是因不可抗力、货物本身的自然性质或者合理损耗以及托运人、收货人的过错造成的，不承担赔偿责任。《民法典》第八百三十三条规定，货物的毁损、灭失的赔偿额，当事人有约定的，按照其约定；没有约定或者约定不明确，依据《民法典》第五百一十条的规定仍不能确定的，按照交付或者应当交付时货物到达地的市场价格计算。法律、行政法规对赔偿额的计算方法和赔偿限额另有规定的，依照其规定。根据《民法典》上述规定及《快递暂行条例》第二十七条规定，可以认定邵某某 4 件琥珀吊坠在云南顺丰速运盈江分公司承运过程中出现毁损，因为当事人约定了保价服务，应按约定的保价规则确定赔偿责任。同时，根据《民法典》第七十四条规定，分支机构以自己的名义从事民事活动，产生的民事责任由法人承担；也可以先以该分支机构管理的财产承担，不足以承担的，由法人承担。云南顺丰速运盈江分公司系云南顺丰速运的分支机构，应对本案快递服务合同承担赔偿责任，因此邵某某要求二被告连带支付快件保价费 45000 元的上诉请求是成立的。

（二）关于快递服务合同中格式条款的法律效力问题

所谓格式条款，是当事人为了重复使用而预先拟定，并在订立合同时未与对方协商的条款。根据《民法典》合同编的相关规定，采用格式条款订立合同的，提供格式条款的一方应当遵循公平原则确定当事人之间的权利和义务，并采取合理的方式提示对方注意免除或者减轻其责任等与对方有重大利害关系的条款，按照对方的要求，对该条款予以说明。提供格式条款的一方未履行提示或者说明义务，致使对方没有注意或者理解与其有重大利害关系的条款的，对方可以主张该条款不成为合同的内容。如果存在提供格式条款一方不合理地免除或者减轻其责任、加重对方责任、限制对方主要权利等情形的，则该格式条款无效。

实践中，快递企业往往通过"电子运单契约""快递服务须知""快递详情单"等方式提供格式条款，其中容易产生争议的主要是有关保价规则的条款。除《民法典》合同编关于格式条款的规定外，《快递暂行条例》第二十一条规定，经营快递业务的企业在寄件人填写快递运单前，应当提醒其阅读快递服务合同条款、遵守禁止寄递和限制寄递物品的有关规定，告知相关保价规则和保险服务项目。寄件人交寄贵重物品的，应当事先声明；经营快递业务的企业可以要求寄件人对贵重物品予以保价。上述规定是评判快递服务合同格式条款法律效力的基本依据。本案中，顺丰速运快递单上注明有关保价服务的条款，就属于关于保价规则的格式化条款，只不过在本案诉讼中当事人对此不存在争议。

司法实践上，个案中也有法院认定快递企业相关非保价快件赔偿限额的格式条款违反了公平、合理的基本原则，且存在排除寄件人主要权利，认定格式条款无效的情形，从而判决快递企业按照寄件人的实际损失予以赔偿。但在一般情况下，鉴于快递业务实践中格式化条款对于提高快递服务效率、降低交易成本具有重要意义，只要快递企业依法依规提供格式条款，法院通常会确认其法律效力。比如在四川省泸州市中级人民法院（2016）川05民终117号民事判决书中，法院认为申通公司在快递详情单的正面印有保价、保价费、保价金额和非保价、对非保价快件价值的选定等内容供寄件人选择，在该详情单背面，印有快递服务合同内容，合同中通过加粗字体提示了保价内容，并在快递业务办理场所的醒目位置进行了保价提示。申通公司相关的保价提示等内容尽管属于格式条款，但上述保价提示，系快递行业的通行做法，申通公司已经履行了提示或者说明义务，也不存在不合理地免除或者减轻其责任、加重对方责任、限制对方主要权利等情形，认定其具有法律效力。

拓展阅读 2 - 9

（三）关于快递物流赔偿责任限额的具体确定问题

实践中，快递企业每天面临大量的快递物品，难以准确判断快递物品的价值，快递企业通过保价规则的方式将自己与寄件人就快递物品的价值进行约定，可以有效地防范风险、预防纠纷。寄件人寄递贵重物品的，可以选择保价并支付相应的保价费，快递物品丢失后快递企业按保价限额进行赔偿。寄件人未选择保价的，快递物品丢失后快递企业按未保价限额进行赔偿。如前文所述，这些保价规则尽管属于格式条款，但只要公平、合理，快递企业也履行了提示或者说明义务，一般情况下应当具有法律效力，也成为确定快递物品损毁、灭失后赔偿责任限额的依据。比如在北京市第三中级人民法院（2021）京 03 民终 19250 号民事判决书中，针对郭某某与北京顺丰速运有限公司（以下简称北京顺丰公司）邮政服务合同纠纷一案，郭某某认可自助电子下单时有保价提示，但因经常使用北京顺丰公司邮寄物品而没有选择保价，北京顺丰公司丢失邮寄包裹应该予以赔偿，关于遗失物品的价值，郭某某主张按照销售给收货方的价格计算。法院审理后认为，未保价时因北京顺丰公司的原因导致物品丢失，北京顺丰公司在七倍运费的限额内赔偿损失，该条款系双方对寄托物灭失赔偿标准的自愿约定，并不属于免责条款，郭某某亦确认知晓保价条款但未选择保价，故法院对北京顺丰公司辩称应按七倍运费赔付的意见予以支持。

拓展阅读 2 - 10

案例 2 - 4 中，云南顺丰速运盈江分公司在快递单备注"已验视"，说明在揽收快件时对物品进行了查验、验视。交寄视频中寄件人声明价值 45000 元，并支付了保价费，显然双方约定了保价服务，应当依据保价规则确定赔偿责任。同样是保价快件，在云南省德宏傣族景颇族自治州中级人民法院（2021）云 31 民终 797 号案件中，上诉人在寄递物品时，明知其发送的快件系价值较大的贵重物品，却选择以最低标准投保，向被上诉人交了保价费 1 元，即认可该次寄递保价金额为 100 元，法院按双方约定的保价金额要求被上诉人赔偿上诉人 100 元，黄某某要求中国邮政速递物流股份有限公司赔偿货物丢失损失 153800 元请求不成立。

而在前文所述的四川省泸州市中级人民法院（2016）川 05 民终 117 号案件中，申通公司在快递详情单格式条款中提示，寄件人对快件选择不进行保价的，寄件人有权在详情单上对快件价值进行选定，如快件毁损灭失，按寄件人的选定进行赔偿；若寄件人没有选定的，则寄件人确认快件的价值在人民币 500 元内，快递服务单位在该范围内依法承担责任。原告将金额为 10 万元的银行承兑汇票通过普通快递方式寄递，并没有按照保价提示选择保价，而是按照普通快件予以寄递。因此，申通公司应当在人民币 500 元范围内依法承担责任。一审判决认定的原告的损失超过了未保价最高赔偿限额，但申通公司并没有提出上诉，自愿认可了一审判决的金额不违反法律规定，也有利于节约司法资源，尽快化解纠纷。

此外，需要注意的是，我国《海商法》《民用航空法》等相关的运输法律法规中对不同运输方式下承运人对货物损毁灭失的赔偿责任限额也做出了具体的规定。比如对国际航空运输承运人来说，托运行李或者货物的赔偿责任限额为每千克 17 计算单位。对国内航空运输承运人来说，托运行李或者货物的赔偿责任限额为每千克 100 元。海上货物运输合同中承运人的责任限额为每件或每个货运单位 666.67 计算单位，或者按照货物毛重计算，为每千克 2 计算单位，以二者中赔偿限额较高者为准。这里的计算单位是指国际货币基金组织规定的特别提款权。因此，在物流运输活动中，符合法律适用条件的承运人也可以主张货物灭失或者损坏的赔偿责任限额。

五、供应链物流合同中具有合法利益的第三人代为履行的法律问题

【案例 2-5】某物流有限公司诉吴某运输合同纠纷案。[①]

【案例简介】

某物流有限公司与吴某于 2020 年签订《货物运输合同》，约定某物流有限公司的郑州运输业务由吴某承接。合同还约定调运车辆、雇用运输司机的费用由吴某结算，与某物流有限公司无关。某物流有限公司与吴某之间已结清大部分运费，但因吴某未及时向承运司机结清运费，2020 年 11 月某日，承运司机在承运货物时对货物进行扣

---

① 本案例来自最高人民法院发布人民法院贯彻实施民法典典型案例（第一批）之六：某物流有限公司诉吴某运输合同纠纷案。

留。基于运输货物的时效性，某物流有限公司向承运司机垫付了吴某欠付的 46 万元，并通知吴某，吴某当时对此无异议。后吴某仅向某物流有限公司支付了 6 万元。某物流有限公司向吴某追偿余款未果，遂提起诉讼。

【案例要旨】

该案涉及具有合法利益的第三人代为履行的法律问题，案例的要旨在于原告某物流有限公司代被告吴某向承运司机支付吴某欠付的运费具有合法利益，且在原告履行后依法取得承运司机对被告吴某的债权。

【案例分析】

《民法典》第五百二十四条规定，债务人不履行债务，第三人对履行该债务具有合法利益的，第三人有权向债权人代为履行；但是，根据债务性质、按照当事人约定或者依照法律规定只能由债务人履行的除外。债权人接受第三人履行后，其对债务人的债权转让给第三人，但是债务人和第三人另有约定的除外。这是《民法典》合同编新增的具有合法利益的第三人代为履行的规定，该规定对于确保各交易环节有序运转、促进债权实现、维护交易安全、优化营商环境具有重要意义。

本案的生效裁判认为，某物流有限公司与吴某存在运输合同关系，在吴某未及时向货物承运司机结清费用，致使货物被扣留时，某物流有限公司对履行该债务具有合法利益，有权代吴某向承运司机履行。某物流有限公司代为履行后，承运司机对吴某的债权即转让给该公司，故依照《民法典》第五百二十四条的规定，判决支持某物流有限公司请求吴某支付剩余运费的诉讼请求。

本案是适用《民法典》关于具有合法利益的第三人代为履行规则的典型案例。审理法院适用《民法典》相关规定，依法认定原告某物流有限公司代被告吴某向承运司机支付吴某欠付的运费具有合法利益，且在原告履行后依法取得承运司机对被告吴某的债权。本案判决不仅对维护物流运输行业交易秩序、促进物流运输行业蓬勃发展具有保障作用，也对人民法院探索具有合法利益的第三人代为履行规则的适用具有积极意义。

拓展阅读 2 - 11

本章小结

供应链是现代物流的发展和延伸，物流作为供应链流程的一个重要组成部分，已成为降低成本和提高服务水平、满足市场需求的最重要手段之一。伴随着经济全球化的进程、信息技术的应用和电子商务的发展，供应链的创新与应用也不断深入推进。供应链物流涉及采购、生产、销售等全过程，覆盖生产、流通、消费、回收等各环节，在促进形成供应链上下游企业合作共赢的协同发展机制方面发挥重要作用。供应链物流的发展、创新和应用，有利于加强从生产到消费等各环节的有效衔接，降低企业经营和交易成本，促进供需精准匹配和产业转型升级，全面提高产品和服务质量。我国政府主要通过政策引导和法律保障来促进供应链物流的发展、创新和应用，取得了重要的发展成就。

本章首先介绍了供应链物流的基本知识。其次，梳理了我国供应链物流领域的主要政策和法律规范概况，鉴于供应链物流合同的重要性，对供应链物流合同的特征和法律关系做了具体分析。最后，通过相关供应链物流专题案例，对供应链物流合同的当事人身份认定、法律适用、合同效力与违约赔偿责任等主要问题做了进一步分析和研究。结合相关案例看，在供应链物流合同当事人身份认定上，应当依据双方签订的合同性质、合同内容等因素，依据合同当事人的基础法律关系来判断其身份到底是货物运输代理人、承运人、中介人还是委托人等。在供应链物流合同法律适用上，既要注意《民法典》合同篇等的一般性规定，也要根据合同类型，注意物流领域立法的特殊性规定。同时，依据相关法律理论和立法规定来合理确定供应链物流合同的法律效力、违约赔偿责任及责任限额等问题。总之，供应链物流活动当事人一方面应当充分利用我国供应链物流相关政策，促进供应链物流的创新和应用，另一方面应当遵守供应链物流活动的相关法律，提高法律风险防范能力，促进供应链物流的安全、健康、高效发展。

第三章　电子商务物流法律与案例

导　言

在电子商务引领发展的新零售生态体系中，电子商务物流发挥着重要作用。电子商务物流依托现代信息技术，通过高效、智能的物流解决方案，实现电子商务各环节无缝衔接，为电子商务行业提高商品配送效率、降低运营成本、减少库存起到了重要作用。电子商务的迅猛发展也促进了电子商务物流的业务和模式创新，特别是以网络货运、信息中介服务等为主流业态的物流服务平台进入快速发展阶段。另外，电子商务与快递物流协同发展不断加深，推进了快递物流转型升级和提质增效。在此背景下，完善电子商务物流政策与法律法规体系，重点解决邮政专营与快递物流企业的公平竞争、物流服务平台的侵权责任、网络货运经营者的税收、平台经济中的劳动关系等新情况、新问题，对于电子商务物流的健康发展，具有重要的现实意义。

第一节　电子商务物流概述

一、电子商务概述

（一）电子商务概念

电子商务（Electronic Commerce，E‐Commerce）是指通过互联网和现代通信技术等电子方式进行的商贸活动，实现商贸活动的电子化、网络化。从电子商务概念的溯源看，IBM 公司 1996 年提出了"Electronic Commerce"概念。1997 年 7 月，美国政府公布了《全球电子商务政策框架》，自此"电子商务"受到全球关注。我国的《电子商务法》将其定义为：通过互联网等信息网络销售商品或者提供服务的经营活动。但是，根据《电子商务法》第二条的规定，金融类产品和服务，利用信息网络提供新闻信息、音视频节目、出版以及文化产品等内容方面的服务，不适用本法。

从经营主体上看，根据《电子商务法》第九条的规定，本法所称电子商务经营者，是指通过互联网等信息网络从事销售商品或者提供服务的经营活动的自然人、法人和非法人组织，包括电子商务平台经营者、平台内经营者以及通过自建网站、其他网络服务销售商品或者提供服务的电子商务经营者。从经营业态上看，不仅包括商品销售类电子商务经营者，还包括服务类电子商务经营者。商品销售类电子商务经营者主要包括在线商品零售与批发商等。服务类电子商务经营者主要指出行服务、外卖餐饮、在线教育、旅游电商、在线医疗、在线家政等以信息网络方式提供服务的电子商务经营者。

关于电子商务的特征，学者们的观点各异，从不同的角度可以有不同的表述。一般来说，电子商务与传统商务活动相比，主要有电子化、高效性、社会性、集成性、可扩展性等特征。

关于电子商务的分类，传统上基于平台（电子商务服务商）产品角度，电子商务可以分为 B2B（Business to Business）、B2C（Business to Consumer）、C2B（Consumer to Business）、C2C（Consumer to Consumer）、B2G（Business to Government）等不同类别。但需要说明的是，上述分类仅是一种理论上的分类，实践中的电子商务并不是非此即彼的关系，事实上，许多电子商务平台经营者的业务既有 B2B，也有 B2C 或 C2C。随着电子商务新业态、新模式的发展，上述分类并不能反映电子商务经营的实际情况，仅具有理论参考意义。

（二）电子商务与物流的相互关系

电子商务活动和相关交易都会产生信息流、商流、资金流和物流。物流是电子商务的"最后一公里"，快速、便捷的物流体系是电子商务有力的支撑。同时，电子商务的电子化、信息化、网络化也推动着物流体系的变革，使电子商务物流区别于一般物流。电子商务和物流是相互影响、相互依托的。

1. 电子商务对物流的作用

电子商务促进了现代物流业的发展，提高了现代物流业的地位，凸显了物流的重要性。电子商务活动中实物商品的运输、仓储、包装、流通加工、交付都离不开现代物流系统的支撑。电子商务保障了我国物流供给能力，完善了公路、铁路、机场、港口、物流中心等物流基础设施建设；电子商务降低了采购成本，提高了物流配送水平和运输速度，促进了物流效率的提升；电子商务促进了先进物流技术的大量应用，进一步提升了物流信息化、数字化、智能化水平。电子商务活动的国际化也推动了现代物流业的国际化发展，有利于物流主体在全球范围内整合物流资源，同时对物流人才也提出了更高要求。

2. 物流对电子商务的作用

物流是电子商务活动的重要组成部分，也是电子商务活动顺利进行的关键环节和重要因素。作为商流的后继者和服务者，物流服务于商流，服务于供应商、经销商、消费者等各类电子商务活动的当事人。物流是实现电子商务"以客户为中心"理念的根本保证。电子商务客户在地理空间上具有分散性的特征，甚至分布于全球各地。同时，电子商务客户追求商品和服务的个性化，也更注重物流配送服务的便捷性、及时性，追求更高的时效性，这就需要高效运行的现代物流系统发挥作用。电子商务企业争取客户、提高竞争力、践行"以客户为中心"理念，都离不开物流的支撑，物流已经成为电子商务企业竞争力的核心要素之一。

3. 电子商务与快递物流

在我国深入实施"互联网＋流通"行动计划和大力推进电子商务发展的时代背景下，推进电子商务与快递物流协同发展具有重要意义。为此，国务院办公厅 2018 年 1 月发布了《国务院办公厅关于推进电子商务与快递物流协同发展的意见》，提出了强化制度创新，优化协同发展政策法规环境；强化规划引领，完善电子商务快递物流基础设施；强化规范运营，优化电子商务配送通行管理等方面的任务和要求。另外，我国的《电子商务法》也规定，电子商务当事人可以约定采用快递物流方式交付商品。快递物流服务提供者为电子商务提供快递物流服务，应当遵守法律、行政法规，并应当符合承诺的服务规范和时限。可见，电子商务与快递物流之间存在着密切的关系，电子商务与快递物流不断协同发展，一方面推进了快递物流的业务创新和转型升级、提升了快递物流的服务质量与效益，另一方面快递物流末端服务能力的提升也促进了电子商务快速发展。

需要注意的是，上述关于电子商务与物流的关系主要是针对实物商品电子商务而言的。对于大多数服务类电子商务而言，并不需要物流服务提供商参与，即可以完成在线服务的提供与交付，比如在线出行服务、在线律师咨询服务等。对于非实物的数字化商品而言，电子商务合同的订立、履行均可以在线完成，也不需要物流服务提供商参与，比如网络虚拟财产的交易等。即使在实物商品交易的电子商务中，物流运作模式也有第三方物流和自营物流等不同模式。基于此，尽管电子商务与物流的关系非常密切，我国的《电子商务法》中也并没有对电子商务物流做专门性规定，而仅在《电子商务法》第五十一条、第五十二条对快递物流做了引证性的条款与衔接性的条款规定。

二、电子商务物流的概念、特征与功能要素

我国电子商务的迅猛发展，带动了电子商务物流市场"井喷式"增长，物流业务快速拓展，电子商务引发的物流仓储和配送需求呈现高速增长态势。在电子商务物流

细分领域，中国邮政、中储股份等传统企业发展成为第三方物流企业。京东物流、顺丰速运、德邦快递、中通快递、圆通速递、申通快递、韵达速递、海尔日日顺等"异军突起"，带动了电子商务物流业整体规模化发展。

（一）电子商务物流的概念

电子商务物流即电子商务环境下的物流，是指基于电子化、网络化的信息流、商流和资金流下的物流服务行为，也是在电子商务环境下，通过计算机技术、互联网技术、电子商务技术等进行的物流活动。电子商务物流通过电子商务经营者实现运输、仓储、包装、流通加工、配送、物流信息处理等物流功能，同时又服务于电子商务经营者。

（二）电子商务物流的特征

电子商务活动中的物流，发挥着原材料提供商与产品生产商之间，以及商家与消费者之间的实物配送服务功能，高效的物流体系是电子商务发挥优势的有力保证。电子商务物流具有以下特征。

1. 信息化

电子商务必然要求物流信息化。物流信息化包含物流信息的商品化、物流信息收集的数据库化和代码化、物流信息处理的电子化和计算机化、物流信息传递的标准化和实时化、物流信息存储的数字化等。信息分类编码、射频识别、条码、电子数据交换等物流信息技术的普遍应用，推动了电子商务物流的发展。

2. 自动化

信息化助推自动化，自动化本质是机电一体化，外在表现是无人化，它可以减少物流作业的差错，提高物流行业的劳动生产力等。物流自动化的表现有自动识别系统、自动分拣系统、自动存取系统、货物自动跟踪系统等。

3. 智能化

信息化、自动化的高级应用就是智能化。电子商务物流活动中存在大量运筹和决策的环节，如库存水平的确定、运输线路的选择、物流配送中心的选址等。根据客户需要，可以提供同城、全国、跨境物流等多种物流服务；服务时限上有限时达、当日达、次晨达、次日达等多种形式；服务方式上有预约送货、网订店取、网订店送、智能柜自提、代收货款、上门退换货等多种形式。

4. 网络化

物流网络的基础是信息技术和计算机网络，通过供应链系统来帮助电子商务企业提高竞争力。如按照客户订单组织生产，通过全球的计算机资源分散生产计算机零部件、元器件和芯片，然后通过全球物流把这些配件发送到同一个物流配送中心进行组装，再由物流配送中心将组装好的计算机发送给客户。

5. 柔性化

生产领域为了实现"以客户为中心"而提出了柔性化操作，这就要求根据客户需求的变化来灵活调整生产工艺，同时也需要配套的柔性化物流系统。物流配送中心要根据消费需求"多品种、小批量、多批次、短周期"的特色，灵活组织和实施电子商务物流活动。

（三）电子商务物流的功能要素

电子商务活动中，客户主要通过电子商务平台完成采购行为，形成订单，一般情况下，由电子商务物流企业负责对采购的货物进行运输、仓储、包装、流通加工、装卸、配送。此外，还有对包装物、废弃物的回收，对电子商务物流的信息处理等。因此，从功能要素上看，电子商务物流系统主要由运输、仓储、包装、装卸、流通加工、配送及信息处理等多个方面构成。

其中，运输是使货物发生场所或空间移动的物流活动，是实现物流目的的手段，是物流的核心业务之一；仓储功能包括对进入物流系统的货物进行堆存、保养、维护等一系列活动；包装是指为在流通过程中保护货物、方便储运、促进销售而采用容器、材料和辅助物等进行的技术性操作活动；装卸是物流过程中对于保管货物和运输货物的处理活动，包括装载、卸货、移动等作业；流通加工是指根据客户的需要，在流通过程中对货物实施的简单加工作业活动的总称，包括分割、计量、分拣、刷标志、拴标签、组装、组配等；配送是指根据客户要求，对货物进行分类、拣选、集货等作业，并按时送达指定地点的物流活动；信息处理包括进行与上述各项功能有关的计划、预测、动态情报分析等活动，信息处理功能建立在应用计算机网络技术的基础上，是物流活动的中枢神经。

由此可见，电子商务物流的功能要素与传统物流的功能要素并无实质性区别，但是，电子商务物流更加强调电子商务企业与物流企业等开展合作，提供集约化配送等多样化、个性化服务。电子商务物流也更加重视推动供应链协同，优化电子商务企业供应链管理，促进商流、物流、信息流、资金流等无缝衔接和高效流动，发展仓配一体化服务，提高电子商务企业与物流企业供应链协同效率。

三、电子商务物流模式

电子商务物流模式主要有自营物流、第三方物流、"自营＋第三方"物流、第四方物流等。当然，这种模式划分也不是绝对的，目前国内外物流企业兼并重组活动方兴未艾，领先的物流企业往往向综合性物流服务商转型升级，电子商务物流模式也在创新发展过程中。

（一）自营物流

自营物流是指企业自身经营物流业务，成立全资或控股物流子公司，建立自己的物流体系，完成企业物流配送业务。京东物流、苏宁物流等是优秀的自营物流企业代表。

如京东商城在 2007 年开始建设自己的物流体系，全面布局其在全国的物流配送体系。京东商城先后在北京、上海、广州、成都、武汉、沈阳、西安建立七个物流中心。京东商城推出"211 限时达"的物流配送服务，提升物流配送的效率。京东商城的物流配送服务主要有四种模式。第一种是 FBP 模式，即全托管式的物流配送模式。商家与京东商城确定合作关系后，商家提前进行备货，京东商城第一时间进行货物配送。第二种是 LBP 模式，即无须提前备货的配送模式。商家与京东商城确定合作关系后，商家无须备货，12 小时内对订单进行包装和发货，36 小时内到达京东配送中心，京东商城只提供配送和客服两项服务。第三种是 SOPL 模式。与 LBP 模式类似，SOPL 模式的发票开具环节是商家完成的，京东商城在整个物流过程中只提供配送服务。第四种是 SOP 模式，即直接由商家发货的物流配送模式。商家与京东商城确定合作关系后，京东商城只提供可操作的平台，物流配送的工作及后期服务全部由商家自己完成。

（二）第三方物流

第三方物流是指一个具有实质性资产的企业为其他企业提供与物流相关的服务，如运输、仓储、存货管理、订单管理、资讯整合等服务，或与相关物流服务企业合作，提供更完整的专业物流服务。第三方物流是相对于"第一方"发货人和"第二方"收货人而言的，超越了传统基础物流主体间一单对一单的服务范围，增加了长期合同关系。"第三方"从货主角度管理物流业务，除了运输与仓储业务，还包含管理、分析、设计等增值业务。

（三）"自营＋第三方"物流

对于综合实力雄厚的大型电子商务企业，其早期的物流业务都是以自营物流为主的，随着企业的发展和业务量的增加，也出现了"自营＋第三方"物流。京东商城的物流模式主要是自营物流模式和"自营＋第三方"物流模式。在京东商城购买的京东自营商品由其自营的京东物流进行派送；在京东商城购买的第三方商家销售的商品，由第三方商家自行负责快递，京东商城不干涉。

（四）第四方物流

第四方物流（Fourth Party Logistics，4PL）是 1998 年美国埃森哲咨询公司率先提出的，是专门为第一方、第二方和第三方物流主体提供物流规划、咨询，以及提供物流信息系统、进行供应链管理等服务活动的物流模式。如宁波市第四方物流信息平台等。第四方物流是供应链的集成者、整合者和管理者，它通过对供应链产生影响来增加价值。如德邦物流是物流公司，在遇到青岛转运中心吞吐能力无法提高时，同样需要咨询法布劳格公司来进行全面优化设计，法布劳格公司通过一系列调研测算和诊断，找出了关键问题，给出了最优的解决方案，提高了青岛转运中心吞吐能力。为德邦物流提供问题解决方案的法布劳格公司就是第四方物流主体。

四、电子商务物流的新发展

2013 年 11 月，习近平总书记在山东临沂考察时指出：物流业一头连着生产、一头连着消费，在市场经济中的地位越来越凸显。2022 年，中共中央、国务院印发《中共中央　国务院关于加快建设全国统一大市场的意见》，其中特别指出要建设现代流通网络，支持数字化第三方物流交付平台建设，推动第三方物流产业科技和商业模式创新，培育一批有全球影响力的数字化平台企业和供应链企业，促进全社会物流降本增效。因此，电子商务物流要落实新发展理念，为构建新发展格局服务，顺应供应链系统多功能化的需求，朝着信息化、数字化和协同化等趋势发展。

电子商务物流企业提供卓越的服务要靠信息化赋能，如有效客户信息反馈系统（Efficient Customer Response，ECR）、准时制（Just In Time，JIT）生产方式系统等。电子商务物流业要不断提升物流技术的水平，如物流管理信息系统技术、自动识别技术、电子数据交换技术、地理信息系统技术、全球卫星定位系统技术、物联网技术、大数据与云计算技术等。

在信息化方面，菜鸟网络科技有限公司（以下简称菜鸟网络）由阿里巴巴集团联合多家投资集团、快递企业成立。菜鸟网络通过搭建物流网络服务平台，为快递企业提供数字化、智能化服务，带动快递企业向智能化、自动化、信息化方向改造升级。菜鸟网络和其他企业一起推动物流降本增效，实现"全国 24 小时、全球 72 小时必达"的企业愿景，改善消费者的物流体验。

中储智运、传化智联等通过全国物流基础设施网络，构建专业化的物流信息服务平台。满帮集团、北京汇通天下等以物联网技术为媒介，打造联结人、车、货的数据平台，在信息撮合、车货匹配、车联网等领域继续发力，有效降低货车司机的空驶率，让公路货运更安全、更高效，成本更低，服务覆盖快递、快运、城市配运、专业运输、合同物流等物流全领域。

在新业态方面，随着数字经济快速发展，产生了物流新需求。随着外卖、O2O（线上线下一体化）等新经济发展，为了满足消费者对同城快速送达的需求，即时配送等新业态蓬勃发展，产生了美团、饿了么、闪送、达达等企业。

随着平台经济的发展，我国物流平台的发展也进入快速发展阶段，主流的物流服务平台包括物流信息服务平台、物流资源配置与交易撮合平台等，其中物流资源配置与交易撮合平台占据主导地位。我国先后开展了无车承运人试点工作和网络货运经营改革，明确了网络货运经营者的法律地位，使得我国物流服务平台的产业结构发生了明显的变化。目前，我国物流服务平台逐渐发展成在干线运输领域以网络货运为主力、在城市配送领域以货运中介为支撑、部分平台网络货运与货运中介混业经营的产业新格局。可以预见，未来我国的网络货运企业发展速度较快，大量传统物流企业会转型或拓展物流平台业务，网络货运的业务规模将不断扩大。与此同时，为物流平台企业提供支撑的技术服务商也会迅速发展，包括软件服务商、定位服务商、安全服务商、供应链金融服务商、保险服务商等。

五、电子商务物流企业

目前，我国的电子商务物流企业发展迅猛，基本形成了"1+7"发展格局，其中，"1"代表中国邮政速递物流，"7"代表顺丰速运、京东物流、圆通速递、申通快递、韵达速递、中通快递、百世快递等民营快递企业。

中国物流与采购联合会按照国家标准《物流企业分类与评估指标》（GB/T 19680—2013），开展 A 级物流企业评估工作。A 级物流企业尤其是 5A 级物流企业数量，已经成为衡量一个城市或区域物流发展水平的重要指标。5A 级物流企业包含京东物流、顺丰速运等优秀企业。以下以京东物流、顺丰速运为例介绍我国的电子商务物流企业。

（一）京东物流

京东集团 2007 年开始自建物流，2017 年 4 月正式成立京东物流集团（以下简称京东物流）。京东物流是中国领先的供应链物流服务提供商，主要聚焦于快消、服装、家电家具、3C 产品（通信产品、电脑产品和消费类电子产品）、汽车、生鲜等六大行业，为客户提供一体化供应链解决方案和物流服务。京东物流建立了包含仓储网络、综合运输网络、最后一公里配送网络、大件网络、冷链物流网络和跨境物流网络在内的六大网络，服务范围覆盖了中国几乎所有地区、城镇和人口。截至 2022 年 9 月 30 日，京东物流运营超 1500 个仓库，含云仓生态平台的管理面积在内，京东物流仓储总面积超 3000 万平方米。截至 2022 年 6 月 30 日，在全球运营近 90 个保税仓库、直邮仓库和海外仓库，总管理面积近 90 万平方米。

（二）顺丰速运

顺丰速运是国内的快递物流综合服务商，经过多年发展，已经具备为客户提供一体化综合物流解决方案的能力。顺丰速运的物流产品主要包含时效快递、经济快递、同城配送、仓储服务、国际快递等多种快递服务，以零担为核心的重货快运等快运服务，以及为生鲜、食品和医药领域的客户提供冷链运输服务。此外，顺丰速运还提供保价、代收货款等增值服务。顺丰速运不仅提供配送端的物流服务，还延伸至"产、供、销"等环节，从消费者需求出发，以数据为牵引，利用大数据分析和云计算技术，为客户提供仓储管理、销售预测、大数据分析、金融管理等一揽子解决方案。此外，顺丰速运还是一家具有网络规模优势的智能物流运营商。经过多年的战略布局，顺丰速运已形成拥有"天网＋地网＋信息网"三网合一、可覆盖国内外的综合物流服务网络。

第二节　电子商务物流相关政策与法律规范

一、电子商务物流政策概述

（一）电子商务物流主要政策性文件

《中华人民共和国国民经济和社会发展第十四个五年规划和 2035 年远景目标纲要》提出要建设现代物流体系，中央和地方政府相继建立了推动电子商务和现代物流业协同发展的综合协调机制，出台了支持电子商务物流发展的规划和政策，电子商务物流主要政策性文件如表 3-1 所示。

表 3-1　　　　　　　　　　　　电子商务物流主要政策性文件

发文机关	发布年月	文件	主要内容
国务院	2014 年 10 月	《国务院关于印发物流业发展中长期规划（2014—2020 年）的通知》	重点工程包括多式联运工程、物流园区工程、农产品物流工程、制造业物流与供应链管理工程、资源型产品物流工程、城乡物流配送工程、电子商务物流工程、物流标准化工程、物流信息平台工程、物流新技术开发应用工程等
交通运输部	2016 年 7 月	《综合运输服务"十三五"发展规划》	主要任务涉及"互联网＋"与运输服务融合发展、运输服务与相关产业联动发展等方面
商务部、国家发展改革委、原国土资源部、交通运输部、国家邮政局	2017 年 1 月	《商贸物流发展"十三五"规划》	重点工程包括城乡物流网络建设工程、商贸物流平台建设工程、电子商务物流工程等
国家邮政局	2017 年 2 月	《快递业发展"十三五"规划》	主要任务有深化"互联网＋"快递，推进创新发展；加强寄递渠道综合治理，保障安全发展等

发文机关	发布年月	文件	主要内容
国家发展改革委、原国家粮食局	2017年3月	《粮食物流业"十三五"发展规划》	主要任务有布局粮食物流进出口通道、大力促进物流与信息化融合等
国务院办公厅	2018年1月	《国务院办公厅关于推进电子商务与快递物流协同发展的意见》	主要意见有强化规划引领，完善电子商务快递物流基础设施；强化规范运营，优化电子商务配送通行管理等
国家发展改革委、交通运输部	2018年12月	《国家物流枢纽布局和建设规划》	提出构建国家物流枢纽网络体系，提升物流运行质量；推动国家物流枢纽全面创新，培育物流发展新动能等
国家邮政局、商务部	2019年6月	《国家邮政局　商务部关于规范快递与电子商务数据互联共享的指导意见》	提出保障电子商务与快递数据正常传输、加强电子商务与快递数据管控、加强电子商务与快递数据互联共享管理、建立电子商务与快递数据中断通知报告制度等
商务部办公厅、国家邮政局办公室	2021年3月	《商务部办公厅　国家邮政局办公室关于印发电子商务与快递物流协同发展典型经验做法的通知》	商务部会同国家邮政局围绕完善基础设施建设、优化配送通行管理、提升末端服务能力、提高协同运行效率、推动绿色发展等方面，总结了12项工作任务的典型经验做法
商务部、中央网信办、国家发展改革委	2021年10月	《"十四五"电子商务发展规划》	提出了电子商务发展的7大主要任务、6大保障措施
国家发展改革委	2022年1月	《"十四五"现代流通体系建设规划》	提出深化现代流通市场化改革、完善现代商贸流通体系、加快发展现代物流体系、增强交通运输流通承载能力、加强现代金融服务流通功能、推进流通领域信用体系建设等内容

（二）电子商务物流各环节的主要政策性文件

根据国家发展电子商务物流的政策精神，针对电子商务物流各环节，相关政府部门也纷纷出台相应的政策措施，推动电子商务物流各环节的发展，电子商务物流各环节的主要政策性文件如表3-2所示。

表 3－2   电子商务物流各环节的主要政策性文件

领域类别	主要政策性文件
物流基础设施建设	《关于物流企业承租用于大宗商品仓储设施的土地城镇土地使用税优惠政策的通知》 《交通运输部办公厅关于推进乡镇运输服务站建设加快完善农村物流网络节点体系的意见》
运输配送	《关于加快道路货运行业转型升级促进高质量发展的意见》 《商务部等五部门关于进一步落实城乡高效配送专项行动有关工作的通知》 《城乡高效配送专项行动计划（2017—2020 年)》
快递物流	《快递业绿色包装指南（试行)》 《国家邮政局关于支持民营快递企业发展的指导意见》
多式联运	《深入推进长江经济带多式联运发展三年行动计划》
航空物流	《新时代民航强国建设行动纲要》 《民航局关于促进航空物流业发展的指导意见》

二、电子商务物流相关法律规范

电子商务物流的法律规范涵盖电子商务物流主体、电子商务物流行为、电子商务物流宏观调控与电子商务物流市场监管等方面，涉及采购、运输、仓储、包装、流通加工、装卸、搬运、配送、回收、信息处理等各个环节，对电子商务物流业的健康发展起到了保驾护航的作用。

(一) 电子商务物流主体方面

我国并没有专门的针对电子商务物流主体的法律规范，但可以直接适用物流主体相关的法律规范。比如对于快递物流主体资格，《邮政法》第五十二条规定，申请快递业务经营许可，应当具备下列条件：符合企业法人条件；在省、自治区、直辖市范围内经营的，注册资本不低于人民币五十万元，跨省、自治区、直辖市经营的，注册资本不低于人民币一百万元，经营国际快递业务的，注册资本不低于人民币二百万元；有与申请经营的地域范围相适应的服务能力；有严格的服务质量管理制度和完备的业务操作规范；有健全的安全保障制度和措施；法律、行政法规规定的其他条件。另外，《快递暂行条例》第十七条规定，经营快递业务，应当依法取得快递业务经营许可。邮政管理部门应当根据《邮政法》第五十二条、第五十三条规定的条件和程序核定经营许可的业务范围和地域范围，向社会公布取得快递业务经营许可的企业名单，并及时更新。《快递暂行条例》第十八条规定，经营快递业务的企业及其分支机构可以根据业务需要开办快递末端网点，并应当自开办之日起 20 日内向所在地邮政管理部门备案。

快递末端网点无需办理营业执照。

我国现行物流主体领域的立法，从法律效力角度来看，分为以下三类。一是法律，即最高立法机关颁布实施的规范性文件，如《邮政法》《民用航空法》《公司法》《外商投资法》等。二是行政法规，即国务院颁布实施的规范性文件，如《快递暂行条例》《道路运输条例》《国内水路运输管理条例》《中华人民共和国国际海运条例》等。三是由中央各部委颁布的部门规章，如《快递业务经营许可管理办法》等。

（二）电子商务物流行为方面

我国《电子商务法》对电子商务物流行为规范做了原则性的规定。比如《电子商务法》第五十二条规定，快递物流服务提供者在交付商品时，应当提示收货人当面查验；交由他人代收的，应当经收货人同意。此外，关于快递物流行为的法律规范，还有《快递暂行条例》《快递市场管理办法》《快递业务操作指导规范》等。

关于运输、仓储、流通加工行为的法律规范，有《民法典》中合同编总则及运输合同、仓储合同、承揽合同等典型合同的规定，还有《网络平台道路货物运输经营管理暂行办法》等规章制度。关于装卸、搬运、包装、配送行为的法律规范，有《中华人民共和国港口法》《铁路法》《邮件快件包装管理办法》《智能快件箱寄递服务管理办法》等。另外，在关于物流信息处理的法律规范，有《电子签名法》《网络安全法》《数据安全法》《个人信息保护法》《邮件快件实名收寄管理办法》等。

（三）电子商务物流宏观调控方面

事实上，我国并无专门的电子商务物流宏观调控法律规范，电子商务物流宏观调控法律规范包含在经济宏观调控法律规范中，大多数经济宏观调控法律规范对电子商务物流同样也可以直接适用。如《中华人民共和国税收征收管理法》《价格法》《对外贸易法》等。当然，相关主管部门也会根据电子商务物流发展的实际，出台具有针对性的规定来落实有关经济宏观调控的法律规范。比如针对无车承运、网络货运中的税收问题，国家税务总局出台了相关文件，对个体运输户提供的燃油费、路桥费发票的入账和网络货运平台代开发票等问题做出规定，为平台企业税务合规提供了方向。

（四）电子商务物流市场监管方面

针对电子商务物流市场监管，一方面可以直接适用《反垄断法》《不正当竞争法》《中华人民共和国消费者权益保护法》等一般性的法律，另一方面也可以适用部分针对某些物流市场的专门性规定，比如在邮政快递市场监管方面，涉及邮政专营权和快递企业经营范围之间的关系问题，可以适用《邮政法》《快递暂行条例》《快递市场管理办法》《邮政行政处罚程序规定》《邮政行政执法监督办法》《邮政业寄递安全监督管理办法》等。

第三节　电子商务物流法律关系

一、民事法律关系

电子商务物流民事法律关系涉及多个环节，复杂多样，但主要有两类：一是电子商务物流活动中的合同法律关系，包括电子商务合同法律关系、物流服务合同法律关系、物流保险合同法律关系；二是电子商务物流活动引起的侵权法律关系，侵权法律关系主要通过电子商务平台经营者的侵权责任、电子商务物流经营者的侵权责任来体现。

（一）合同法律关系

1. 电子商务合同法律关系

电子商务物流活动中的采购行为，涉及《民法典》《电子商务法》《电子签名法》《中华人民共和国消费者权益保护法》《中华人民共和国产品质量法》《中华人民共和国食品安全法》等法律的调整。我国《电子商务法》关于电子商务平台经营者及平台内经营者的概念界定、电子商务合同订立和履行以及消费者权益的保护，均被看作立法的一大进步。关于电子商务合同订立，《电子商务法》第四十八条规定，电子商务当事人使用自动信息系统订立或者履行合同的行为对使用该系统的当事人具有法律效力。在电子商务中推定当事人具有相应的民事行为能力。但是，有相反证据足以推翻的除外。关于电子商务合同履行，《电子商务法》第五十一条规定，合同标的为交付商品并采用快递物流方式交付的，收货人签收时间为交付时间。合同标的为提供服务的，生成的电子凭证或者实物凭证中载明的时间为交付时间；前述凭证没有载明时间或者载明时间与实际提供服务时间不一致的，实际提供服务的时间为交付时间。合同标的为采用在线传输方式交付的，合同标的进入对方当事人指定的特定系统并且能够检索识别的时间为交付时间。合同当事人对交付方式、交付时间另有约定的，从其约定。

2. 物流服务合同法律关系

物流服务合同法律关系是基于发货人委托物流企业（邮政企业、快递企业）把货物发送给收货人而产生的。《电子商务法》第五十二条规定，电子商务当事人可以约定采用快递物流方式交付商品。

在邮政企业提供的邮寄服务中，关于给据邮件的损失赔偿，《邮政法》第四十七条规定，邮政企业对给据邮件的损失依照下列规定赔偿。①保价的给据邮件丢失或者全部损毁的，按照保价额赔偿；部分损毁或者内件短少的，按照保价额与邮件全部价值的比例对邮件的实际损失予以赔偿。②未保价的给据邮件丢失、损毁或者内件短少的，按照实际损失赔偿，但最高赔偿额不超过所收取资费的三倍；挂号信件丢失、损毁的，按照所收取资费的三倍予以赔偿。邮政企业应当在营业场所的告示中和提供给用户的给据邮件单据上，以足以引起用户注意的方式载明前款规定。邮政企业因故意或者重大过失造成给据邮件损失，或者未履行前款规定义务的，无权援用本条第一款的规定限制赔偿责任。

在快递企业提供的快递服务中，关于快件的损失赔偿，《快递暂行条例》第二十七条规定，快件延误、丢失、损毁或者内件短少的，对保价的快件，应当按照经营快递业务的企业与寄件人约定的保价规则确定赔偿责任；对未保价的快件，依照民事法律的有关规定确定赔偿责任。国家鼓励保险公司开发快件损失赔偿责任险种，鼓励经营快递业务的企业投保。其中"民事法律的有关规定"主要是《民法典》合同编等的相关规定。比如《民法典》第八百三十三条规定，货物的毁损、灭失的赔偿额，当事人有约定的，按照其约定；没有约定或者约定不明确，依据《民法典》第五百一十条的规定仍不能确定的，按照交付或者应当交付时货物到达地的市场价格计算。法律、行政法规对赔偿额的计算方法和赔偿限额另有规定的，依照其规定。

3. 物流保险合同法律关系

保险是指投保人根据合同约定，向保险人支付保险费，保险人对于合同约定的可能发生的事故因其发生所造成的财产损失承担赔偿保险金责任，或者当被保险人死亡、伤残、疾病或者达到合同约定的年龄、期限时承担给付保险金责任的商业保险行为。保险合同是投保人与保险人约定保险权利义务关系的协议。其中，投保人是指与保险人订立保险合同，并按照保险合同负有支付保险费义务的人；保险人是指与投保人订立保险合同，并承担赔偿或者给付保险金责任的保险公司。保险合同可以分为财产保险合同和人身保险合同，财产保险合同是以财产及其有关利益为保险标的的保险合同，人身保险合同是以人的寿命和身体为保险标的的保险合同。

从广义上来讲，一切与物流活动相关联的保险均可以视为物流保险，包括物流活动中涉及车辆及其他运输工具安全、人身安全等一系列与物流活动存在关联的保险，既有财产保险，也有人身保险。但在传统物流活动中比较常见的保险险种是财产保险，由于缺乏统一的保险险种，物流企业和客户只能在各个物流环节里面分别投保，致使有的环节重复投保，而有的环节则得不到保险的保障。因此，2004 年中国人民保险公司正式推出了"物流责任保险"条款。"物流责任保险"是指被保险人在经营物流业务过程中，对由于列明原因造成的物流货物损失，依法应由被保险人承担赔偿责任的，由保险人根据保险合同的约定负责赔偿。除物流责任基本险外，还有"附加盗窃责任保险""附加提货不着责任保险""附加危险货物第三者责任保险"等附加险供物流企业选择。上述物流责任基本险及附加险的出现，为物流企业通过保险方式分散、转嫁责任风险创造了条件。

物流保险虽然种类繁多、条款各异，但在法律上首先应该受到《保险法》的调整和规范，同时物流保险合同法律关系作为民事关系的一种，也受到《民法典》总则编和合同编的调整和规范。另外，《海商法》是调整海上保险关系的重要法律，海上运输保险优先适用《海商法》的规定，《海商法》没有规定的则适用《保险法》的规定。除《海商法》外，《铁路法》《民用航空法》等物流相关法律也是开展物流保险的重要法律依据。

（二）侵权法律关系

1. 电子商务平台经营者的侵权责任

依据《电子商务法》第九条的规定，本法所称电子商务平台经营者，是指在电子商务中为交易双方或者多方提供网络经营场所、交易撮合、信息发布等服务，供交易双方或者多方独立开展交易活动的法人或者非法人组织。

关于电子商务平台经营者的民事责任，《电子商务法》第三十八条规定，电子商务平台经营者知道或者应当知道平台内经营者销售的商品或者提供的服务不符合保障人身、财产安全的要求，或者有其他侵害消费者合法权益行为，未采取必要措施的，依法与该平台内经营者承担连带责任。对关系消费者生命健康的商品或者服务，电子商务平台经营者对平台内经营者的资质资格未尽到审核义务，或者对消费者未尽到安全保障义务，造成消费者损害的，依法承担相应的责任。不少学者认为，将平台经营者的责任规定为"相应的责任"仍显不足，消费者索赔维权难度并未降低，成本也不见得减少。这种相对模糊的责任规定容易产生歧义，不仅使消费者难以理解，无法在维权时正确选择维权对象，也给相关案件审理及政府监管带来一定的挑战。

当前，我国物流服务平台发展迅速，已经存在大量的通过网络手段从事物流资源整合、交易撮合和信息发布等服务的平台经营者，作为物流类电子商务平台经营者，其法律义务和法律责任的承担，也应当适用《电子商务法》相关规定。

2. 电子商务物流经营者的侵权责任

电子商务物流经营者的侵权责任主要适用《民法典》第七编侵权责任的相关规定。对于物流车辆造成的交通事故，适用《道路交通安全法》《民法典》等关于机动车交通事故责任的规定。对于物流活动造成的环境污染，适用《环境保护法》《民法典》等关于环境污染和生态破坏责任的规定。在快递企业提供快递服务的过程中，对于寄递物品损毁灭失等的侵权责任，主要有两种情况。一种是违约和侵权责任竞合引起的情况，快递客户既有权基于快递服务合同选择合同违约之诉，也有权基于物权请求损失赔偿，即侵权之诉；另一种是单纯的物权人基于物权请求损失赔偿的情况，即侵权之诉，与快递服务合同没有关系。例如，寄件人代为他人寄递物品，该物品往往不属于寄件人，如果寄递物品在运输中发生损毁灭失，该物品的所有人不能基于合同请求违约赔偿，但是可以基于物权请求承运人承担赔偿责任。此外，电子商务物流服务中，还存在因数据与信息的收集、使用等引起的个人信息权益侵权案件、隐私权侵权案件等。

二、行政法律关系

电子商务物流相关的行政机关与相对人之间形成行政法律关系，比如邮政管理部门对邮政企业、快递企业和邮政市场主体、快递市场主体进行监督管理。

《邮政法》第四条规定，国务院邮政管理部门负责对全国的邮政普遍服务和邮政市场实施监督管理。省、自治区、直辖市邮政管理机构负责对本行政区域的邮政普遍服务和邮政市场实施监督管理。按照国务院规定设立的省级以下邮政管理机构负责对本辖区的邮政普遍服务和邮政市场实施监督管理。国务院邮政管理部门和省、自治区、直辖市邮政管理机构以及省级以下邮政管理机构（以下统称邮政管理部门）对邮政市场实施监督管理，应当遵循公开、公平、公正以及鼓励竞争、促进发展的原则。

《快递暂行条例》第五条规定，国务院邮政管理部门负责对全国快递业实施监督管理。国务院公安、国家安全、海关、工商行政管理等有关部门在各自职责范围内负责相关的快递监督管理工作。省、自治区、直辖市邮政管理机构和按照国务院规定设立的省级以下邮政管理机构负责对本辖区的快递业实施监督管理。县级以上地方人民政府有关部门在各自职责范围内负责相关的快递监督管理工作。比如，2021 年 4 月 9 日，因低价倾销，百世快递、极兔速递被义乌邮政管理局处罚，要求这两家快递企业在义乌的部分分拨中心停业整顿。在此次被处罚之前，义乌邮政管理局已经分别于 3 月 10 日、3 月 19 日、3 月 23 日及 4 月 1 日通知极兔速递和百世快递，警示这两家企业不得低于成本价格进行倾销，要求其在 4 月 9 日前完成整改。此次百世快递、极兔速递被处罚，是因为其均没有在规定时间内完成整改。

三、刑事法律关系

（一）电子商务相关刑事犯罪

电子商务刑事犯罪是指在电子商务领域运营和交易中发生的犯罪活动。电子商务刑事犯罪最大的特点是网络属性。我国电子商务起步初期，主要体现为侵害电子商务运营和交易的个人犯罪类型，主要有窃取、伪造、篡改电子商务信息，利用电子商务平台诈骗，破坏计算机系统等。随着智能手机的普及，电子商务快速发展，电子商务刑事犯罪主要表现为依托电子商务平台、以网络为空间、利用互联网技术实施的严重危害社会与经济秩序的犯罪活动。例如，非法吸收公众存款罪，集资诈骗罪，组织、领导传销活动罪，非法经营罪，走私罪，侵害公民个人信息罪，以及生产销售伪劣商品、有毒有害食品和药品等方面的犯罪行为。

（二）快递物流相关刑事犯罪

从"让邮件飞"到"夺命快递"，暴露出快递行业存在的种种问题。快递物流领域犯罪所涉罪名既有侵犯财产罪，也有侵害公民人身权利和民主权利罪，还有妨害社会管理秩序罪。快递企业员工涉及的犯罪集中表现在利用职务便利侵占、盗窃本单位财物，也有以快递员为掩护进行诈骗等犯罪行为。由于快递收寄验视制度落实不到位，以快递为途径实施犯罪的案件主要集中于非法持有枪支弹药，非法持有毒品，非法出售和运输珍贵、濒危野生动物制品等刑事案件。

第四节　电子商务物流专题案例分析

一、关于邮政专营权与快递物流企业的经营范围问题

【案例 3-1】青岛顺天发物流有限公司、青岛市即墨区人力资源和社会保障局行政纠纷案。①

【案例简介】

上诉人（原审原告）：青岛顺天发物流有限公司（以下简称顺天发公司）。

被上诉人（原审被告）：青岛市即墨区人力资源和社会保障局。

原审第三人：张某某。

原审查明，原告顺天发公司与第三人张某某之间存在劳动关系。2017 年 11 月 15 日，第三人张某某在为原告顺天发公司送货途中发生交通事故并受伤。2018 年 3 月 19 日，第三人张某某向被告提起工伤认定申请。同日，被告受理第三人张某某的工伤认定申请。2018 年 3 月 31 日，被告通过顺丰快递向原告顺天发公司送达工伤认定限期举证通知书，之后原告提交了答辩意见。2019 年 10 月 19 日，被告认为第三人张某某受到的事故伤害，符合《工伤保险条例》第十四条第五项之规定，属于工伤认定范围，予以认定工伤，并作出工伤认定决定书。2019 年 11 月 5 日，被告通过邮政特快专递向原告送达工伤认定决定书。原告不服，提起本案行政诉讼。

原审法院认为，本案中，原告与第三人张某某存在劳动关系，第三人张某某受其指派外出送货过程中发生交通事故并受伤，符合系因公外出期间，由于工作原因受到伤害的规定，应当认定为工伤。关于行政程序问题，法院认为，《邮政法》第五条规定，国务院规定范围内的信件寄递业务，由邮政企业专营。《邮政法》第五十五条规

---

① 本案例来自山东省青岛市中级人民法院行政判决书（2020）鲁 02 行终 549 号。

定，快递企业不得经营由邮政企业专营的信件寄递业务，不得寄递国家机关公文。上述规定明确了国家机关公文应由邮政企业寄送的意见，被告以顺丰快递方式邮寄涉案工伤认定限期举证通知书不符合规定。但鉴于原告已经收到相关文书，并提交了答辩意见。因此，被告的行政程序虽有瑕疵，但对原告权利不产生实际影响，属于程序轻微违法。被告作出的工伤认定决定书证据确凿，适用法律法规正确，但程序轻微违法，故应确认工伤认定决定书违法，但不撤销。

上诉人顺天发公司不服原审判决提起上诉，二审法院经审理，驳回上诉，维持原判。

【争议焦点】

本案的争议焦点问题之一是被上诉人在认定工伤过程中，以顺丰快递方式向上诉人邮寄涉案工伤认定限期举证通知书不符合法律规定，是否应当依法撤销。通过相关案例，讨论如何界定邮政企业专营权的范围和法律效力，以及如何认识邮政企业与快递企业关于邮政专营权的争议等问题。

【案例分析】

（一）关于邮政企业专营权的范围界定及其争议

1. 快递企业不得寄递国家机关公文

根据《邮政法》第五十五条的规定，快递企业不得经营由邮政企业专营的信件寄递业务，不得寄递国家机关公文。依据《邮政法》第七十二条的规定，未取得快递业务经营许可经营快递业务，或者邮政企业以外的单位或者个人经营由邮政企业专营的信件寄递业务或者寄递国家机关公文的，由邮政管理部门或者工商行政管理部门责令改正，没收违法所得，并处五万元以上十万元以下的罚款；情节严重的，并处十万元以上二十万元以下的罚款；对快递企业，还可以责令停业整顿直至吊销其快递业务经营许可证。

依据《邮政法》的相关规定，《邮政普遍服务监督管理办法》（交通运输部令2015年第19号）第二十条也规定，国务院规定范围内的信件寄递业务，由邮政企业专营。快递企业不得经营由邮政企业专营的信件寄递业务，不得寄递国家机关公文。

国家邮政局在《国家邮政局关于切实加强国家机关公文寄递管理的通知》（国邮发〔2012〕204号）中指出，国家机关公文的范围参考《党政机关公文处理工作条例》确定，但不宜直接援引作为执法依据。另外，《国家邮政局关于进一步加强国家机关公文寄递管理的通知》（国邮发〔2015〕1号）进一步明确了国家公文不得通过非邮政专营企业寄递，并明确要求各级邮政管理部门要加大执法力度，依法查处违法寄递国家机关公文行为，切实保护公民通信秘密等权益。

上述规定明确了国家机关公文应由邮政企业寄递的强制性规定，本案中，被告以顺丰快递方式邮寄涉案工伤认定限期举证通知书不符合规定。类似的案例还有，2019

年甘肃省市场监督管理局审理了一起行政复议案件，因兰州市市场监督管理局未按照法定途径送达公文，经甘肃省市场监督管理局审理后确认兰州市市场监督管理局送达方式违法，责令其限期重新送达。甘肃省市场监督管理局认为，兰州市市场监督管理局做出的答复文件，属上述国家机关公文，应当严格按照法定要求和法定途径送达，但其违背《邮政法》等相关法律法规规定，明显违背了国家法律的禁止性规定，具体行政行为明显不当，故复议机关确认其以申通快递方式邮寄答复书的行为违法，并限期内要求重新送达。

从广义上看，上述的"国家机关"包括各级中国共产党和民主党派的机关、立法机关、行政机关、政协机关、审判机关、检察机关、军事机关，以及工会、共青团、妇联等人民团体和参照《中华人民共和国公务员法》管理的事业单位等。上述的"国家机关公文"是国家机关基于公务活动而制作的具有特定文体和格式，并加盖了国家机关公章的书面材料，它不仅指国家机关内部和各国家机关之间相互传递的正式公文，还包含因处理诉讼、行政复议、政务公开申请、举报、申诉等活动制作的需要送达当事人的公文。

但是，《邮政法》中关于"国家机关公文"的含义在立法上并不明确，而有权对"国家机关公文"进行立法解释，进一步明确界限范围的，应当是全国人大常委会。在《国家邮政局关于进一步加强国家机关公文寄递管理的通知》中，国家邮政局将工会、共青团、妇联等人民团体也纳入国家机关公文的制作主体范围，似乎超越了国家邮政局的职权范围，存在将"国家机关公文"的认定范围扩大化之嫌。如果按照这种广义的"国家机关公文"的范围执行法律，一方面，容易造成竞争性快递业务市场上的邮政快递企业与民营快递企业的不公平竞争，滋生行政垄断；另一方面，快递企业在实际业务操作中，无权直接开拆客户信件，也无权查验信件内容，快递员对信件是否为国家机关公文也无法做出合理判断，这给快递企业依法合规经营造成较大的法律风险。而且，实践中《邮政法》第五十五条的规定也催生了一批以"专业举报"为业的职业举报人，甚至形成了职业举报产业链。职业举报人对快递员故意隐瞒或掩盖其寄递国家机关公文的真相，诱导快递企业向其提供寄递国家机关公文的服务，然后要挟快递企业给予赔偿，扰乱了快递市场秩序。

2. 邮政企业专营信件寄递业务范围的界定

《邮政法》第五条规定，国务院规定范围内的信件寄递业务，由邮政企业专营。《邮政法》第八十四条规定，信件，是指信函、明信片。信函是指以套封形式按照名址递送给特定个人或者单位的缄封的信息载体，不包括书籍、报纸、期刊等。

《邮政法》第十五条规定，邮政企业应当对信件、单件重量不超过五千克的印刷品、单件重量不超过十千克的包裹的寄递以及邮政汇兑提供邮政普遍服务。《邮政法》第二条规定，本法所称邮政普遍服务，是指按照国家规定的业务范围、服务标准，以合理的资费标准，为中华人民共和国境内所有用户持续提供的邮政服务。

《邮政法》第五十六条规定，快递企业经营邮政企业专营业务范围以外的信件快递业务，应当在信件封套的显著位置标注信件字样。快递企业不得将信件打包后作为包裹寄递。

《中华人民共和国邮政法实施细则》第四条也规定，未经邮政企业委托，任何单位或者个人不得经营信函、明信片或者其他具有信件性质的物品的寄递业务，但国务院另有规定的除外。信函是指以套封形式传递的缄封的信息的载体。其他具有信件性质的物品是指以符号、图像、音响等方式传递的信息的载体。

上述规定明确了邮政企业对国务院规定范围内的信件寄递业务享有专营权，快递企业不得经营由邮政企业专营的信件寄递业务。邮政专营权的规定是基于邮政企业需要依法承担邮政普遍服务义务，通过立法为邮政企业划定一定的专营业务范围，是有必要的，也是国际上通行的做法。

此外，根据《邮政法》第二十八条的规定，带有邮政专用标志的车船进出港口、通过渡口时，应当优先放行。带有邮政专用标志的车辆运递邮件，确需通过公安机关交通管理部门划定的禁行路段或者确需在禁止停车的地点停车的，经公安机关交通管理部门同意，在确保安全的前提下，可以通行或者停车。邮政企业不得利用带有邮政专用标志的车船从事邮件运递以外的经营性活动，不得以出租等方式允许其他单位或者个人使用带有邮政专用标志的车船。邮政企业的上述优先特权更有效地确保了邮件的及时送达。

3. 邮政企业与快递企业关于邮政专营权的争议

《邮政法》关于邮政专营权的相关规定，特别是《邮政法》第五十五条关于快递企业"不得寄递国家机关公文"的规定，在实践中对快递企业的合法合规经营与履行法律义务带来了较多难以解决的问题，多年来一直存在不少争议。民营快递企业要求修改《邮政法》关于邮政专营权的相关规定，开放国家机关公文寄递业务的呼声一直很高。

2005 年 8 月，国务院印发了《邮政体制改革方案》，方案明确指出，实行政企分开，重组邮政监管机构，组建中国邮政集团公司。《邮政法》第十八条规定，邮政企业的邮政普遍服务业务与竞争性业务应当分业经营。为此，中国邮政集团公司也单独设立了经营快递业务的子公司，在法律形式上实现了分业经营，但是在实际业务上仍然享受着邮政企业区别于民营快递企业的政策便利。国家机关公文寄递业务并不必然属于邮政普遍服务业务范围之内而需要邮政专营，民营快递企业参与国家机关公文寄递市场，有利于进一步推进政企分开，有利于实现邮政企业分业经营，也有利于保障,消费者的选择权。同时，也可以体现国有企业和民营企业的公平竞争，激发市场活力。

实践中，随着放管服改革和电子政务的发展，有些国家机关已经尝试以多样化的方式传递国家机关公文。比如国家知识产权局开展了商标、专利文件的电子送达。而有关商标、专利审核的法律文书涉及的利益大多数是私权范畴，完全可以放开此类公文的寄递业务。最高人民法院也推进智慧法院建设，开展电子诉讼，广泛实现诉讼文书的电子送达，其中电子送达方式还包括电子信箱、微信号等渠道。另外，最高人民法院也开通了裁判文书网，通过互联网公布裁判文书。在这种背景下，继续限制民营快递企业寄递裁判文书没有实际意义。

因此，对于与私权密切相关且不涉及重大公共利益的国家机关公文寄递业务，比如民事案件诉讼文书的寄递业务，有关商标、专利的法律文书寄递业务等，可以考虑全面放开经营，让民营快递企业与邮政企业共同竞争。当然，对于涉密国家机关公文的寄递，《邮政法》等相关法律法规本身就规定了机要通信等特殊服务业务渠道，这些涉密国家机关公文的寄递本来就不在竞争性业务范围之内。

（二）快递企业寄递法律文件的效力问题

在本案中，二审法院认为，关于被上诉人作出涉案工伤认定决定行政程序的问题，《最高人民法院关于适用〈中华人民共和国行政诉讼法〉的解释》第九十六条规定，通知、送达等程序轻微违法，且对原告依法享有的听证、陈述、申辩等重要程序性权利不产生实质损害的，属于《行政诉讼法》第七十四条第一款第二项规定的"程序轻微违法"。本案中，虽然根据《邮政法》第五条和第五十五条的规定，被上诉人以顺丰快递方式邮寄工伤认定限期举证通知书不符合规定，但对上诉人权利未产生实质影响，属于行政程序轻微违法。原审法院根据《行政诉讼法》第七十四条第一款第二项的规定，判决确认被上诉人本案工伤认定决定违法，于法有据。因此，在本案中，青岛市即墨区人力资源和社会保障局的行政程序轻微违法，但对顺天发公司的权利不产生实际影响，人民法院判决确认违法，但不撤销行政行为。

需要注意的是，《邮政法》第五十五条只约束国家机关公文的寄递，如果涉及合同当事人之间商业信件的寄递，寄送的重点在于内容而不在于形式，通过何种快递企业寄送法律文件并不影响法律效力。如广东省惠州市中级人民法院（2015）惠中法民一终字第1091号广州经济技术开发区东园宾馆与郑某某房屋租赁合同纠纷二审民事判决书中，上诉人郑某某诉称：租金催告通知书和解除租赁合同通知书，其性质属于商业信件，依照我国《邮政法》第五十五条、第五十六条的规定，商业信件和一般信件一样，属于邮政专营业务，其他任何快递公司经营均属非法，非法的民事行为不产生合法的后果，因此，应认定被上诉人没有通过合法的方式向上诉人送达租金催告通知书和解除租赁合同通知书，故而要求解除租赁合同的理由不能成立。二审法院认为，关于被上诉人催告行为是否合法有效问题，顺丰速运作为依法成立的快递公司，合法取得营业执照，其经营范围已得到工商行政机关的确认，通过该快递公司寄送文件的行为属合法有效。由于《租金催告通知书》和《解除租赁合同通知书》已经有证据证明送达上诉人，依法产生法律效力。上诉人以快递公司承运信件不合法进而认为被上诉人没有送达，该法院不予支持。因此，在商业信件寄递中，通过民营快递企业寄送法律文件并不能成为法律文书生效的阻碍。我国《民法典》"合同编"采用到达生效原则，电话通知、短信通知、邮寄通知、电子邮件通知、口头通知等都属于合法的到达方式。只要当事人要表达的信息内容不违法，到达对方当事人即发生法律效力。

拓展阅读 3-1

拓展阅读 3-2

二、关于快递物流服务中的财产损害赔偿责任问题

【案例 3-2】张某某等与佛山顺丰速运有限公司等财产损害赔偿纠纷案。①
【案例简介】
上诉人（原审原告）：张某某。
被上诉人（原审被告）：北京顺丰速运有限公司（以下简称北京顺丰公司）。
被上诉人（原审被告）：佛山顺丰速运有限公司（以下简称佛山顺丰公司）。
原审被告：王某某。

2018 年 10 月 12 日 19 时 47 分，佛山顺丰公司揽收了张某某通过手机电子下单的托寄物，收件方为王某某，托寄物为三件玉石，保价金额为 2 万元。依据运单信息记录，该托寄物于次日零时许从广州发车，并于次日 12 时 57 分到达北京顺丰公司昌平营业点，次日 13 时 31 分从交付收派员投递，次日 21 时 18 分被签收。但王某某并未收到该托寄物，相应签收单上收件人的签名系收派员所签。在接到张某某投诉后，北京顺丰公司向北京市公安局昌平分局报案，截至一审庭审结束时，该案尚无结果。

顺丰速运的《电子运单契约条款》载明：1. 本条款的缔约主体是您与寄件地的顺丰速运有限公司的子公司、分公司或关联公司（以下简称顺丰）……3.1.2 若您已选择保价且支付保价费用的，则破损、短少时顺丰将按照保价金额和实际损失的比例向您赔偿，托寄物灭失时最高不超过您托寄时保价的声明价值……"

佛山顺丰公司当庭提交《电子证据保全系统存证报告》一份，以证明张某某阅读

---

① 本案例来自北京市第一中级人民法院民事判决书（2020）京 01 民终 5506 号。

了前述《电子运单契约条款》并点击了"同意本条款，下次不用提醒我"的按键，即完成了《电子运单契约条款》的阅读并同意了协议内容。张某某对此不予认可，并称此为默认选项，并没有向其告知过协议内容。

张某某向一审法院起诉请求：判令北京顺丰公司、佛山顺丰公司、王某某赔偿张某某货品经济损失 151000 元，赔偿张某某交通、食宿、误工等损失 22080 元，以上共计 173080 元。

一审法院认为，张某某的托寄物系北京顺丰公司的收派员在派送期间丢失的，该托寄物并未交付王某某。因此，张某某仍为该托寄物的所有权人，其有权向侵害其物权的责任人请求赔偿，北京顺丰公司应当向张某某承担侵权赔偿责任。对于托寄物的价值，张某某主张 15.1 万元，但缺乏证据支持，该院不予认定。张某某在填写运单时，对托寄物的保价金额为 2 万元，可以此认定张某某在填写运单时即已自行认定了托寄物的价值，故应当以保价金额认定为托寄物的价值为宜。因此，张某某的托寄物财产损失应当认定为 2 万元。对于张某某所主张的交通、食宿、误工等损失，并非北京顺丰公司侵权行为所导致的直接经济损失，亦非必然发生的可预期损失。最终判决北京顺丰公司赔偿张某某财产损失 2 万元，驳回张某某的其他诉讼请求。

张某某上诉请求撤销一审判决，改判北京顺丰公司、佛山顺丰公司连带赔偿张某某经济损失共计 173080 元。二审法院经审理，驳回上诉，维持原判。

【争议焦点】

本案的争议焦点是快递企业在提供快递服务过程中，因过错丢失客户的托寄物时如何承担财产损害赔偿责任、托寄物的价值如何认定等问题。

【案例分析】

（一）关于托寄物损坏丢失赔偿的案由确定

实践中，由于托寄物损坏丢失赔偿而引发的民事纠纷较为常见，鉴于快递企业提供快递服务的业务模式各有特色，寄件人主体的身份各异，托寄物的种类繁多，关于托寄物损坏丢失赔偿的案由确定也有多种选择。

一是合同纠纷案由。在合同纠纷案由中，主要有服务合同纠纷或运输合同纠纷案由。服务合同纠纷下，有邮政服务合同纠纷与快递服务合同纠纷。运输合同纠纷包括公路旅客运输合同纠纷、公路货物运输合同纠纷、水路旅客运输合同纠纷、水路货物运输合同纠纷、航空旅客运输合同纠纷、航空货物运输合同纠纷、出租汽车运输合同纠纷、管道运输合同纠纷、城市公路运输合同纠纷、联合运输合同纠纷、多式联运合同纠纷、铁路货物运输合同纠纷、铁路旅客运输合同纠纷、铁路行李运输合同纠纷、铁路包裹运输合同纠纷、国际铁路联运合同纠纷等。此外，某些情况下，也可能涉及保管合同纠纷、仓储合同纠纷，如果是与代收点、快递柜所有人之间的纠纷，也可能涉及委托合同纠纷等。

二是侵权纠纷案由。快递企业提供快递服务过程中托寄物丢失或者损坏，经常会发生责任竞合的现象。根据《民法典》第一百八十六条的规定，因当事人一方的违约行为，损害对方人身权益、财产权益的，受损害方有权选择请求其承担违约责任或者侵权责任。因此，寄件人可以按照快递服务合同提起合同诉讼，或者按照财产损害赔偿提起侵权诉讼。在托寄物所有人不是寄件人的情况下，托寄物所有人与快递企业之间不存在合同关系，托寄物所有人只能以侵权为由提起诉讼。另外，当诸如个人相册等对个人有特殊意义的特殊物品丢失时，很难通过客观标准来评估和衡量其价值，寄件人也能以侵权为由请求主张精神损害赔偿。

本案中，张某某以财产损害赔偿纠纷为由提起诉讼，主要是由于托寄物系北京顺丰公司在派送中丢失，而涉案托寄物是由佛山顺丰公司揽收的，张某某与北京顺丰公司之间并不存在直接的快递服务合同关系。张某某主张北京顺丰公司、佛山顺丰公司承担连带赔偿，以财产损害赔偿纠纷为由提起诉讼是合适的选择。

（二）财产损害赔偿责任的承担问题

本案为侵权纠纷案件，由于纠纷的事实发生在《民法典》实施之前，故法院适用《中华人民共和国物权法》和《中华人民共和国侵权责任法》（以下简称《侵权责任法》）做出本案判决，由于新旧法律相关规定具有延续性，不影响本案判决结果。因此，我们结合《民法典》相关规定对本案的财产损害赔偿责任的承担问题做简要分析。

根据《民法典》第二百三十八条的规定，侵害物权，造成权利人损害的，权利人可以依法请求损害赔偿，也可以依法请求承担其他民事责任。这里的"依法"是指依照《民法典》"侵权责任编"及其他相关法律规范的规定，这就意味着权利人行使这种权利，需要符合这些相关法律关于请求权具体要件等方面的规定。本案中，张某某的托寄物系北京顺丰公司派送期间丢失，该托寄物并未交付王某某。因此，张某某仍为该托寄物的所有权人，其有权向侵害其物权的责任人请求赔偿。用人单位的工作人员因执行工作任务造成他人损害的，由用人单位承担侵权责任。该托寄物系北京顺丰公司员工在执行派送任务过程中丢失，北京顺丰公司应当向张某某承担侵权赔偿责任。

根据《民法典》第一千一百六十八条的规定，二人以上共同实施侵权行为，造成他人损害的，应当承担连带责任。本案中，鉴于佛山顺丰公司已经完成向北京顺丰公司对托寄物的交付，故佛山顺丰公司并没有相应的侵权行为，故对于张某某主张佛山顺丰公司、北京顺丰公司构成共同侵权，进而承担连带责任的诉讼请求于法无据。

至于本案的争议焦点中托寄物价值认定问题。根据《民法典》第一千一百八十四条的规定，侵害他人财产的，财产损失按照损失发生时的市场价格或者其他合理方式计算。张某某主张其因托寄物丢失发生了173080元损失，其中托寄物价值为15.1万元，张某某应就其主张予以举证证明。当事人对自己提出的诉讼请求所依据的事实或者反驳对方诉讼请求所依据的事实有责任提供证据加以佐证，没有相关证据或证据不足以证明当事人事实主张的，由负有举证责任的当事人承担不利后果。本案中，签收底单中显示的托寄物为三件玉石，不足以证明是张某某主张价值为15.1万元的"翡翠（A货）"珠链，且张某某作为经常使用顺丰速运App的会员客户，自行确认以2万元作为托寄物保价金额，在此情况下，法院未对张某某所涉物品进行价值鉴定，并认定北京顺丰公司给张某某造成的财产损失为2万元。此外，张某某主张的交通、食宿、误工等损失，并非北京顺丰公司侵权行为所导致的直接经济损失，法院对张某某的主张未予支持。

拓展阅读 3-3

三、关于网络货运经营者（无车承运人）的税收问题

【案例3-3】我国首个物流新业态管理暂行办法出台。①
【案例简介】

2019年9月，交通运输部、国家税务总局联合发布了《网络平台道路货物运输经营管理暂行办法》（以下简称《办法》），这是我国首个物流新业态管理暂行办法，于2020年1月1日起施行，有效期2年。（注：2021年12月31日，交通运输部、国家税务总局研究决定，延长《网络平台道路货物运输经营管理暂行办法》的有效期至2023年12月31日。）

时任交通运输部运输服务司货运与物流管理处处长余兴源在网络货运发展座谈会上介绍，截至2019年9月9日，网络货运平台已整合183万辆货车，占市场上营运货车的13％。网络货运发展带动了行业转型升级，促进物流降本增效，但目前针对物流新业态发展的法规制度不健全，制约了行业健康发展。

《办法》以培育壮大物流新业态、新动能为目标，坚持鼓励发展、包容审慎、问题导向、创新监管的原则，构建了网络货运经营监督管理的制度体系。《办法》将"无车承运"更名为"网络平台道路货物运输经营"（以下简称"网络货运经营"），并对其定

---

① 魏玉坤. 我国首个物流新业态管理暂行办法出台［EB/OL］．（2019-09-09）［2022-11-28］. https://www.chinacourt.org/article/detail/2019/09/id/4449309.shtml.

义和法律地位做了明确界定。同时，对网络货运经营者有关承运车辆及驾驶员资质审核、货物装载及运输过程管控，货车司机及货主权益保护、投诉举报，服务质量及评价管理等作了系统规定，合理界定了平台责任，规范平台经营行为。

从 2020 年起，试点企业可按照《办法》的规定要求，申请经营范围为"网络货运"的道路运输经营许可；县级负有道路运输监督管理职责的机构应按照《办法》，对符合相关条件要求的试点企业，换发道路运输经营许可证。未纳入交通运输部无车承运人试点范围的经营者，可按照办法申请经营许可，依法依规从事网络货运经营。

【案例分析】

根据《国务院关于积极推进"互联网＋"行动的指导意见》，2016 年交通运输部启动无车承运人试点工作，是物流运输领域落实"互联网＋"行动的有益尝试。2019 年 9 月交通运输部和国家税务总局联合印发《网络平台道路货物运输经营管理暂行办法》，标志着为期三年的试点工作结束，网络货运经营进入一个新的发展阶段。在税收问题上，2016 年交通运输部办公厅发布的《关于推进改革试点加快无车承运物流创新发展的意见》中，要求各省级交通运输主管部门应加强与税务部门的沟通，将营改增相关政策落到实处，进一步细化试点企业增值税征管具体流程和监管要求，协调解决增值税征管中开票资格、进项抵扣，额度监管等实际问题，规范试点企业纳税行为，强化税收监管，防范税收风险。对网络货运平台企业来说，排查税务风险点，守住税务安全"红线"非常重要。

（一）网络货运经营者（无车承运人）进项抵扣不足的问题

伴随着无车承运制度的发展，2016 年财政部、国家税务总局出台《财政部　国家税务总局关于全面推开营业税改征增值税试点的通知》，此后无运输工具承运业务，按照交通运输服务缴纳增值税。根据《办法》的规定，网络货运经营者和实际承运人均应当依法履行纳税或扣缴税款义务。网络货运经营者应遵照国家税收法律法规，依法依规抵扣增值税进项税额，不得虚开虚抵增值税发票等扣税凭证。根据《国家税务总局关于跨境应税行为免税备案等增值税问题的公告》的相关规定，在实践中纳税人（即无车承运人）以承运人身份与托运人签订运输服务合同，收取运费并承担承运人责任，然后委托实际承运人完成全部或部分运输服务时，自行采购并交给实际承运人使用的成品油和支付的道路、桥、闸通行费，同时符合下列条件的，其进项税额准予从销项税额中抵扣：成品油和道路、桥、闸通行费，应用于纳税人委托实际承运人完成的运输服务；取得的增值税扣税凭证符合现行规定。但是，实践中由于实际承运人提供的增值税发票不足，导致无车承运人进项抵扣不足。其原因在于以下两点：一是个体运输户流动性强，无法实现有效管理，代开发票困难；二是即使代开也只能取得 3% 的进项税额抵扣税率。因此，在营改增之初，无车承运人为了减少税收负担水平直接联系第三方代开，或要求个体户自行提供第三方代开发票，导致运输行业虚开发票风险较高。个体司机与网络货运企业、货主单位之间的税率差，道路货运各主体之间的重复纳税，运输物耗抵扣不足，公路运输税收监控与纳税服务模式等问题有待完善。

（二）从"以车控票、以票控税"到"数据控税"的尝试

网络货运经营的前身是无车承运，无车承运作为交通运输应税行为已得到税收法规的明确认定，税务机关和交通运输部门确认了卡车司机群体是实际承运人。《办法》所称网络货运经营，是指经营者依托互联网平台整合配置运输资源，以承运人身份与托运人签订运输合同，委托实际承运人完成道路货物运输，承担承运人责任的道路货物运输经营活动。网络货运经营不包括仅为托运人和实际承运人提供信息中介和交易撮合等服务的行为。实际承运人，是指接受网络货运经营者委托，使用符合条件的载货汽车和驾驶员，实际从事道路货物运输的经营者。

实践中，网络货运平台通常以承运人身份与托运人签订运输服务合同，收取运费并承担承运人责任，然后委托实际承运人完成全部或部分运输服务。由于货运流动性强，跨区域经营的情况比较普遍，网络货运平台往往涉及为实际承运人代开增值税专用发票的业务。考虑到货物运输业众多小规模纳税人、个体户散乱且普遍不愿到税务机关代开发票的征管现状，为提高货运业小规模纳税人、个体户使用增值税专用发票的便利性，实现无车承运到网络货运的平稳过渡，2019 年 12 月《国家税务总局关于开展网络平台道路货物运输企业代开增值税专用发票试点工作的通知》规定，试点企业按照以下规定为会员代开增值税专用发票：仅限于为会员通过本平台承揽的货物运输服务代开增值税专用发票。应与会员签订委托代开增值税专用发票协议。协议范本由各省税务局制定。使用自有增值税发票税控开票软件，按照 3％ 的征收率代开增值税专用发票，并在发票备注栏注明会员的纳税人名称、纳税人识别号、起运地、到达地、车种车号以及运输货物信息。如内容较多可另附清单。代开增值税专用发票的相关栏次内容，应与会员通过本平台承揽的运输服务，以及本平台记录的物流信息保持一致。平台记录的交易、资金、物流等相关信息应统一存储，以备核查。试点企业接受会员提供的货物运输服务，不得为会员代开专用发票。试点企业可以按照《货物运输业小规模纳税人申请代开增值税专用发票管理办法》（国家税务总局公告 2017 年第 55 号）的相关规定，代会员向试点企业主管税务机关申请代开专用发票。无车承运人相关税收政策如表 3-3 所示。

表 3 - 3 无车承运人相关税收政策

发布年月	文件	政策适用情况
2017 年 8 月	《国家税务总局关于跨境应税行为免税备案等增值税问题的公告》（国家税务总局公告 2017 年第 30 号）①	纳税人以承运人身份与托运人签订运输服务合同，收取运费并承担承运人责任，然后委托实际承运人完成全部或部分运输服务时，自行采购并交给实际承运人使用的成品油和支付的道路、桥、闸通行费，同时符合下列条件的，其进项税额准予从销项税额中抵扣：成品油和道路、桥、闸通行费，应用于纳税人委托实际承运人完成的运输服务；取得的增值税扣税凭证符合现行规定
2019 年 3 月	《财政部 税务总局 海关总署关于深化增值税改革有关政策的公告》（财政部 税务总局 海关总署公告 2019 年第 39 号）	网络货运业态的增值税税率调整到 9%
2019 年 12 月	《国家税务总局关于开展网络平台道路货物运输企业代开增值税专用发票试点工作的通知》（税总函〔2019〕405 号）	下游个体司机可由税务局代开 3% 的增值税专用发票 试点企业为会员代开增值税专用发票，使用自有增值税发票税控开票软件，按照 3% 的征收率代开增值税专用发票

通过税收政策的调整，努力实现从"以车控票、以票控税"到"数据控税"，更加关注网络货运业务的真实性与相关性，逐步解决资金流水单与运单不匹配，发票不规范，数据刷流水等问题。当然，在现行税务体制下，网络货运平台进项获取难、抵扣链条不完整带来的成本上升等问题依然存在，如何利用税收政策引领行业创新发展，实现降本增效，还需要进一步探索。

拓展阅读 3 - 4

---

① 《国家税务总局关于修改部分税收规范性文件的公告》（国家税务总局公告 2018 年第 31 号）对本文件进行了修改。

四、关于物流服务平台侵权损害的民事责任问题

【案例3-4】 王某诉深圳依时货拉拉科技有限公司等机动车交通事故责任纠纷案。①

【案例简介】

上诉人（原审原告）：王某。

上诉人（原审被告）：深圳依时货拉拉科技有限公司（以下简称货拉拉公司）。

被上诉人（原审被告）：黄某某。

被上诉人（原审被告）：中华联合财产保险股份有限公司江西分公司（以下简称联合财保）。

王某诉称，其同行人张某某于2018年11月通过手机货拉拉App下单，从广州运送货物到深圳，货拉拉公司接单后指派黄某某驾驶某小型车承运。途中发生单方交道事故，造成王某受伤并被实施开颅手术。交警认定黄某某未按规范操作安全驾驶，负事故全部责任。王某诉请黄某某赔偿阶段性医疗费用331576.68元，货拉拉公司承担连带责任，联合财保承担保险理赔责任。

货拉拉公司辩称，其仅为用户提供免费信息服务，与承运司机黄某某和托运人张某某形成居间合同关系，其并非承运人或营运资质挂靠方，无须承担连带责任。

法院经审理查明，王某起诉主张的事实基本属实。另查，平台用户在安装货拉拉App时勾选同意的《货拉拉用户协议》约定货拉拉公司仅为用户及参与货车提供中立、独立、免费第三方信息中介服务。用户选定货车后需先行签订《货物托运居间服务协议》。货拉拉公司与黄某某签订《货物托运居间服务协议》约定其仅通过平台提供普通货物运输信息。

本案二审主要争议焦点为货拉拉公司与承运司机黄某某之间的法律关系性质及货拉拉公司应否对王某的人身损害承担法律责任。

根据证据显示，平台用户登录货拉拉App需先行点击阅读并同意《货拉拉用户协议》，该协议明确货拉拉公司提供的服务包括向参与货车提供平台用户所需货车类型及行程详情，以及向平台用户提供参与货车信息，即仅为用户及参与货车提供中立、独立、免费的第三方信息中介服务。用户选定货车后需签订《货物托运居间服务协议》，自行选择现金或通过平台转账付款方式，与选定师傅商谈后可选择确定托运或者取消订单。从上述运营服务过程来看，用户与承运司机订立货运协议时知悉并接受货拉拉公司仅为货运信息中介服务提供方，而非实际承运人或者营运资质挂靠方。本案张某某并非基于货拉拉公司为承运人或系黄某某营运资质挂靠单位才与黄某某订立货运协议，具体运输协议内容由张某某与黄某某协商达成，黄某某系以其自有车辆从事营运

---

① 本案例来自广东省深圳市中级人民法院民事判决书（2020）粤03民终943号。

业务，故应认定承运人为黄某某，而非货拉拉公司，货拉拉公司与黄某某之间形成居间合同关系。

货拉拉公司开发货运 O2O 软件，为公众用户提供货运车辆信息平台和交易平台，应当遵照道路运输和电商经营规范开展经营活动。货拉拉公司作为专业物流类电子商务平台经营者，理应清楚承接货运业务的车辆和司机需取得营运资质条件，相关营运资质不仅涉及行政管理，亦涉及承运能力条件问题，但货拉拉公司未审查黄某某是否具备营运资质即允许其成为平台注册司机从事货运业务且未向平台用户报告黄某某欠缺营运资质的信息，其相关行为有违诚信居间和报告义务。

一审判决黄某某赔偿王某损失 329133.68 元；货拉拉公司承担补充清偿责任；驳回王某其他诉讼请求。宣判后，货拉拉公司、王某提出上诉。二审法院认为，由于货拉拉公司向张某某提供信息为无偿信息，加之，本案交通事故发生系因黄某某未按操作规范安全驾驶所致，货拉拉公司有违诚信居间和报告义务及未尽资质资格审查义务，并非涉案交通事故发生的直接原因，故酌定货拉拉公司对黄某某不能清偿义务的 50% 部分承担补充责任。二审法院改判货拉拉公司对黄某某本案赔偿义务中的 50% 部分即 164566.84 元承担补充责任，其他维持一审判决。

【争议焦点】

本案争议的焦点问题主要有两个，一是货拉拉公司作为物流类电子商务平台经营者，其与货物承运人黄某某之间是何种法律关系；二是货拉拉公司如果疏于履行资质、资格审查义务，是否应对王某的损害承担法律责任。在物流活动中，机动车交通事故造成人身伤害或财产损失引发的民事纠纷也较为常见，该类案件中通常也会处理保险人是否需要承担保险责任等问题。

【案例分析】

本案涉及物流类电子商务平台经营者的经营规范和法律责任等相关问题，法院判决适用的法律主要是《侵权责任法》第三十七条（现《民法典》第一千一百九十八条）关于安全保障义务的侵权责任的规定，以及《侵权责任法》第十六条（现《民法典》第一千一百七十九条）关于侵害他人造成人身损害的赔偿责任规定。虽然在涉案交通事故发生之时《电子商务法》《民法典》尚未实施，但作为规范电子商务平台经营者的重要法律依据，我们将结合《电子商务法》《民法典》相关规定来分析本案。

（一）物流类电子商务平台经营者是中介人还是承运人

物流类电子商务平台经营过程中主要涉及物流类电子商务平台经营者、平台注册司机（实际承运人）和平台公众用户（托运人）三方主体。我国交通运输管理部门曾于 2016 年 8 月推行无车承运试点改革，于 2020 年 1 月推行网络平台道路货运改革。上述两项改革明确定位无车承运人（网络货运经营者）系以承运人身份承担全程运输责任。根据《网络平台道路货物运输经营管理暂行办法》第二条的规定，网络货运经营不包括仅为托运人和实际承运人提供信息中介和交易撮合等服务的行为。说明信息中介性质的互联网增值服务模式并没有纳入该办法管理范围，应当依据其他规定。但是，物流类电子商务平台经营模式可以是多元化的，其经营模式不一定为网络货运，也可以是提供信息中介与交易撮合等服务。在这种情况下，物流类电子商务平台经营者并非承运人角色，而是一般的电子商务平台角色，即《电子商务法》第二章第二节规定的电子商务平台经营者。

本案中，货拉拉公司在平台注册司机与托运用户建立货运合同过程中主要起中介作用。物流类电子商务平台经营者仅为平台注册司机（实际承运人）与平台公众用户（托运人）货运交易提供货运信息中介服务，未实质参与网络货运协议签订与履行，其与货运交易双方构成中介合同①关系。根据《民法典》第九百六十一条的规定，中介合同是中介人向委托人报告订立合同的机会或者提供订立合同的媒介服务，委托人支付报酬的合同。因此，货拉拉公司作为物流类电子商务平台经营者，在本案中是中介人，而不是承运人。

（二）物流类电子商务平台经营者承担法律责任的范围

本案中，王某针对中介人货拉拉公司主张的损害赔偿属于侵权责任纠纷，并非合同纠纷。但在说明中介人应承担的损害赔偿法律责任时，也可以借助《民法典》"合同编"关于中介人义务的相关规定，来说明其在侵权过程中的过错及过错程度。《民法典》第九百六十二条规定，中介人应当就有关订立合同的事项向委托人如实报告。中介人故意隐瞒与订立合同有关的重要事实或者提供虚假情况，损害委托人利益的，不得请求支付报酬并应当承担赔偿责任。对于物流类电子商务平台经营者来说，如实报告有关订立合同事项义务应当从以下两个方面理解：一是对于平台注册司机经营能力资料应当如实向平台公众用户报告，不得隐瞒或提供虚假资料；二是应对平台注册司机的经营能力依法进行必要的专业性审查，如审查平台注册司机驾照、从业资格、承运资质等。

另外，《电子商务法》第三十八条规定，对关系消费者生命健康的商品或者服务，电子商务平台经营者对平台内经营者的资质资格未尽到审核义务，或者对消费者未尽到安全保障义务，造成消费者损害的，依法承担相应的责任。该规定虽然在案涉交通事故发生之时尚未实施，但作为已颁布法律，在本案判决时无相关电子商务平台经营者责任法律规范情况下，可以作为确定电子商务平台经营者资质资格审查和安全保障法定义务的参考依据。交警认定，涉案交通事故发生系因黄某某未按操作规范安全驾驶所致，货拉拉公司未尽资质资格审查义务虽不是事故发生的直接原因，但会产生潜

---

① 说明：《民法典》中以中介合同替代原《合同法》中居间合同的说法及规定，此处以《民法典》进行案例分析与研究，并不是司法案例判决书中法院实际适用的法律，请读者注意。

在危害。这种危害在于将不具备营运条件的人员和车辆引入运输营运行业，侵害社会不特定公众知情权和选择权，货拉拉公司因疏于履行资质资格审查义务，应对涉案事故对王某某造成的损害承担补充责任。

物流类电子商务平台经营者对平台注册司机仅就运营证照等不直接影响消费者生命健康安全的非基本资质资格疏于审查，应根据其审查过错对损害结果发生原因力大小等因素判定其承担适当比例的补充责任。二审法院把货拉拉公司的补充责任从100%调整到50%，是有道理的。

（三）关于机动车保险与物流运输保险相关问题

本案中，王某系肇事车辆车上人员，不受第三者责任险保护，其无须承担保险责任。这里所谓的第三者责任险，是指被保险人或其允许的驾驶人员在使用保险车辆过程中发生意外事故，致使第三者遭受人身伤亡或财产直接损毁，依法应当由被保险人承担的赔偿责任，保险公司负责赔偿。

涉及机动车的保险，一是机动车交通事故责任强制保险，是由保险公司对被保险机动车发生道路交通事故造成受害人（不包括本车人员和被保险人）的人身伤亡、财产损失，在责任限额内予以赔偿的强制性责任保险，这是我国首个由国家法律规定实行的强制保险制度，其保费是实行全国统一收费标准的；二是机动车商业险，包括基本险与附加险，基本险包括第三者责任险、车辆损失险、全车盗抢险、车上人员责任险，附加险包括玻璃单独破碎险、自燃损失险等。

另外，物流运输方面的保险主要有货物运输保险和物流责任保险，二者在保险范围、保险利益等方面明显不同。货物运输保险是以运输途中的货物作为保险标的，保险人对由自然灾害和意外事故造成的货物损失负赔偿责任的保险。货物运输保险属于财产险，本质上是一个贸易险种，保障的是买方或卖方应承担的货物在途风险。物流责任保险是以物流企业对货物损失应承担的赔偿责任作为保险标的，依法应由物流企业承担的货物损失赔偿责任由保险公司负责赔偿。物流责任保险属于责任保险，物流责任保险保障的是在仓储、装卸、搬运、包装、流通加工、配送等物流环节中，物流企业因意外事故导致货物损坏的赔偿责任，旨在为物流各个环节提供保险保障。

拓展阅读 3-5

五、网约车司机与平台企业之间是否为劳动关系

【案例 3-5】于某与滴滴公司等确认劳动关系纠纷案。[①]

【案例简介】

原告：于某。

被告：滴滴公司、某科技公司（滴滴平台软件开发者）。

于某于 2016 年 12 月底在平台注册了滴滴快车业务，专职从事滴滴快车工作，于某一直没有从事其他职业，也没有挂靠劳务单位。于某认为滴滴公司一直没有与其签订劳动合同，其无法得到劳动保障。某科技公司辩称其并非网络预约出租车业务运营主体，不是本案适格被告，和于某不存在任何劳动关系。滴滴公司辩称于某在工作上具有完全的自主决定权，于某不需要向滴滴公司签到、打卡，也不需要遵守滴滴公司的人事管理制度。于某报酬的取得方式是不定期支取，数额不定，不符合劳动关系的特征，且报酬是由乘客支付，于某与滴滴公司不存在劳动关系。

法院查明，于某系滴滴快车车主，滴滴公司为滴滴专快车平台的经营者，于某通过滴滴车主 App 注册为滴滴快车车主时，所勾选同意的《专快车服务合作协议》的相对方为滴滴公司，其提供的转账记录中交易的相对方也为滴滴公司，与某科技公司无关。劳动者主张劳动关系成立的，对劳动关系成立的基本事实负有举证责任。于某在滴滴车主 App 注册为滴滴快车车主时，已经勾选同意《专快车服务合作协议》，该协议载明于某与滴滴公司为挂靠合作关系，不是劳动关系，依据当事人意思自治的原则，于某与滴滴公司已就双方关系作出约定。因此，法院判决驳回于某的诉讼请求。

【争议焦点】

本案为网约车司机劳动关系纠纷，本案争议的焦点问题在于网约车司机于某与平台企业之间是否存在劳动关系。

【案例分析】

依托互联网平台就业的网约配送员、网约车司机、互联网营销师等群体，都被称为新就业形态劳动者。平台经济、共享经济等新业态蓬勃发展，以外卖骑手、快递员、网约车司机等为代表的新就业形态劳动者人数快速增长，零工经济规模不断扩大，对促进就业、拓宽劳动收入渠道发挥了重要作用。与传统劳动关系相比，平台企业与新就业形态劳动者之间的劳动关系不够清晰，导致劳动关系难以直接确认，无法纳入现行劳动保障法律法规适用范围，造成用工关系复杂、就业质量不高、社会保障不足等问题。

---

① 本案例来自崇川法院发布 2016—2019 年劳动争议典型案例之四：于某与滴滴公司等确认劳动关系纠纷案。

　　和网约车司机一样，外卖骑手与平台企业之间的劳动关系也难以直接确认。外卖骑手在各平台企业的工作形式主要有两种——专送和众包。专送是指外卖骑手被就近纳入站点管理，同站点签订劳动合同或劳务合同。众包则是兼职工作，外卖骑手可以利用零散时间配送外卖、跑腿，配送时间灵活，资金结算便捷。因为签约灵活，很多外卖骑手都选择众包这种工作形式。

　　专送骑手和众包骑手主要的区别在于，专送骑手隶属配送站点，由系统派单，有固定的上下班时间，工资由底薪和提成构成；众包骑手是个人注册，由骑手自己抢单，时间自由，佣金由配送距离决定。专送骑手的提成受用户评价的影响更大，众包骑手收入则受订单超时影响更大。无论是专送还是众包模式，平台都不直接雇用骑手，而是委托第三方人力资源公司与骑手建立合作关系。

　　根据《中华人民共和国劳动法》（以下简称《劳动法》）第二条的规定，在中华人民共和国境内的企业、个体经济组织和与之形成劳动关系的劳动者，适用本法。外卖骑手与平台间的劳务关系则不受《劳动法》调整。因此，骑手在配送中如遇事故不能享受工伤保险待遇。据媒体报道，美团外卖骑手沈某某在送餐过程中发生交通事故，因没有直接与美团运营方北京三快科技有限公司签订劳动合同，沈某某被法院认定与北京三快科技有限公司不存在劳动关系，而这也使得外卖骑手出现工伤事故后几乎不可能从平台企业方面获得补偿。在没有工伤保险的情况下，外卖骑手缴纳的意外事故商业性保险就成了"最高危职业"的"最低保障"。但是，通过意外事故商业保险来应对职业风险问题，仍然存在着强制性不足、覆盖面较窄、理赔率偏低、保障水平不高等问题，难以充分解决外卖骑手等新业态从业人员的职业保障问题。

　　2021年7月，人力资源社会保障部、国家发展改革委等八部门联合发布了《关于维护新就业形态劳动者劳动保障权益的指导意见》（以下简称《指导意见》），在界定劳动关系和追究平台责任方面开启新的探索，特别是提出了"不完全符合确立劳动关系"这一情形。似乎改变了此前"是与不是"的劳动关系认定格局。《指导意见》指出，要指导企业与劳动者订立书面协议，合理确定企业与劳动者的权利义务。

　　2021年12月1日起，浙江省人力资源和社会保障厅等八部门联合印发的《浙江省维护新就业形态劳动者劳动保障权益实施办法》（以下简称《实施办法》）正式施行。《实施办法》对新就业形态劳动者的劳动用工、劳动报酬、工时和劳动定额、劳动保护、社会保险、公共服务、权益维护等做出了具体规定。其中，在劳动用工方面，企业招用劳动者，符合原劳动和社会保障部《关于确立劳动关系有关事项的通知》（劳社部发〔2005〕12号）第一条规定情形的，应当依法订立劳动合同。企业对不完全符合确立劳动关系情形的劳动者进行劳动过程管理的，应当与其订立书面协议，合理确定双方的权利义务。另外，个人依托平台自主开展经营活动、从事自由职业等，按照民事法律调整双方的权利义务。

拓展阅读 3－6

本章小结

　　本章主要内容介绍了电子商务及电子商务物流的概念等基本知识，梳理了电子商务物流相关的政策与法律规范，分析了电子商务物流的法律关系，并选择了相关的典型司法案例进行了案例分析。本章案例中，主要探讨了以下三个问题：一是关于邮政专营权与快递物流企业的经营范围问题，提倡快递物流企业和相关当事人依法合规从事寄递业务；二是关于快递物流服务中的财产损害赔偿责任问题，主要涉及案由认定、寄递物品价值认定和赔偿责任范围等问题；三是关于电子商务物流新业态的问题，分析了网络货运经营者的地位认定、法律责任承担等问题，同时对网约车司机等新就业形态下的劳动纠纷进行了探讨。总之，企业经营风险防控应注重电子商务物流活动的合规管理，通过电子商务物流合同和相关协议，明确各自的主体身份和法律地位，确定当事人的权利义务，合理划分相关的法律责任。

第四章 跨境物流法律与案例

导　言

　　跨境物流是境内物流的跨境延伸，伴随着国际贸易的发展而发展。跨境物流是国际贸易最终实现的基础，是连接国内、国际市场"双循环"的重要环节。相对于境内物流来说，跨境物流时间跨度更长，涉及的主体、环节更多，复杂性更强，对于法律保障有很高的需求。本章将关注我国跨境物流的最新发展情况，并聚焦国际贸易中跨境物流活动涉及的法律关系和引发的法律问题。

第一节 国际贸易中的跨境物流

一、国际贸易中的跨境物流概述

（一）跨境物流的概念

　　跨境物流的含义有广义和狭义之分。从广义上来说，跨境物流是跨越不同国家（地区）之间的物流活动，是指货物及物品在不同国家（地区）之间的流动和转移，包括援助物资、国际展品等在不同边境间的物理移动。从狭义上来说，跨境物流仅指为了完成国际商品交易而进行物流活动。① 本章对于跨境物流采用狭义的定义方式，聚焦国际贸易中的跨境物流活动。

（二）跨境物流的复杂性

　　跨境物流包括运输、仓储、通关、配送等诸多环节。相对于境内物流来说，跨境物流带来更多的法律风险。特别是近年来，随着跨境电子商务活动在我国国际贸易活

---

　　① 徐勇谋. 国际物流［M］. 上海：上海财经大学出版社，2005.

动中的占比不断提升，电商企业和相关的物流企业面临巨大的跨境物流压力。特别是在旺季时，商品爆仓、线路拥堵、海关严查、仓位骤减、运力不足、投递不力、包裹延误的风险都是电商企业和物流企业需要关注的重要问题。

二、跨境物流的环节

国际贸易中的跨境物流，包括货物的运输、仓储、通关、配送等过程，以及这些过程中基于跨境贸易产生的投保、单证制作与转移等特殊环节。

（一）跨境物流运输

跨境物流运输的方式以远洋运输为主，并往往由多种运输方式组合而成，主要的运输方式包括远洋运输、铁路运输、航空运输、公路运输，以及由这些运输方式组合而成的国际复合运输方式。在跨境物流中，运输方式的选择和组合不仅关系到国际贸易交货周期的长短，还关系到物流总成本的大小和企业竞争力的强弱。因此，能满足这种需求的复合运输方式逐渐成为跨境物流运输中的主流。下面就跨境物流中常见的一些运输方式展开说明。

多式联运是指按照多式联运合同，由多式联运经营人以至少两种不同的运输方式，将货物从一国境内接管货物的地点运至另一国境内指定的交货地点。多式联运有以下特点：一是必须采用两种及两种以上不同的运输方式进行连续运输；二是必须有一个多式联运经营人对运输全程负责，由该经营人完成或组织完成整个运输；三是多式联运必须使用一份全程多式联运单证，即发货人只要办理一次托运、一次计费、一次保险，通过一张单证就可以实现从起运地到目的地的全程运输。基于以上特点，多式联运具有缩短运输时间、提高运输质量、提高运输组织水平、增加运输经济效益等显著优势。[①]

海外专线是指在国内仓库集货，批量直接发往特定国家或地区的专门设计的国际运输线路。[②] 目前我国企业常见的海外专线包括美国专线、英国专线、澳大利亚专线等。海外专线的主要优势在于，能够发挥规模效应，更利于实现"门到门"的运输，同时降低运输成本。这一模式非常考验运输主体的规划和资源整合能力。

在我国，中欧班列是海外专线运输的重要体现。中欧班列是按照固定车次、线路、班期和全程运行时刻开行，运行于中国与欧洲及"一带一路"相关国家和地区间的集装箱铁路国际联运列车，是"一带一路"倡议的重要标志性成果。2021 年是中欧班列开行 10 周年，截至 2021 年 6 月，中欧班列开行累计突破 4 万列，合计货值超过 2000 亿美元，打通 73 条运行线路，通达欧洲 22 个国家的 160 多个城市。中欧班列已经逐渐

---

① 武德春，武骁. 国际多式联运实务 [M] . 2 版. 北京：机械工业出版社，2016.
② 孙韬. 跨境电商与国际物流：机遇、模式及运作 [M] . 北京：电子工业出版社，2017.

成为连接"一带一路"的重要纽带，成为贯通中欧供应链的重要运输方式。

（二）跨境物流仓储

与境内物流中的仓储不同，跨境物流关注的仓储是整个跨境贸易与物流的中间环节，能够将货物在境内、境外的流通联结起来。其中的典型代表是保税仓和直接建在境外的海外仓。

1. 保税仓

（1）保税仓的含义。保税仓是指经海关批准设立的，专门存放保税货物及其他未办结海关手续货物的仓库。

（2）保税仓的分类。按照使用对象不同，保税仓可以分为公用型保税仓和自用型保税仓。公用型保税仓由主营仓储业务的中国境内独立企业法人经营，专门向社会提供保税仓储服务。自用型保税仓由特定的中国境内独立企业法人经营，仅存储供本企业自用的保税货物。

（3）保税仓的作用。保税仓可以为进出口贸易活动提供便利。以进口贸易为例，境外商品整批抵达境内保税监管区域，商家可以根据消费者下单的情况，将商品从保税仓直接清关发出。货物在进入保税仓后处于保税状态，待出仓时才缴纳税款，滞销商品也可以不缴出口关税直接退回海外。[①]

2. 海外仓

（1）海外仓的含义。海外仓是指境内企业等主体建立在海外的仓储设施，在跨境电子商务活动中最为典型。我国近年来大力推进海外仓建设，在《电子商务"十三五"发展规划》等文件中均明确提出，鼓励企业通过规范的海外仓模式融入国外零售体系。以此为契机，各地、各级政府也进一步加大了海外仓布局力度，支持、进行了多批公共海外仓建设。

（2）海外仓的分类。按照建立主体不同，海外仓可以分为自建海外仓和第三方海外仓。自建海外仓是指由企业自行出资在海外设立的仓储设施。自建海外仓设立成本高、难度大，对企业经营能力有很高的要求。第三方海外仓，是以独立物流服务商的形式建立的专为跨境电商提供本地化仓配服务的海外仓，是海外公共电商物流中心。[②]

（3）海外仓的作用。第一，海外仓能够有效促进以跨境贸易为主营业务的电商企业和物流企业降本增效。境内企业在目标市场国家（地区）建立仓库，并将商品通过大宗运输的形式提前运往这些仓库进行储存。接下来企业就可以根据海外市场当地的销售订单，第一时间作出响应，及时从当地仓库进行分拣、包装、配送和退/换货。这

---

① 孙韬. 跨境电商与国际物流：机遇、模式及运作［M］. 北京：电子工业出版社，2017.

② 孙韬，胡丕辉. 跨境物流及海外仓：市场、运营与科技［M］. 北京：电子工业出版社，2020.

为企业节省了大量时间和精力，同时能够降低成本、提高配送时效、有效规避风险。第二，海外仓的设立能够提升相关企业跨境物流的供应链能力。采用海外仓模式可以促进电商企业在跨境物流环境下应用仓配一体模式。此种模式不仅可以利用海外仓存储货物，还可以利用海外仓完成货物的尾程运输（即本地配送）。

（三）跨境物流通关

跨境物流中的通关是指进出口货物出入一国关境时，依照各项法律法规应当履行的海关申报、查验、征税、放行等手续。跨境物流涉及货物跨越边境的流动，因此通关是一个必经的过程。

1. 跨境物流通关的办理主体

传统的国际贸易模式下，进出口货物可以由进出口货物收/发货人自行办理报关纳税手续，也可以由进出口货物收/发货人委托的报关企业办理报关纳税手续。在新的商业模式中，也存在由货运代理、跨境电子商务平台经营者提供报关服务的情况。当进出境运输工具到达或者驶离设立海关的地点时，运输工具负责人应当向海关如实申报、交验单证，并接受海关监管和检查。

2. 跨境物流通关的流程

（1）申报。申报是指进出口货物的收/发货人，向海关提交单证，申请办理海关事宜。海关在接受申报时，应检查单据是否完备、项目是否齐全、填写是否清楚。

（2）查验。海关查验是指海关在接受报关单位的申报后，依法为确定进出口货物的性质、原产地、数量和价值是否与货物申报单上已经填报的详细内容相符，对货物进行实际检查的行政执法行为。查验目的是检查单货是否一致，检查有无瞒报、伪报和申报不实等走私违规情况。[①]

（3）税费计征。在通关过程中征收的税费主要表现为关税。以我国为例，中华人民共和国准许进出口的货物，除国家另有规定外，应当按照《海关法》《中华人民共和国进出口关税条例》的规定，计征进口税或出口税。

（4）货物放行。海关对全部申报单证、查验记录全面复核，审查是否符合政策规定，单证、单货是否相符，应税货物是否已经缴纳税款。在一切海关手续完备的前提下，在提单、运单、装货单上盖海关放行章以示放行。[②]

3. 海关特殊监管区域

（1）海关特殊监管区域的含义。海关特殊监管区域是指经国务院批准，设立在中华人民共和国境内，以保税为基本功能，针对货物实施"境内关外"进出口税收政策，由海关实行封闭监管的区域。根据海关总署的统计，截至 2021 年 6 月底，我国已有海

---

① 孙韬. 跨境电商与国际物流：机遇、模式及运作 [M]. 北京：电子工业出版社，2017.

② 崔介何. 物流学概论 [M]. 5 版. 北京：北京大学出版社，2015.

关特殊监管区域 164 个。

（2）海关特殊监管区域的类型。为适应我国不同时期对外开放和经济发展需要，我国先后形成了包括保税区、出口加工区、保税物流园区、保税港区、综合保税区和跨境工业区在内的六种海关特殊监管区域。其中，综合保税区是海关特殊监管区域的最高形态，整合优化了各种特殊区域的政策和功能，实行统一化要求。根据国务院办公厅 2015 年发布的《加快海关特殊监管区域整合优化方案》的要求，要逐步将现有出口加工区、保税物流园区、跨境工业区、保税港区及符合条件的保税区整合为综合保税区。新设立的海关特殊监管区域统一命名为综合保税区。

（3）海关特殊监管区域的通关便利化措施。目前，综合保税区是我国海关特殊监管区域的最典型代表，其在通关方面的基本要求是：国外货物入港区保税；货物出港区进入国内销售按货物进口的有关规定办理报关手续，并按货物实际状态征税；国内货物入港区视同出口，实行退税；港区内企业之间的货物交易不征增值税和消费税。同时，大量的海关特殊监管区域还存在于我国的自由贸易试验区中，形成了"先入区、后报关""集中汇总纳税"等监管创新制度，并复制推广到全国。

（四）跨境物流配送

跨境物流中的配送解决的是将产品从商家送至消费者手中的"最后一公里"问题。跨境物流配送与境内物流配送的最主要区别是跨境物流配送的最终目的地位于境外。境外配送可以选择的方式有以下几种：一是通过我国邮政业、快递业布局的海外专线或者海外网点进行配送；二是通过境外的本土派送商进行配送；三是选择海外仓配送模式，与海外仓储中心签订协议，在货物到达中转仓储中心后，海外仓储中心将货物通过本地邮寄或快递方式送达客户。跨境物流配送问题对经营跨境货物贸易的商家，尤其是以小包货物为主的电商企业有较大影响。这些企业一般要综合考虑价格、时效、派送范围等因素来选择合理的境外配送方式。

第二节　跨境物流法律关系

一、合同法律关系

（一）跨境物流运输合同法律关系

1. 跨境物流运输合同法律关系的基本内容

在跨境物流运输合同中，最基本的主体是托运人和承运人。合同各方首先需要遵守与境内物流运输合同类似的权利和义务规定。我国对于跨境物流运输合同当事人的权利和义务规定主要体现在《民法典》《海商法》等法律法规中。其中托运人的主要义务包括支付运费、如实申报托运货物、提交相关文件等。承运人的主要义务包括配备合适的运输工具、谨慎保管货物、按约定运输交付货物等。

2. 跨境物流运输合同中的特殊法律关系

在跨境物流运输条件下，需要关注的是跨境物流运输合同中产生的特殊法律关系。例如，在跨境物流多式联运合同中，多式联运经营人与托运人签订多式联运合同，签发多式联运单据，收取全程运费，对全程运输负责。此时，跨境物流多式联运合同中涉及的特殊法律关系在于：承运人是组织多式联运的"多式联运经营人"，而非真正从事现场运输的"实际承运人"。

3. 跨境物流运输合同法律关系中的法律适用问题

跨境物流运输合同的履行过程中，一旦发生纠纷，还会面临法律适用的问题。这是由于国际规则和各国国内法对于运输合同的法律规定有所差异，适用不同的法律规定会带来不同的结果。例如，在国际海运方面，国际上由来已久的《海牙-维斯比规则》等公约对承运人责任、免责条款、赔偿限额等问题都做了详细的规定。但由于这些问题一直存在较大争议，涉及托运人、承运人两大团体的利益博弈，不同的国际规则、各国国内法的法律规定都有差异。我国《海商法》的规定与国际上的一些公约也有差别。因此，跨境物流运输合同的履行过程中一旦发生争议，适用的法律规定不同会带来不同的处理结果，这也是从事跨境物流运输主体面临的一大风险。

（二）跨境物流仓储合同法律关系

1. 跨境物流仓储合同的基本内容

跨境物流仓储合同的双方被称为存货人和保管人。在跨境物流活动中，除使用自建仓库，货主将其货物存放在其他各种类型的仓库中，与仓库所有者签订的合同本质上都是仓储合同。根据我国《民法典》的规定，仓储合同下的存货人负有支付费用、告知货物的易燃易爆等特殊性质等义务，保管人负有验收、出具仓单和入库单、危险通知与危险催告等义务。

2. 跨境物流仓储中的混合合同

在跨境物流中，仓储活动常与其他的物流活动相结合，形成"仓配一体"等新模式，催生了多种包含仓储活动的混合合同。相关混合合同的产生，体现了跨境物流仓储作为整个跨境物流中间环节的特点。例如，某物流公司的"跨境海外仓储和物流服务协议"列明：在该协议下物流公司提供的服务包括海外仓储头程物流服务，如将货物从发货地运送到目的国仓库，并代为办理清关手续；海外仓储当地物流服务，如在海外提供仓储服务和物流配送服务等。

（三）跨境物流保险合同法律关系

跨境物流保险合同是投保人与保险人约定保险权利和义务关系的协议。在跨境物流保险合同中，运输保险具有特殊性。这是由于跨境物流涉及的时间长、容易受到自然环境等多种因素的影响，货物在运输中面临的风险大于境内运输。以海上运输为例，货物可能面临包括自然灾害和意外事故（含搁浅、触礁、碰撞等）在内的海上风险，以及由货物运输途中的偷窃、短量、受潮受热、战争、罢工等导致的外来风险。[①] 因此在跨境货物运输中签订保险合同是必不可少的。国际海上货物运输保险的主要惯例是1982年版的《伦敦协会海上运输货物保险条款》，该条款规定了各险种的承保范围、除外责任、保险期限、索赔事项等内容。我国《海商法》也具体规定了海上货物运输保险的相关事项。

二、货运代理法律关系

法律上的代理是指代理人以被代理人的名义，在代理权限内与第三人实施民事行为，其法律后果直接由被代理人承受的民事法律制度。货运代理法律关系是代理法律关系在跨境物流领域的典型体现。

（一）货运代理的含义

货运代理是指在合法的授权范围内接受货主的委托，代理货主办理有关货物的报关、交接、仓储、调拨、检验、包装、装箱、转运、订舱、租船等跨境物流全套事务。货运代理的出现主要是由于跨境物流涉及运输、仓储、通关、配送等众多环节，货主自身处理全部事项较为困难，会花费大量时间精力和成本。在国际货运代理业务中，货运代理的服务主体包括发货人、海关、承运人等，服务内容包括拆箱、拼箱、应当多式联运经营人等。

（二）货运代理业务中不同的法律关系

根据我国法律的相关规定，国际货物运输代理企业（以下简称国际货运代理企业）可以作为进/出口货物收/发货人的代理人，也可以作为独立经营人，从事国际货运代理业务。在我国，根据国际货运代理企业开展业务时所使用的名义不同，将产生不同的法律关系。

当国际货运代理企业以委托人的名义开展业务时，委托人与国际货运代理企业之间首先签订委托代理合同，双方之间形成委托与被委托的关系。合同各方的权利、义务、责任理应按照委托代理合同来确认。接下来，国际货运代理企业就可以按照委托人的要求，直接以委托人的名义与第三人签订运输合同，此份运输合同直接约束委托人和第三人。国际货运代理企业开展业务应仅限于授权范围内，国际货运代理企业实施法律行为的后果也将直接归于委托人。

---

① 李爱华，王宝生. 物流法律法规［M］. 2 版. 北京：清华大学出版社，2018.

当国际货运代理企业接受委托人的委托，但以自己的名义开展业务时，其身份依然是委托人的代理人。根据《民法典》第九百二十六条的相关规定，其行为的法律后果要依照是否向第三人表明了身份来确定。若国际货运代理企业以自己的名义与第三人签订运输合同，并向第三人表明自己是按照委托人的委托要求行事，签订的运输合同也将直接约束委托人和第三人。若国际货运代理企业以自己的名义与第三人签订运输合同，并且未表明自己的代理身份，运输合同将直接约束国际货运代理企业和第三人。此时，若第三人违反运输合同，造成国际货运代理企业无法向委托人履行合同，国际货运代理企业应当向委托人披露第三人，以便委托人可以直接向第三人主张违约责任。

三、管制法律关系

（一）国际货物贸易管制的含义

政府对国际货物贸易的管制是指一国通过法律、经济和行政手段对与该国有关的国际货物贸易进行鼓励、限制、监督和促进等管理活动。对国际货物贸易进行管制，关系到各国对外贸易的发展，也会对跨境物流的各个环节产生影响。与私主体之间的合同关系不同，政府对国际货物贸易的管制形成了一种以上对下的纵向法律关系，国际货物贸易与物流领域私主体的行为必须符合各国的管制要求。

（二）国际货物贸易管制的具体措施

各国国际货物贸易管制的主要措施包括关税、进出口配额、进出口许可、海关监管措施等。这些措施都可能对一国货物进入另一国关境，以及入境后的后续物流过程产生影响，是货主及物流相关企业需要关注的风险因素。而如果一国实施了人为限制干扰正常市场机制、使正常贸易受到阻碍的措施，则可能构成贸易壁垒。以世界贸易组织为代表的国际经济组织一直致力于削减贸易壁垒，促进市场开放，维护正常的贸易秩序。

第三节　跨境物流法律法规与政策

一、国际货物运输规则

运输是跨境物流中的重要环节，也是相关国际组织在制订跨境物流法律法规时调整最多的领域。本部分将介绍海运、航空与铁路运输、多式联运领域最重要的国际法规则。

（一）海运规则

在跨境货物运输中，海运方式出现的时间最早，使用最为广泛，也是所有运输方式中法律规则最为复杂的。海运中承运人与托运人之间的责任分配问题一直是海运规则要解决的核心问题。在国际贸易海运发展初期，承运人的权利、义务、责任和豁免只按照英美法系普通法中的规定来处理，即承运人应保证船舶绝对适航、保证船舶合理速遣、保证船舶不发生不合理的绕航，而承运人的免责范围则是极其有限的。可以说，其赋予承运人的责任相当严格。直到18世纪，随着海运中的公共承运人逐渐处于垄断地位，公共承运人开始在海运提单上订入免责条款，以应对货损和赔款的大量增加。到19世纪后半叶，提单上的免责条款已经极度膨胀，承运人几乎到了"除了收取运费，别无其他责任可言"的地步，严重影响了国际贸易和海运业本身的发展。[①] 因此，合理确定承运人的责任范围，成了海运规则制定中的重要任务。

从20世纪20年代开始，相关国际组织就开始为调整国际海上货物运输规定的内容而努力，制定了一系列海上货物运输的国际公约，承运人责任问题成为其中的核心问题。目前海上货物运输的国际公约主要有1924年的《统一提单的若干法律规则的国际公约》（以下简称《海牙规则》）、1968年的《修改统一提单的若干法律规则的国际公约》（以下简称《维斯比规则》）、1978年的《联合国海上货物运输公约》（以下简称《汉堡规则》）及2008年的《联合国全程或部分海上国际货物运输合同公约》（以下简称《鹿特丹规则》）。

1. 《海牙规则》

《海牙规则》共十六条，其中第一条至第十条是其实质性条款，规定了承运人最低限度的义务和最大限度的权利、诉讼时效等；第十一条至第十六条是其程序性条款。总的来看，《海牙规则》的核心内容包括承运人的"适航"义务、承运人的"管货"义务、承运人的免责条款。

（1）承运人的"适航"义务。承运人需要在开航前、开航时使船舶达到适航的状态。根据《海牙规则》第三条第一款的规定，承运人须在开航前和开航时克尽职责：使船舶适于航行；适当地配备船员、装备船舶和供应船舶；使货舱、冷藏舱和该船其他载货处所能适宜和安全地收受、运送和保管货物。

（2）承运人的"管货"义务。管货义务是承运人在海上运输过程中的最低限度义务。根据《海牙规则》第三条第二款的规定，承运人应适当和谨慎地装卸、搬运、配载、运送、保管、照料和卸载所运货物。承运人只有在这些环节中都做到"适当和谨慎"，将货物安全送达，才算是完成了"管货"义务。

（3）承运人的免责条款。《海牙规则》第四条第二款规定了承运人的十七项免责条

---

① 杨霞芳. 国际物流管理［M］. 2版. 上海：同济大学出版社，2015.

款。免责条款主要包括两种类型,第一种是过失免责,第二种是无过失免责。所谓过失免责,是指承运人即使有过失也可以被免除责任的情况,包括船长、船员、引水员或承运人的雇用人员,在航行或管理船舶时,因疏忽或过失引起的货物灭失或损坏。在这些情况下,承运人可以被免责,这些规定很明显地偏袒了承运人的利益。

同时,《海牙规则》还规定了承运人的责任限制,承运人对于每件或者每单位货物灭失或损害的最高赔偿限额为一百英镑。

2.《维斯比规则》

《维斯比规则》是对《海牙规则》进行修改的国际公约,因此也与《海牙规则》合称《海牙-维斯比规则》。《维斯比规则》对《海牙规则》的修改主要在于以下六点。第一,确立了提单作为最终证据的法律效力。第二,延长了诉讼时效,规定了经双方约定同意可以约定延长诉讼时效。第三,提高了承运人的赔偿责任限制,规定了承运人对货物灭失或损坏的赔偿责任限制,以每包或者每单位10000法郎,或者毛重(每千克)30法郎,两者以高者为准。第四,增加了集装箱货物的责任限制条款。第五,规定了非合同索赔的适用规则,即明确规定《海牙-维斯比规则》适用于就运输合同所载货物灭失或损害对承运人所提起的任何诉讼,不论该诉讼是违约之诉还是侵权之诉。第六,扩大了《海牙规则》的适用范围。[①]

3.《汉堡规则》

《海牙-维斯比规则》的内容明显更加偏袒承运人一方,对于托运人一方的利益保护不足。鉴于发展中国家对于建立新航运秩序的强烈要求,联合国国际贸易法委员会于1978年制定《汉堡规则》,该项规则于1992年正式成为生效的国际法。《汉堡规则》相对于《海牙-维斯比规则》的主要区别在于以下六个方面。

第一,加强了承运人的赔偿责任。对承运人实行完全过失责任制,几乎全面否定了《海牙规则》的十七项免责事由。

第二,扩大了货物的范围,将舱面货、活动物都纳入了货物的范围。

第三,延长了承运人的责任期间,将责任承担的时间范围扩展为在装货港、运输途中及在卸货港,货物在承运人掌管下的全部时间。

第四,提高了承运人的赔偿责任限制,并以特别提款权(Special Drawing Right, SDR)作为计算单位确定赔偿责任限额。

第五,确立了保函的法律效力。

第六,延长了货物索赔通知提出的时间和诉讼时效。

可见,《汉堡规则》在增加承运人责任、保护托运人利益、增强双方责任分配公平性方面作出了积极的努力。

---

① 杨霞芳.国际物流管理[M].2版.上海:同济大学出版社,2015.

但是，目前加入《汉堡规则》的国家并不多，只有少数非航运发达国家加入。[1]

4. 《鹿特丹规则》

为了进一步加强海上货物运输法律制度在经济全球化下的统一性，平衡承运人和托运人的利益，顺应航运的时代发展，联合国国际贸易法委员会于 2008 年通过了《鹿特丹规则》。虽然《鹿特丹规则》在制度上进行了一系列创新，但是，由于签署和接受该公约的国家数量不足，《鹿特丹规则》尚未作为国际公约发生效力。《鹿特丹规则》的新内容主要体现在以下多个方面。

第一，扩大当事人的范围，增加了"履约方"的概念。将实际承运人、区段承运人、雇佣人员、码头经营人、船舶代理人等合同相关方最大可能地纳入"履约方"范围。

第二，重新规定了承运人的义务和赔偿责任。采纳了《汉堡规则》的推定过失责任制，同时保留了《海牙-维斯比规则》中航海过失免责、管船过失免责、承运人的受雇人或代理人的过失免责以外的其他免责条款。将承运人的适航义务从开航前、开航时扩展为开航前、开航时和整个航程。

第三，提高了承运人的责任限额，承运人对于违反本公约对其规定的义务所负赔偿责任的限额，按照索赔或者争议所涉货物的件数或者其他货运单位计算，每件或者每个其他货运单位 875 个计算单位，或者按照索赔或者争议所涉货物的毛重计算，每千克 3 个计算单位，以两者中较高限额为准，但货物价值已由托运人申报且在合同事项中载明的，或者承运人与托运人已另行约定高于本条所规定的赔偿责任限额的，不在此列。

第四，增加了"单证托运人"制度，单证托运人享有托运人的权利。

第五，从责任期间上来看，《鹿特丹规则》的责任期间延展到"门到门"，即从履约方接收货物起，到货物交付时为止。该规定使得《鹿特丹规则》的责任期间可能从海上延伸至内陆。

另外，《鹿特丹规则》还增加了货物控制权、货物交付、权利转让等制度。[2]

（二）航空与铁路运输规则

除了海运之外，跨境物流中的航空运输与铁路运输也是常见的运输方式。若托运人、承运人等主体选择在货物的跨境运输中适用航空运输或铁路运输方式，则也需要对相关国际公约的规定进行了解。

1. 国际航空货物运输公约

目前调整国际航空货物运输关系的国际公约主要有以下三个。①1929 年版《统一

---

① 杨霞芳. 国际物流管理 [M]. 2 版. 上海：同济大学出版社，2015.
② 陈安. 国际经济法学 [M]. 7 版. 北京：北京大学出版社，2017.

国际航空运输某些规则的公约》（以下简称《华沙公约》），该公约为调整国际航空旅客、行李和货物的运输法律关系创设了基本制度。该公约规定了航空承运人的推定过错责任制，并且规定在运输已登记的行李和货物时，承运人的责任限额为每千克250法郎，除非托运人在交运时，曾特别声明行李或货物运到后的价值，并缴付必要的附加费。我国于1958年已经加入该公约。②1955年《修订统一国际航空运输某些规则的公约的议定书》（以下简称《海牙议定书》），主要对《华沙公约》的航行过失免责、责任限制、索赔期限等内容进行了修改。③1999年版《统一国际航空运输某些规则的公约》（以下简称《蒙特利尔公约》），该公约主要对国际航空货物运输规则和旅客运输规则进行了实质性改动，我国于2005年加入《蒙特利尔公约》。①

2. 国际铁路货物运输公约

调整国际铁路货物运输的国际公约主要有两个，分别是1951年的《国际铁路货物联运协定》（以下简称《国际货协》）、1961年的《国际铁路货物运送公约》（以下简称《国际货约》）。《国际货约》规定了承运人按合同约定收取运费等权利，按运输合同约定将货物安全运送至目的地等义务，规定承运人责任期间为自其签发铁路运单时起至交付货物时止。同时还规定了按运单承运货物的铁路部门对货物负有连带责任。《国际货协》与《国际货约》在赔偿规定上有所不同。《国际货协》基本采用了足额赔偿的方法，货物损失方可以获得100％的赔偿，而《国际货约》则规定了责任限额，规定对于货物的灭失赔偿应以货物的价格为限，但毛重每千克不得超过50法郎。②

目前，我国是《国际货协》的缔约国，不是《国际货约》的缔约国。而从世界范围内来看，《国际货约》的适用范围更广、影响力更大。在"一带一路"沿线国家和"中欧班列"所涉范围内，也是适用《国际货约》的国家居多。由于国际公约、各国国内法律规定的差异，在我国进行"一带一路"建设和开行"中欧班列"的过程中，也将面临一系列法律适用、争端解决问题。对此，都还需要进一步关注和研究。

（三）多式联运规则

目前，国际上对于多式联运的法律规则还没有实现统一。在已经制定的规则中，最重要的是1980年的《联合国国际货物多式联运公约》（以下简称《多式联运公约》），不过该公约尚未生效，还不是具有强制效力的国际法规则。如果当事人之间自愿选择适用该公约，公约内容将在当事人之间发生效力。我国关于集装箱多式联运方面的法规也参考了该公约的内容。前文已经提及，在跨境多式联运中，由多式联运经营人作为承运人是最基本的原则。在此基础上，《多式联运公约》主要对多式联运经营人的责任作出了如下规定。

---

① 陈安. 国际经济法学［M］.7版.北京：北京大学出版社，2017.
② 李爱华，王宝生. 物流法律法规［M］.2版.北京：清华大学出版社，2018.

1. 多式联运经营人的责任形式

多式联运经营人的责任形式有统一责任制和网状责任制两种。其中统一责任制是指由多式联运经营人对全程运输负责；网状责任制是指在多式联运经营人统一对全程运输负责的基础上，各责任区段的赔偿责任仍按照该区段所适用的公约和法律确定。在《多式联运公约》中采用的是"修正后的统一责任制"，介于统一责任制和网状责任制之间。根据该责任形式，多式联运经营人对货损的责任首先适用《多式联运公约》规定的统一责任制。但如果货物的损害、灭失发生于多式联运的某一特定区段，而这一区段所适用的国际公约或法律规定的赔偿责任限制高于《多式联运公约》规定的赔偿责任限制，则该区段内的赔偿额按照相应的国际公约或法律规定确定。

2. 多式联运经营人的责任期间

按照《多式联运公约》的规定，多式联运经营人的责任期间为自其接管货物之时起至交付货物时止。

3. 多式联运经营人的责任基础

《多式联运公约》对多式联运经营人适用推定过失责任制，即在多式联运经营人掌管货物期间，对于货物灭失、损坏或者迟延交付引起的损失都应当负赔偿责任，除非多式联运经营人能够证明其本人、受雇人或代理人为了避免事故的发生已经采取了一切所能采取的合理措施。这一规定更好地保护了货方的利益。

4. 多式联运经营人的责任限制

《多式联运公约》规定，如果联运包括海上运输或内河运输，则责任限制按照每件货物或者每个其他货运单位不超过 920 记账单位，或者按毛重（每千克）不超过 2.75 记账单位，以较高者为准。如果联运不包括海上运输或内河运输，则采用单一计算方法，赔偿责任限制按毛重（每千克）8.33 记账单位。[①]

二、国际贸易术语

与国际货物贸易相关的跨境物流中，存在运输、仓储、通关、配送等多个相互联系的复杂环节。对于贸易的买卖双方来说，由哪一方负责相关事项，都会相应增加该方面临的成本。因此，将办理运输、仓储、通关、配送等事项的职责在买卖双方间进行合理分配，也是跨境物流中需要解决的问题。一般来说，这些事项的办理和费用承担可以由买卖双方自行协商确定。不过，若每次交易都重新协商这些问题，将极大地降低交易效率，因此出现了"国际贸易术语"这一贸易惯例。买卖双方在合同中对使用的贸易术语进行约定，就可以简便地确定双方在交易中对各种事项和风险的分配。国际商会制定的 2020 版《国际贸易术语解释通则》（以下简称 Incoterms 2020 ）是目前

---

① 杨霞芳. 国际物流管理 [M] .2 版. 上海：同济大学出版社，2015.

广泛使用的国际贸易惯例。[①] 需要注意的是，*Incoterms 2020* 的性质属于任意性规范，只有当事人明确将其内容写入合同，才对合同当事人具有约束力。

（一）*Incoterms 2020* 概述

Incoterms 2020 于 2020 年 1 月 1 日正式施行，共包括 11 个贸易术语，分为两类。第一类是适用于水上运输的贸易术语，共 4 个；第二类是适用于一切运输方式的贸易术语，共 7 个。各种贸易术语的英文缩写、全称及中文释义如表 4 - 1 所示。

表 4 - 1   *Incoterms 2020* 贸易术语概况

适用的运输方式	名称及中文释义
水上运输	FAS（Free Alongside Ship）：船边交货
	FOB（Free On Board）：装运港船上交货
	CFR（Cost and Freight）：成本加运费
	CIF（Cost Insurance and Freight）：成本、保险加运费
一切运输方式	EXW（Ex Works）：工厂交货
	FCA（Free Carrier）：货交承运人
	CPT（Carriage Paid To）：运费付至
	CIP（Carriage and Insurance Paid to）：运费、保险费付至目的地价
	DAP（Delivered at Place）：目的地交货
	DPU（Delivered at Place Unloaded）：目的地卸货后交货
	DDP（Delivered Duty Paid）：完税后交货

贸易术语的主要作用是表示各种权利、义务在买卖双方之间的分配情况。*Incoterms 2020* 涉及的主要义务类型如表 4 - 2 所示。

表 4 - 2   *Incoterms 2020* 涉及的主要义务类型

A1. 卖方一般义务	B1. 买方一般义务
A2. 交货	B2. 提货
A3. 风险转移	B3. 风险转移
A4. 运输	B4. 运输
A5. 保险	B5. 保险
A6. 交货/运输单据	B6. 交货/运输单据

[①] *Incoterms 2020* 是目前最新修订的国际贸易术语版本，它的出现并不意味着其他版本的国际贸易术语失效。当事人可以自由选择适用 *Incoterms 2020* 或者适用其他较早版本（如 *Incoterms 2010*、*Incoterms 2000*）。

A7. 出口/进口清关	B7. 出口/进口清关
A8. 查验/包装/标记	B8. 查验/包装/标记
A9. 费用划分	B9. 费用划分
A10. 通知	B10. 通知

（二）Incoterms 2020 的具体内容

1. EXW

EXW 是适用于一切运输方式中卖方责任最小的一种贸易术语。卖方的责任包括：在其所在地的工厂或仓库把货物交给买方处置，无须装货；承担交货前的风险和费用；自费向买方提交与货物有关的纸质单证或电子单证。

买方的责任包括：自备运输工具并装货，将货物运至预期的目的地；承担卖方交货后的风险和费用；自费办理进出口结关手续。

2. FCA

FCA 术语下，卖方的责任包括：在出口国承运人所在地将货物交给承运人，完成交货义务，其中交货地点在卖方所在地时，卖方需要负责将货物装上买方安排的交通工具，交货地点在其他地点时，卖方不负责卸货；承担交货前的风险和费用；自费办理出口结关手续；自费向买方提交与货物有关的纸质单证或电子单证。

买方的责任包括：自费办理货物运输；自费办理保险；自费办理进口结关手续。

3. CPT

CPT 术语下，卖方的责任包括：自费签订或取得运输合同；在出口国承运人所在地完成交货义务；承担交货前的风险和费用；自费办理出口结关手续；自费向买方提交与货物有关的纸质单证或电子单证。

买方的责任包括：自费签订保险合同；承担货交承运人后的风险和费用；自费办理进口结关手续。

4. CIP

CIP 术语下，卖方的责任包括：自费签订或取得运输合同；自费签订或取得保险合同，并且投保的必须是符合《协会货物保险条款》ICC（A）承保范围的保险，但当事人可以协商选择更低级别的险种；在出口国承运人所在地完成交货义务；承担交货前的风险和费用；自费办理出口结关手续；自费向买方提交与货物有关的纸质单证或电子单证。

买方的责任包括：承担货交承运人后的风险和费用；自费办理进口结关手续。

5. DAP

DAP 术语下，卖方的责任包括：将货物运至约定的目的地，卖方无须卸货，但要做好卸货准备交买方处置；承担货物运至目的地前的全部风险和费用；自费办理出口结关手续；自费向买方提交与货物有关的纸质单证或电子单证。

买方的责任包括：承担货物在目的地交付后的一切风险和费用；自费办理进口结关手续。

6. DPU

DPU术语下，卖方的责任包括：将货物运至约定的目的地并卸货，完成货物交付；承担交货前的全部风险和费用；自费办理出口结关手续。

买方的责任包括：承担交货后的一切风险和费用；自费办理进口结关手续。

7. DDP

DDP是适用于一切运输方式中卖方责任最大的一种贸易术语。DDP术语下，卖方的责任包括：将货物运至指定的目的地；承担货物运输至目的地前的全部费用；自费办理出口结关手续；自费向买方提交与货物有关的纸质单证或电子单证。

买方的责任包括承担收货后的一切风险和费用等。

8. FAS

FAS术语下，卖方的责任包括：在买方指定的装运港和指定的船边交货；承担交货前的风险和费用；自费办理出口结关手续；自费向买方提交与货物有关的纸质单证或电子单证。

买方的责任包括：自费办理货物运输；自费办理货物保险；承担卖方交货后的风险和费用；自费办理货物的进口结关手续。

9. FOB

FOB术语下，卖方的责任包括：在指定的装运港将货物装上船，完成交货义务；承担交货前的风险和费用；自费办理出口结关手续；自费向买方提交与货物有关的纸质单证或电子单证。

买方的责任包括：自费办理货物运输；自费办理货物保险；承担卖方交货后的风险和费用；自费办理货物的进口结关手续。

10. CFR

CFR术语下，卖方的责任包括：在指定的装运港将货物装上船，完成交货义务；承担交货前的风险和费用；自费签订或取得运输合同；自费办理出口结关手续；自费向买方提交与货物有关的纸质单证或电子单证。

买方的责任包括：自费办理货物保险；承担卖方交货后的风险和费用；自费办理货物的进口结关手续。

11. CIF

CIF术语下，卖方的责任包括：在指定的装运港将货物装上船，完成交货义务；承担交货前的风险和费用；自费签订或取得运输合同；自费签订或取得保险合同，默认保险险别为《协会货物保险条款》ICC（C），但当事人可以协商选择更高级别承保范围的险种；自费办理出口结关手续；自费向买方提交与货物有关的纸质单证或电子单证。

买方的责任包括：承担卖方交货后的风险和费用；自费办理货物的进口结关手续。

三、国内法律与政策

（一）我国的跨境物流法律

1.《民法典》

跨境物流中，货主、承运人、托运人、委托人、代理人等主体之间形成了多种民商事法律关系。我国的《民法典》是民商事领域的基本法律。跨境物流中的民事法律关系如果适用我国法律，归根结底就要受到《民法典》的调整。例如，《民法典》合同编的通则分编规定了合同成立、效力、履行、违约责任等的一般规则，典型合同分编规定了运输合同、仓储合同、委托合同等各类合同的主体及各方权利、义务。

需要注意的是，跨境物流中的涉外民事法律关系，其主体、客体、内容中都可能有涉外因素，因此其民事争议并不必然受我国法院管辖、适用我国法律规定。对此，还需要根据复杂的管辖法院规则和民事法律冲突规则确定，本部分不再展开讨论这一问题。

2.《海商法》

相较于陆上运输和航空运输等运输方式，海上运输更加具有特殊性，因此我国制定了《海商法》专门规范海上的运输关系与船舶关系。《海商法》规定了海上货物运输合同的相关内容，包括承运人责任（含免责条款和责任限额）、托运人责任，还特别规定了多式联运合同下的各方责任。《海商法》还规定了海上货物运输单证的内容与效力、货物交付规则、共同海损、海难救助、海上保险合同等与跨境海上运输息息相关的重要内容。另外，虽然我国并未正式加入本节所提到的几项国际海上运输公约，但是我国《海商法》在立法中已经对其中一些内容进行了借鉴和吸收。

3.《电子商务法》

我国《电子商务法》的立法目的是保障电子商务各方主体的合法权益，规范电子商务行为，维护市场秩序，促进电子商务持续健康发展。跨境电子商务活动是我国国际贸易的重要组成部分，在我国《电子商务法》第七十一条至第七十三条中专门规定，国家促进跨境电子商务发展，建立健全适应跨境电子商务特点的海关、税收、进出境检验检疫、支付结算等管理制度，提高跨境电子商务各环节便利化水平，支持跨境电子商务平台经营者等为跨境电子商务提供仓储物流、报关、报检等服务。国家支持小型、微型企业从事跨境电子商务。国家进出口管理部门应当推进跨境电子商务海关申报、纳税、检验检疫等环节的综合服务和监管体系建设，优化监管流程，推动实现信息共享、监管互认、执法互助，提高跨境电子商务服务和监管效率。跨境电子商务经营者可以凭电子单证向国家进出口管理部门办理有关手续。国家推动与不同国家、地区之间跨境电子商务的交流合作，参与电子商务国际规则的制定，促进电子签名、电子身份等国际互认。国家推动建立与不同国家、地区之间的跨境电子商务争议解决机制。

4.《对外贸易法》与《海关法》

《对外贸易法》与《海关法》是我国对外贸易管制性质的法律，对扩大对外开放，发展对外贸易，维护对外贸易秩序，保护对外贸易经营者的合法权益，促进社会主义市场经济的健康发展有着重要意义。对于这两部法律的规定，在跨境物流活动中需要特别注意的内容如下。

(1)根据《对外贸易法》的规定，国家准许货物与技术的自由进出口，但是，法律、行政法规另有规定的除外。首先，国务院对外贸易主管部门基于监测进出口情况的需要，可以对部分自由进出口的货物实行进出口自动许可并公布其目录。实行自动许可的进出口货物，收货人、发货人需要在办理海关报关手续前提出自动许可申请。其次，国家基于维护国家安全、社会公共利益或者公共道德，保护人的健康或者安全，保护动物、植物的生命或者健康，保护环境等多项原因，可以限制或者禁止有关货物、技术的进口或者出口。国家对限制进口或者出口的货物，实行配额、许可证等方式管理。进出口属于禁止进出口的货物的，或者未经许可擅自进出口属于限制进出口的货物的，由海关依照有关法律、行政法规的规定处理、处罚；构成犯罪的，依法追究刑事责任。

(2)根据《对外贸易法》的规定，相关主体在对外贸易活动中不得有下列行为：伪造、变造进出口货物原产地标记，伪造、变造或者买卖进出口货物原产地证书、进出口许可证、进出口配额证明或者其他进出口证明文件；骗取出口退税；走私；逃避法律、行政法规规定的认证、检验、检疫；违反法律、行政法规规定的其他行为。违反上述规定，将依照有关法律、行政法规的规定处罚；构成犯罪的，依法追究刑事责任。国务院对外贸易主管部门可以禁止违法行为人自前款规定的行政处罚决定生效之日或者刑事处罚判决生效之日起一年以上三年以下的期限内从事有关的对外贸易经营活动。

(3)根据《海关法》的规定，海关依法监管进出境的运输工具、货物、行李物品、邮递物品和其他物品，征收关税和其他税、费，查缉走私，并编制海关统计和办理其他海关业务。违反《海关法》及有关法律、行政法规，逃避海关监管，偷逃应纳税款、逃避国家有关进出境的禁止性或者限制性管理，构成走私行为的且尚不构成犯罪的，由海关没收走私货物、物品及违法所得，可以并处罚款；构成犯罪的，依法追究刑事责任。另外，根据《海关法》第八十六条的规定，有运输工具不经设立海关的地点进出境的，不将进出境运输工具到达的时间、停留的地点或者更换的地点通知海关的，进出口货物、物品或者过境、转运、通运货物向海关申报不实的等十三种违反海关监管规定行为的，可以处以罚款，有违法所得的，没收违法所得。

5.《海南自由贸易港法》

近年来，我国大力推进自由贸易试验区建设。2021年6月，《中华人民共和国海南自由贸易港法》（以下简称《海南自由贸易港法》）通过并实施，进一步彰显了我国对外开放、推动经济全球化的决心，从国家立法层面为海南自由贸易港制度创新、协调推进改革提供法律基础。在具体制度设计上，《海南自由贸易港法》参考国际先进成熟自由贸易港的建设经验，注重与国际通行的高水平经贸规则相衔接，在保证国家法制统一的前提下赋予更大的改革自主权，授权海南省人民代表大会及其常务委员会在遵守法律、行政法规基本原则的前提下就自由贸易港贸易、投资及相关管理活动制定法规。

在《海南自由贸易港法》中，与跨境物流活动密切相关的法律规定主要包括：①采用负面清单制度，即在境外与海南自由贸易港之间，货物、物品可以自由进出，海关依法进行监管，列入海南自由贸易港禁止、限制进出口货物、物品清单的除外；②对海南自由贸易港前往内地的运输工具，简化进口管理；③海关实施低干预、高效能的监管，在符合环境保护、安全生产等要求的前提下，海南自由贸易港对进出口货物不设存储期限，货物存放地点可以自由选择；④实行通关便利化政策，简化货物流转流程和手续，除依法需要检验检疫或者实行许可证件管理的货物外，货物进入海南自由贸易港，海关按照有关规定径予放行；⑤全岛封关运作、简并税制后，海南自由贸易港对进口征税商品实行目录管理，目录之外的货物进入海南自由贸易港，免征进口关税。

（二）我国的跨境物流政策

2001年加入世界贸易组织后，我国对外贸易进入了全方位、多层次开放的新阶段，跨境物流随之迅速发展。2013年起，我国大力推进自由贸易试验区建设。2015年起，我国对跨境运输、通关便利化等问题制定了一系列具有实效性和前瞻性的政策。2018年以后，在世界银行发布的《营商环境报告：为改革而培训》"跨境贸易"指标的排名中，我国有了大幅提升，跨境贸易便利度不断提高，这离不开我国在跨境物流方面一系列政策指引作用的发挥。

1.自由贸易试验区建设系列政策

建设自由贸易试验区（以下简称自贸试验区）是党中央、国务院在新形势下全面深化改革和扩大开放的战略举措。2013年，我国首次在上海设立自贸试验区。截至

2021 年年底，我国共建立了 21 个自贸试验区①及海南自由贸易港。党的十九大报告强调要赋予自贸试验区更大的改革自主权，为新时代自贸试验区建设指明了新方向、提出了新要求。自贸试验区的先行先试经验也是我国跨境物流改革发展的重要指引。

2013 年 9 月以来，国务院为我国建立的 21 个自贸试验区均制定了《自由贸易试验区总体方案》，对于跨境物流相关内容进行了要求。其中既包括了对所有自贸试验区均较为类似的要求，也包括了针对各自贸试验区区位特点的特别要求。各《自由贸易试验区总体方案》针对跨境物流提出的要求主要包括：①积极发展跨境电子商务，完善相应的海关监管、检验检疫、退税、跨境支付、物流等支撑系统，加快推进跨境贸易电子商务配套平台建设；②创新海关监管模式，对自贸试验区内的海关特殊监管区域实施"一线放开""二线安全高效管住"的通关监管服务模式，加强各国监管合作；③畅通国际开放通道，发展多式联运，开发国际航线，促进中欧班列等跨境运输方式的发展。

2018 年 11 月，国务院发布《国务院关于支持自由贸易试验区深化改革创新若干措施的通知》，贯彻落实党中央、国务院决策部署，支持自贸试验区深化改革创新，进一步提高建设质量。支持有条件的自贸试验区研究和探索赋予国际铁路运单物权凭证功能。推动国际贸易"单一窗口"标准版新项目率先在自贸试验区开展试点，促进贸易便利化。支持利用中欧班列开展邮件快件进出口常态化运输。

2. 跨境仓储与跨境运输政策

我国相关政策从多角度入手促进跨境仓储、跨境运输的发展。一是为跨境仓储、跨境运输服务网络的完善提供保障，二是鼓励企业自身积极发展相关业务，三是鼓励企业积极使用国际运输、海外仓等服务。

（1）跨境仓储政策。2015 年 10 月，国务院在《国务院关于促进快递业发展的若干意见》中提出在重点口岸城市建设国际快件处理中心，探索建立海外仓。2016 年 6 月国家发展改革委发布的《营造良好市场环境推动交通物流融合发展实施方案的通知》、2017 年 2 月国务院发布的《"十三五"现代综合交通运输体系发展规划》、2020 年 8 月国务院办公厅发布的《国务院办公厅关于进一步做好稳外贸稳外资工作的意见》也都继续明确对国际分拨中心、海外物流基地、海外仓的建设要领。2021 年 7 月，针对物流智能化水平提升的需求，《国务院办公厅关于加快发展外贸新业态新模式的意见》（以下简称《意见》）对海外仓的发展提出了更高的目标。该《意见》指出，在全国适用跨境电商企业对企业（B2B）直接出口、跨境电商出口海外仓监管模式；鼓励传统外贸企业、跨境电商和物流企业等参与海外仓建设，提高海外仓数字化、智能化水平；完善覆盖全球的海外仓网络。

---

① 分别在上海、广东、天津、福建、辽宁、浙江、河南、湖北、重庆、四川、陕西、海南、山东、江苏、广西、河北、云南、黑龙江、北京、湖南、安徽。

（2）跨境运输政策。我国的跨境运输政策十分注重构建国际便利运输网络，尤其多次强调中欧班列的发展。2015 年 10 月，国务院在《国务院关于促进快递业发展的若干意见》中指出，鼓励快递企业组建航空货运公司，在国际航线、航班时刻、货机购置等方面给予政策支持。随后，国家发展改革委在 2016 年 6 月发布的《营造良好市场环境推动交通物流融合发展实施方案的通知》中也表示，有序推进面向全球、连接内陆的国际联运通道建设，构建国际便利运输网络，开展中欧、中亚班列运输，鼓励快递企业发展跨境电商快递业务。2017 年 2 月国务院发布的《"十三五"现代综合交通运输体系发展规划》进一步强调，要完善跨境运输走廊，增加便利货物和人员运输协定过境站点和运输线路，有效整合中欧班列资源，进一步完善双多边运输国际合作机制。2018 年 6 月，国务院在《国务院关于积极有效利用外资推动经济高质量发展若干措施的通知》中明确针对中欧班列进一步指出，加强中欧班列场站、通道等基础设施建设，优化中欧班列发展环境，促进中欧班列降本增效。

3. 贸易便利化政策

我国对于贸易便利化的政策支持力度不断加大，尤其强调通关一体化改革和"单一窗口"建设。早在 2015 年 5 月，国务院在《关于大力发展电子商务加快培育经济新动力的意见》中就提出，要提升跨境电子商务通关效率。积极推进跨境电子商务通关、检验检疫、结汇、缴进口税等关键环节"单一窗口"综合服务体系建设。而后，在 2018 年 10 月，国务院发布的《优化口岸营商环境促进跨境贸易便利化工作方案》（以下简称《方案》）继续深化通关一体化改革和"单一窗口"建设。该《方案》指出，优化口岸通关流程和作业方式，取消一批进出口环节监管证件，深化全国通关一体化改革，提高口岸物流服务效能，加强国际贸易"单一窗口"建设，将"单一窗口"功能覆盖至海关特殊监管区域和跨境电子商务综合试验区等相关区域，对接全国版跨境电商线上综合服务平台，加强"单一窗口"与银行、保险、民航、铁路、港口等相关行业机构合作对接。

第四节　跨境物流专题案例分析

一、跨境运输中的承运人责任问题

【案例 4-1】东方海外货柜航运有限公司与福清朝辉水产食品贸易有限公司海上货物运输合同纠纷案。①

---

① 本案例来自福建省高级人民法院民事判决书（2009）闽民终字第 616 号。

【案例简介】

本案涉及原审原告（被上诉人）福清朝辉水产食品贸易有限公司（以下简称朝辉公司）与原审被告（上诉人）东方海外货柜航运有限公司（以下简称东方公司）的海上货物运输合同纠纷，一审法院判决东方公司在判决生效之日起十日内赔偿朝辉公司2605917.37元及该款自2005年8月1日起按中国人民银行同期一年期贷款基准利率计算的利息。原审被告不服一审判决，再次提起上诉。

法院认定如下事实：2005年5月，东方公司与朝辉公司签订合同号为PE053659的服务合同，就朝辉公司委托东方公司运输大宗货物（冻面包虾）到美国、加拿大的事项（最低数量、合作期限、运费标准等）作了约定。2005年7月，朝辉公司向东方公司托运一批集装箱货物。2005年7月17日，东方公司作为承运人对每个货柜分别向朝辉公司签发了提单。

2005年7月17日，货物装上"景云"轮后，先从福州运到高雄而后转船运往美国。"景云"轮于2005年7月18日在高雄港外海域遇台风发生事故，后于7月20日靠泊高雄港36号泊位。随后，检验公司于7月20日登船进行甲板检查，并监督卸货、转载作业及货物销毁过程，最终对本次事故的货损情况作出《检验报告》。检验情况如下：甲板检查中发现，冷藏集装箱供电设备断电，部分冷藏箱已被严重损坏，散发着恶臭气味；卸货过程中发现，4个箱号分别为OOLU6040749、OOLU6007524、OOLU6310947和OOLU6022154的集装箱受到非常严重的损坏，其中OOLU6007524号集装箱内的冷藏货物已经腐烂，其余3个集装箱内均未见货物留存。

事故发生后，大量货主对货物的承运人、实际承运人提起诉讼。根据已生效的(2006)厦海法商初字第149号民事判决书认定，此次事故系因承运人经谨慎处理仍未发现的船舶潜在缺陷和船长驾驶船舶的过失所致，根据《海商法》的规定，承运人和实际承运人对因上述过失造成的损失（该案集装箱落海、货物全损），不负赔偿责任。

【争议焦点】

本案二审的争议焦点为上诉人东方公司是否应对涉案集装箱的货损承担赔偿责任。其中的核心问题是在采用多式联运方式进行的跨境货物运输中，多式联运经营人承担责任的范围与免责问题。

二审法院认为，根据查明的事实，"景云"轮遭遇台风发生事故过程中，甲板上的198个集装箱陆续发生摇摆、倒塌，有132个集装箱挣脱绑扎入海，另有66个集装箱（包括涉案集装箱）虽未落海但均不同程度受损。涉案集装箱在本次事故中严重受损，供电设备均已断电、无法制冷，其中OOLU6007524号集装箱虽仅是扭曲变形并未破裂，但内装货物已严重腐烂，另外两个集装箱所载货物则已随箱体破裂而散落于甲板并散发恶臭气味，箱内已无货物留存。

综上判断，涉案货物（冻面包虾）在事故中发生全损已是不争的事实，受损的主要原因则在于事故导致冷藏设备断电,涉案货物在常温下解冻、变质,进而腐烂,而无论是箱体破裂导致货物被甩出抑或是货物长时间随集装箱颠簸摇摆,均存在加剧货物腐烂变质的可能。此外,从事故后的处理情况看,上诉人并无故意违规处置集装箱与箱内货物的行为,也无证据表明存在上诉人因过失或不当行为以致货物进一步受损的事实。因此,涉案货物的全损系由本次事故所造成的,而该事故经由生效民事判决认定,属承运人经谨慎处理仍未发现的船舶潜在缺陷和船长驾驶船舶的过失所致,上诉人已举证证明存在相应的免责事由,无须承担赔偿责任。

综上,上诉人的上诉主张有理,二审法院予以支持。依照《海商法》第五十一条第(一)款、第(十一)款,《中华人民共和国民事诉讼法》(以下简称《民事诉讼法》)第一百五十三条第一款第(三)项之规定,判决撤销原判,驳回朝辉公司的诉讼请求。

【案例分析】

(一) 法律适用问题

本案为涉外海上运输合同纠纷,需要确定适用哪国法律的问题。本案由中国法院受理,应依照中国法律的冲突规则确定案件的准据法。我国《海商法》第二百六十九条规定,合同当事人可以选择合同适用的法律,法律另有规定的除外。本案中,双方均同意适用中国法律解决纠纷,因此应以中国法律为本案合同的准据法。

(二) 责任主体的认定

本案二审中的争议焦点是东方公司是否应对货物损失承担责任,对此涉及两个层面的问题。第一个层面是,需要确定东方公司是否可能成为案件的责任主体。第二个层面是,如果东方公司是本案可能的责任主体,还需要接着确定东方公司是否需要承担责任、承担多少责任。本部分首先讨论第一个层面的问题。

由于本案货物运输的目的地在美国,并且为内陆地点的收货人仓库,承运人负责送货上门,运输方式除海运外还包括陆地运输,故案件为涉外多式联运合同纠纷。根据我国《海商法》第一百零四条对于多式联运经营人责任的规定,多式联运经营人对全程运输负责。本案中,朝辉公司为托运人,东方公司为承运人和多式联运经营人,双方订有运输合同。东方公司向朝辉公司签发了提单,其作为多式联运经营人需要对朝辉公司托运货物的全程运输负责。朝辉公司作为合同的托运人一方及全套正本提单持有人,有权在货物发生损失时向东方公司主张赔偿。

(三) 责任承担的认定

接下来的责任承担认定问题是本案要解决的最重要问题。本案需要明确,作为承运人和多式联运经营人的东方公司是否应对货损承担责任、承担多少责任。根据我国《海商法》第一百零五条的规定,货物的灭失或者损坏发生于多式联运的某一运输区段的，多式联运经营人的赔偿责任和责任限额，适用调整该区段运输方式的有关法律规定。本案中，货物从福州运到高雄，而后计划转船运往美国。在该区段发生损失，东方公司的责任应适用调整海上货物运输的有关法律即我国《海商法》的规定。根据《海商法》，货物在东方公司掌管期间发生灭失、损坏，应当对货损承担赔偿责任，除非东方公司能够证明自己存在法律规定的免责事由。

本案中，东方公司最终对货损免于承担赔偿责任，原因就是东方公司证明了其符合免责条款的要求。根据我国《海商法》第五十一条的规定，在责任期间货物发生的灭失或者损坏是由于下列原因之一造成的，承运人不负赔偿责任。

（1）船长、船员、引航员或者承运人的其他受雇人在驾驶船舶或者管理船舶中的过失。

（2）火灾，但是由于承运人本人的过失所造成的除外。

……

（11）经谨慎处理仍未发现的船舶潜在缺陷。

（12）非由于承运人或者承运人的受雇人、代理人的过失造成的其他原因。

承运人依照前款规定免除赔偿责任的，除第（2）项规定的原因外，应当负举证责任。

本案审理法院指出，在案件涉及的事故发生后，已经有大量货主对货物的承运人、实际承运人提起诉讼。其中，已经生效的（2006）厦海法商初字第 149 号民事判决书已认定，此次事故系因承运人经谨慎处理仍未发现的船舶潜在缺陷和船长驾驶船舶的过失所致。因此，东方公司能够证明其符合《海商法》对于免责事由的要求，不应对本次货损承担责任。

拓展阅读 4-1

二、跨境货物运输中的保险法律问题

【案例 4-2】海南丰海粮油工业有限公司诉中国人民财产保险股份有限公司海南省分公司海上货物运输保险合同纠纷案。①

---

① 本案例来自最高人民法院指导案例 52 号。

【案例简介】

1995 年 11 月 28 日，海南丰海粮油工业有限公司（以下简称丰海公司）在中国人民财产保险股份有限公司海南省分公司（以下简称海南人保）投保了由印度尼西亚籍"哈卡"轮（HAGAAG）所运载的自印度尼西亚杜迈港至中国洋浦港的 4999.85 吨桶装棕榈油，投保险别为一切险，货价为 3574892.75 美元，保险金额为 3951258 美元，保险费为 18966 美元。投保后，丰海公司按照约定向海南人保支付了保险费，海南人保向丰海公司发出了起运通知，签发了海洋货物运输保险单，并将海洋货物运输保险条款附于保单之后。根据保险条款规定，一切险的承保范围除包括平安险和水渍险的各项责任外，海南人保还负责被保险货物在运输途中由于外来原因所致的全部或部分损失。该条款还规定了五项除外责任。

1995 年 11 月 29 日，"哈卡"轮的期租船人、该批货物的实际承运人印度尼西亚PT. SAMUDERA INDRA 公司（以下简称 PSI 公司）签发了编号为 DM/YPU/1490/95 的已装船提单。1995 年 11 月 23 日至 1995 年 11 月 29 日，"哈卡"轮在杜迈港装载 31623 桶、净重 5999.82 吨四海牌棕榈油启航后，由于"哈卡"轮船东印度尼西亚PT. PERUSAH AAN PELAYARAN BAHTERA BINTANG SELATAN 公司（以下简称 BBS 公司）与该轮的期租船人 PSI 公司之间因船舶租金发生纠纷，"哈卡"轮中止了提单约定的航程并对外封锁了该轮的动态情况。

为避免投保货物的损失，丰海公司、海南人保多次派代表参加"哈卡"轮船东与期租船人之间的协商，但由于船东以未收到租金为由不肯透露"哈卡"轮行踪，多方会谈未果。直至 1996 年 4 月，"哈卡"轮走私至中国汕尾被我国海警查获。根据广州市人民检察院穗检刑免字（1996）64 号《免予起诉决定书》的认定，1996 年 1 月至 3 月，"哈卡"轮船长埃里斯·伦巴克根据 BBS 公司指令，指挥船员将其中 11325 桶、2100 多吨棕榈油转载到属同一船公司的"依瓦那"和"萨拉哈"货船上运走销售，又让船员将船名"哈卡"涂改为"伊莉莎 2"号（ELIZA Ⅱ）。1996 年 4 月，更改为"伊莉莎 2"号的货船载剩余货物 20298 桶棕榈油走私至中国汕尾，1996 年 4 月 16 日被我国海警查获。上述 20298 桶棕榈油已被广东省检察机关作为走私货物没收上缴国库。1996 年 6 月 6 日丰海公司向海南人保递交索赔报告书，1996 年 8 月 20 日丰海公司再次向海南人保提出书面索赔申请，海南人保明确表示拒赔。丰海公司遂诉至海口海事法院。

海口海事法院于 1996 年 12 月 25 日作出（1996）海商初字第 096 号民事判决：①海南人保应赔偿丰海公司保险价值损失 3593858.75 美元；②驳回丰海公司的其他诉讼请求。宣判后，海南人保提出上诉。海南省高级人民法院于 1997 年 10 月 27 日作出（1997）琼经终字第 44 号民事判决：撤销一审判决，驳回丰海公司的诉讼请求。丰海公司向最高人民法院申请再审。最高人民法院于 2003 年 8 月 11 日以（2003）民四监字第 35 号民事裁定，决定对本案进行提审，并于 2004 年 7 月 13 日作出（2003）民四提字第 5 号民事判决：①撤销海南省高级人民法院（1997）琼经终字第 44 号民事判决；②维持海口海事法院（1996）海商初字第 096 号民事判决。

【案例要旨】

本案涉及的核心问题是本案的保险事故是否属于一切险的责任范围。

法院认为，根据涉案"海洋运输货物保险条款"的规定，一切险除了包括平安险、水渍险的各项责任，还负责被保险货物在运输过程中由于各种外来原因所造成的损失。同时保险条款中还明确列明了五种除外责任：被保险人的故意行为或过失所造成的损失；属于发货人责任所引起的损失；在保险责任开始前，被保险货物已存在的品质不良或数量短差所造成的损失；被保险货物的自然损耗、本质缺陷、特性以及市价跌落、运输迟延所引起的损失；本公司海洋运输货物战争险条款和货物运输罢工险条款规定的责任范围和除外责任。

从上述保险条款的规定看，海洋运输货物保险条款中的一切险条款具有以下特点。一切险并非列明风险，而是非列明风险，在海洋运输货物保险条款中，平安险、水渍险为列明的风险，而一切险则为平安险、水渍险再加上未列明的运输途中由于外来原因造成的保险标的的损失；保险标的的损失必须是外来原因造成的，被保险人在向保险人要求保险赔偿时，必须证明保险标的的损失是因为运输途中外来原因引起的，外来原因可以是自然原因，也可以是人为的意外事故，但是一切险承保的风险具有不确定性，要求是不能确定的、意外的、无法列举的承保风险，对于那些预期的、确定的、正常的危险，则不属于外来原因的责任范围；外来原因应当限于运输途中发生的事故，排除了开始运输前和运输结束后发生的事故，只要被保险人证明损失并非因其自身原因，而是由于运输途中的意外事故造成的，保险人就应当承担保险赔偿责任。综上，应认定本案保险事故属一切险的责任范围。二审法院认为丰海公司投保货物的损失不属一切险的责任范围错误，应予纠正。

【案例分析】

本案中，在被保险人不存在故意或者过失的情况下，由于相关保险合同中除外责任条款所列明情形之外的其他原因，造成被保险货物损失的，可以认定为导致被保险货物损失的外来原因，保险人应当承担运输途中由该外来原因所致的一切损失。本案中，保险标的损失是"哈卡"轮船东与期租船人之间的租金纠纷，将船载货物运走销售和走私行为造成的，属于上述外来原因。

虽然根据保险单所附的保险条款和保险行业惯例，一切险的责任范围包括平安险、水渍险和普通附加险（即偷窃提货不着险、淡水雨淋险、短量险、沾污险、渗漏险、碰损破碎险、串味险、受潮受热险、钩损险、包装破损险和锈损险），这一范围不包括本案所涉及的销售与走私行为，但根据《保险法》第三十条的规定，采用保险人提供的格式条款订立的保险合同，保险人与投保人、被保险人或者受益人对合同条款有争议的，应当按照通常理解予以解释。对合同条款有两种以上解释的，人民法院或者仲裁机构应当作出有利于被保险人和受益人的解释。作为行业主管机关作出对本行业有利的解释，不能适用于非本行业的合同当事人。

拓展阅读 4－2

三、跨境物流货运代理的法律问题

【案例 4－3】临沂裕隆食品有限公司与嘉宏航运（天津）有限公司等货运代理合同纠纷上诉案。[①]

【案例简介】

本案原告为临沂裕隆食品有限公司，本案被告为嘉宏航运（天津）有限公司、嘉宏航运（天津）有限公司青岛分公司（以下简称青岛嘉宏）。2010 年 11 月 4 日，原告出运一批花生至哥伦比亚，该票货物由 CSAV（以下称南美轮船）承运，托运人为原告，收货人为内部贸易有限公司（以下简称内贸公司）。2010 年 12 月，该批货物抵达目的港。因内贸公司拒付货款，放弃该批货物，原告决定退运该批货物。

2011 年 1 月 17 日，原告向青岛嘉宏发出一份租船订舱委托书，委托其办理上述货物的租船订舱及退运事宜。青岛嘉宏接受其委托后开始办理上述事宜。2011 年 1 月 18 日，原告向青岛嘉宏发出一份退运保函，载明其同意货物退运并委托青岛嘉宏代理安排退运事宜，保证退运货物到青岛后承担相关通关、码头、用船产生的一切费用和责任。青岛嘉宏接受原告委托后，委托哥伦比亚当地的福瑞内特有限公司（以下简称福瑞公司）租船订舱、办理退运。各方之间的业务往来均通过邮件进行，并于 2011 年 1 月 17 日顺利申请海关延期到 2011 年 2 月 18 日。

2011 年 1 月 27 日，福瑞公司称货物可以在 2 周内退运。2011 年 2 月 8 日，福瑞公司收到正本单据。2011 年 2 月 10 日，福瑞公司通知青岛嘉宏打算订 2 月 25 日的南美轮船，同时提出需要立即收到正本合同、箱单、发票及提单。2011 年 2 月 10 日晚，青

---

① 王爱玲，孙海滨．货运代理纠纷的归责原则及转委托的认定［J］．人民司法·案例，2013（18）：37－40．

岛嘉宏收到福瑞公司的邮件后，立即给原告打电话。2011年2月11日一早，原告赶到青岛送单据给青岛嘉宏。当日，青岛嘉宏将正本合同、箱单、发票及提单寄给福瑞公司。福瑞公司确认2011年2月15日收到上述单据。2011年2月16日，青岛嘉宏通过福瑞公司向南美轮船租船订舱，并与原告进行了提单内容的确认。2011年2月17日，原告按青岛嘉宏的要求先支付了人民币8万元作为押金。

2011年2月18日，青岛嘉宏与福瑞公司通过邮件确认提单事宜，未提到货物不可以退运。2011年2月21日，福瑞公司通知青岛嘉宏货物不能退回了，原因是原收货人没有在2011年2月18日前提供保函，货物已经于2011年2月18日被海关宣布罚没。福瑞公司称，其自2011年2月3日起已经通知收货人内贸公司应在2011年2月17日之前提供保函，该保函是要求收货人必须提供的单据之一。根据青岛嘉宏提交的福瑞公司办理退运事宜期间的邮件可以看出，2011年2月2日、3日、4日，福瑞公司直接向涉案货物的收货人内贸公司发送邮件联系退运事宜，特别是2011年2月3日的邮件中明确载明向收货人索要办理退运所需的有关文件，其中包含导致退运失败的保函。

原告认为，货物不能退运是青岛嘉宏信息反馈环节上的失误，没有及时通知原告及原收货人提交保函，导致货物被当地海关罚没，因此两被告需要赔偿损失。两被告则辩称，涉案货物被罚没是原告的收货人不提供相应材料所导致的，原收货人是办理退运的最关键人物，福瑞公司要求其提供相应的手续以使货物顺利退运是符合交易习惯的，也是符合原告利益的；涉案货物本身就处在被罚没的巨大风险中，原告委托被告时，所托运的货物在目的港已经超过了30天，退运本身存在巨大风险；两被告收取的8万元费用完全是代收代付，是将涉案货物取出退运所必须支付的费用，并且实际花费已超出原告支付的费用。综上，请求法院驳回原告的诉讼请求。

【案例要旨】

本案涉及的核心问题是国际物流货运代理作为代理人的法律责任，以及货运代理未经被代理人同意而进行转委托的法律后果。

青岛海事法院经审理认为：原告与青岛嘉宏之间形成了海上货运代理合同关系。原告为委托人，青岛嘉宏为受托人。青岛嘉宏作为受托人，应当按照约定，在委托人的授权范围内，依法妥善处理委托人交给的委托事务。本案委托范围应为办理与从海关退运货物及租船订舱相关的事宜，包括通知原告提交与退运相关的单据文件。青岛嘉宏接受原告委托后，立即申请海关延期到2011年2月18日，则其负有在此之前及时向原告披露所需提交海关全部文件之义务，原告应当按照其指示及时提供。但青岛嘉宏并未通知原告需提交保函。2011年1月17日原告委托青岛嘉宏办理退运事宜时已经告知其原收货人弃货的事实，青岛嘉宏在庭审中也明确认可原收货人弃货，而且明知与其建立货运代理合同关系的相对方是原告而非原收货人，其通知提交单据的相对方应当是原告而非原收货人。因此即使有些事务可以由原收货人协助办理，青岛嘉宏也应当通知原告，由原告再去联系原收货人予以协助。本案中青岛嘉宏未尽及时通知原告提交相应文件的义务。

认定青岛嘉宏是否承担赔偿责任的关键在于其是否存在过错。按照《最高人民法院关于审理海上货运代理纠纷案件若干问题的规定》第十条的规定，青岛嘉宏对其没有过错负有举证责任。虽然货物由于被收货人拒收而导致被海关监管，但在申请延期之后，海关允许提供相应文件之后货物可以重新出口。如果青岛嘉宏能够证明即使其尽到通知义务，原告也不能在2011年2月18日之前提供海关所必需的保函，则其对损失的发生不具有过错，其不负有赔偿责任。但青岛嘉宏未能提交相应证据证明该事实，则应当承担赔偿责任。同时，青岛嘉宏的转委托事宜未经原告同意，其应当对转委托的福瑞公司的行为承担责任，福瑞公司在办理委托事务中的过错也应当视同为青岛嘉宏的过错。

综上，一审法院判决被告嘉宏航运（天津）有限公司与青岛嘉宏共同向原告赔偿货物损失19841美元及其利息、返还退运费用人民币8万元及其利息。宣判后，两被告不服一审判决，向山东省高级人民法院提起上诉。二审法院经审理判决驳回上诉，维持原判。

【案例分析】

（一）适用的法律规定

《最高人民法院关于审理海上货运代理纠纷案件若干问题的规定》（以下简称《规定》）自2012年5月1日起施行，是专门调整货运代理企业接受委托办理与海上货物运输有关的货运代理事务时与委托人之间形成的权利义务关系的司法解释，本案是一个典型的经二审生效的适用《规定》审理的案例。另外，本案涉及的《合同法》现已失效，在分析中将《民法典》与之对应规定予以注明。

（二）货运代理合同中受托人责任的归责原则

根据现《民法典》第九百二十九条（原《合同法》第四百零六条）的规定，有偿的委托合同，因受托人的过错造成委托人损失的，委托人可以请求赔偿损失。无偿的委托合同，因受托人的故意或者重大过失造成委托人损失的，委托人可以请求赔偿损失。受托人超越权限造成委托人损失的，应当赔偿损失。货运代理企业与委托人签订的海上货运代理合同属于有偿的委托合同。在以往的司法实践处理货运代理企业和受托人纠纷时，一般采取"谁主张、谁举证"的原则。但委托人一般只按照货运代理人的要求发出订舱委托书并确认提单内容，之后订舱、报关、报验、报检、监装、监卸、分拨、中转、交付单证、与相关单位结算费用、陆路运输等环节的证据都在受托人控制范围内，在这些环节中出现纠纷，委托人都难以举证。

针对该问题，《规定》第十条更加明确地作出了规定，确定审理海上货运代理合同纠纷案件应采取过错推定原则。本案就是典型的要求受托人承担举证责任而查明案件事实的案例，受托人提交了与其目的港代理联系业务的多封邮件，使法院及时查明了退运失败的原因。

（三）转委托的责任问题

原《合同法》第四百条规定，受托人应当亲自处理委托事务。经委托人同意，受托人可以转委托。转委托未经同意的，受托人应当对转委托的第三人的行为承担责任。现《民法典》第一百六十九条继续明确，转委托代理未经被代理人同意或者追认的，代理人应当对转委托的第三人的行为承担责任。本案适用的《规定》进一步采取了严格控制转委托的司法政策，以禁止转委托为原则。《规定》第五条作出了规定：委托人与货运代理企业约定了转委托权限，当事人就权限范围内的海上货运代理事务主张委托人同意转委托的，人民法院应予支持。没有约定转委托权限，货运代理企业或第三人以委托人知道货运代理企业将海上货运代理事务转委托或部分转委托第三人处理而未表示反对为由，主张委托人同意转委托的，人民法院不予支持，但委托人的行为明确表明其接受转委托的除外。

本案就是典型的委托人知道受托人转委托第三人福瑞公司处理退运业务而未表示反对的案例。因为跨国退运的业务，一般需要国外代理公司代为完成。按照《规定》，这种情形就应直接认定为转委托不成立，因此青岛嘉宏应当对福瑞公司的过错承担责任。

拓展阅读 4-3

四、海外仓法律问题

【案例 4-4】深圳市润森盛商贸有限公司诉深圳市递四方速递有限公司仓储合同纠纷案。①

【案例简介】

原告：深圳市润森盛商贸有限公司。

_____

① 本案例来自广东省深圳市宝安区人民法院民事判决书（2016）粤 0306 民初 28859 号、广东省深圳市中级人民法院民事判决书（2018）粤 03 民终 2507 号。

被告：深圳市递四方速递有限公司。

案由为仓储合同纠纷。

原告诉称，原告使用被告公司"订单宝"服务，作业模式为原告交货到被告海外仓，由被告公司负责仓储及发货，被告收取货物上架费、仓储费、订单处理费及订单产生的当地物流派送费用。所有操作包括货物入库申请、货物入库、后续订单处理及库存管理均在被告提供的网络平台上完成。2015年9月、10月，原告陆续分批送入平衡车系列产品到被告的英国仓库，并入库进行销售，但在2015年11月5日被业务经理通知英国仓的平衡车因为质量问题被当地政府部门查扣，所有库存不可以再进行出入库操作。之后原告应被告要求提供平衡车产品相关质量认证报告，但被告后来又告知平衡车在当地送检不合检，当地质监部门要求销毁全部平衡车。原告多次要求被告提供当地质监部门处罚通知书及产品的销毁证明，但被告未能提供，并一直收取相关被扣留的平衡车所产生的仓储费用。在原告表示强烈不满后，被告于2016年5月30日在订单宝操作平台上返还了从平衡车被扣留之日起产生的相关仓储费用。为此，原告不得不于2016年11月1日委托律师发出律师函催告被告，要求其三天内返还全部的平衡车313辆，否则将要求其赔偿全部货品价值。

被告辩称，涉案货物存在严重质量问题导致发生安全事故，已经被政府销毁，请求法院依法驳回原告的诉讼请求。

经审理查明，2014年8月25日，原告与被告签订《订单宝服务协议》，约定如下。原告应严格遵守本国、货物中转国、货物目的国，以及国际航空运输协会、国际民用航空组织（ICAO）的规定。因原告的原因致使被告损失，原告应当承担相应的赔偿责任；对于仓储地点在中国大陆以外的区域，原告应当积极配合清关，并及时支付相关费用，因原告原因导致货物滞留、损毁和海关罚没，并由此而给被告造成的损失，由原告承担相应的责任。由于罢工、战争、自然灾害、海关因素、政府行为等不可抗力造成的损失，或由于原告提供的资料不全、不清晰、有误或由于原告提供的货物不符合海关进出口要求而造成的延误损毁、丢失，甚至被海关扣查、没收或罚款，被告不承担任何责任。

庭审中，原告、被告一致确认货物上架数量为470台，冻结数量为313台。被告称，上述冻结的313台货物因为质量问题已被英国当地政府部门下令销毁。被告为证明其主张，提交了四项证据。其中第一项至第三项证据明确表明了涉案平衡车已经造成的事故、危险性和违法性，且这三项证据均由英国外交及联邦事务部印章和该部专员签字确认并经我国驻英国大使馆领事签字确认，法院对证据的真实性、合法性均予以认可。另外，提交的由英国电气安全评估公司出具的相关产品评估报告，认为该产品不合规、不安全。

【案例要旨】

本案主要展现了企业在经营海外仓业务和使用海外仓时可能面临多种风险，包括政策风险、法律风险等。

法院认为，原告、被告之间签订的《订单宝服务协议》系双方真实意思表示，合法有效，双方均应依约履行。根据被告提交的证据，三封电子邮件所表述的事件经过前后连贯一致，内容翔实，应予采信。在英国伊灵区情报分析师发送给被告工作人员第一份邮件中附上了问题平衡车的空运单，该空运单上载明的信息与原告认可的订单详情上的收件人、地址、电话、单号及货物名称等均一致，足以证明出现质量问题的平衡车即是原告存放在被告处的平衡车。被告提交的电子邮件、产品评估报告、销毁证书之间相互印证，能够形成完整一致的证据链，足以证明原告存放在被告处的 313 台平衡车已被英国伊灵区政府相关部门依据当地法律予以销毁。根据原告、被告签订的《订单宝服务协议》的约定，由于政府行为造成的损失或由于原告提供的货物不符合海关进出口要求而造成损毁没收的，被告不承担任何责任，法院查明原告诉求赔偿的 313 台平衡车已被英国伊灵区政府相关部门依据当地法律予以销毁，该销毁行为系政府行为，故被告的抗辩本院予以支持，原告的诉求应予驳回。

【案例分析】

海外仓业务是指境内企业在目标市场国家（地区）建立仓库，并将商品通过大宗运输的形式提前运往这些仓库进行储存的业务。接下来就可以根据海外市场当地的销售订单，第一时间作出响应。目前国内也有一批从事海外仓业务的企业，可供我国的货物出口商进行选择。但通过本案例也可以发现，无论是在国内的出口商使用海外仓还是企业经营海外仓业务的过程中，都因为该业务的跨境性质而面临一些风险。相关企业应当注意这些风险，并从提升自身素质、保证产品质量、注意国外法律与政策等方面加以预防。

（一）清关与税务风险

传统的跨境贸易是在出口商与进口商之间进行，一般情况下都是出口商负责出口清关、进口商负责进口清关。双方对于本国海关的相关法律法规和操作流程比较熟悉，一般不易出问题。但在海外仓模式下，是由出口商从海外的仓库进行发货，货物将直接发送给消费者。此时，出口商就需要自行解决进口清关的问题，或者另行委托第三方海外仓办理代理清关业务。例如，本案中双方就在合同中约定，对于仓储地点在中国大陆以外的区域，原告应当积极配合清关，并及时支付相关费用，因原告原因导致货物滞留、损毁和海关罚没，并由此而给被告造成的损失，由原告承担相应的责任。这些安排类似于贸易术语下的 DDP 模式，将给出口商带来很大负担。而如果出口商不清楚进口国海关的规定，还有可能导致货物滞留、损毁和海关罚没。使用海外仓还会面临一定的税务风险，在我国与其他国家之间的双边贸易条款没有相关约定时，海外仓的产品到达进口国境内，若没有保税仓，就只能按一般贸易处理流程，缴纳增值税、关税等附加费用，使出口方的经济负担加重。[①]

（二）法律与政策风险

在海外仓模式下，货物在进口国海关通关和境内销售时，还会面临法律与政策风险。而这些风险一般需要出口商自行承担，而不能追究海外仓储方的责任。例如，本案中双方约定，由于罢工、战争、自然灾害、海关因素、政府行为等不可抗力造成的损失，或由于原告提供的资料不全、不清晰、有误或由于原告提供的货物不符合海关进出口要求而造成的延误损毁、丢失，甚至被海关扣查、没收或罚款，被告不承担任何责任。

由于仓储地和销售地位于境外，相关的产品也必须符合当地的法律规定，否则，出口商也需要自行承担责任。本案中，涉及的 313 台平衡车被英国政府销毁，其主要原因是质量不符合要求、已经造成了损害和危险，因此根据当地法律予以销毁。法院在认定原被告双方责任时，将英国政府销毁平衡车的行为认定为政府行为，并援引原被告合同中由于政府行为造成的损失或由于原告提供的货物不符合海关进出口要求而造成损毁没收的，被告不承担任何责任的约定，认定原告需要自行承担货物被销毁的损失。

拓展阅读 4-4

本章小结

跨境物流的发展需要始终服务于我国经济的对外开放，也需要始终着眼于解决其中产生的法律问题。本章首先介绍了我国跨境物流运输、仓储、通关、配送等各环节的最新发展。其次，梳理了在这些环节中涉及的合同、货运代理、管制法律关系，并

---

① 许迅安. 新时期中国跨境物流海外仓建设发展现状及策略研究 [J]. 对外经贸实务，2019 (9)：89-92.

介绍了适用于这些法律关系的国际规则、国内法规与政策。最后，本章运用前述知识，结合案例着重分析了跨境物流中极具特殊性的承运人责任、货运代理、海外仓法律问题。通过学习本章内容，学生应能对跨境物流的环节和法律关系建立清晰的认知体系，并能在立足我国实际的基础上开阔国际视野，从双边、多边的角度理解和分析跨境物流法律问题。

第五章　绿色物流法律与案例

导　言

20世纪90年代初，在提倡保护环境、合理利用资源与物流行业协同发展的背景下，绿色物流的理念孕育而生，绿色物流成为现代物流的重要发展方向。因此，与时俱进的绿色物流政策与法律法规，对于引导和促进物流企业走低碳绿色的发展道路，保障我国现代物流行业的健康发展有着重大意义。21世纪的中国物流业，呈现爆炸式的发展，物流业快速发展的背后，也引发了一系列的问题。其中，最主要的问题是物流活动会产生很多负面影响，比如道路货物运输会产生大气污染，仓储过程中会产生电力等能源消耗，包装环节中会产生废弃物污染等。

第一节　绿色物流概述

一、绿色物流的概念

绿色物流是在20世纪90年代中期出现的概念。基于可持续发展战略，以经济、资源和环境保护协调发展为理念，让物流系统促进绿色生产和消费，被称为"绿色物流"。我国《物流术语》（GB/T 18354—2021）对绿色物流的定义是：通过充分利用物流资源、采用先进的物流技术，合理规划和实施运输、储存、装卸、搬运、包装、流通加工、配送、信息处理等物流活动，降低物流活动对环境影响的过程。绿色物流是物流运输、储存、包装、装卸、流通加工和物流规划实施活动中实施抑制环境污染、降低资源消耗的主要方式。

最早提出绿色物流概念的学者是 H. J. Wu 和 S. Dunn，他们认为绿色物流就是对环境负责的物流系统，包括从原材料的获取、产品生产、包装、运输、储存直至送达最终用户手中的正向物流系统，还包括废弃物回收与处理的逆向物流系统。美国逆向物流执行委员会把绿色物流定义为生态型的物流，即一种对物流过程产生的生态环境影响进行认识并使其最小化的过程。

绿色物流包含运输、包装、储存等活动，完整的绿色物流体系也包含逆向物流和废弃物物流。废旧商品的循环流通和废弃物的处理、处置、运输、管理，一方面可以减少资源消耗，另一方面可以控制有害废弃物的污染。传统物流以生产到消费的流通过程为主线，现代物流将这一主线延伸到从消费到再生产的流通，这个延伸的部分被称为逆向物流。根据国家标准《物流术语》（GB/T 18354—2021）的定义，逆向物流是指为恢复物品价值、循环利用或合理处置，对原材料、零部件、在制品及产成品从供应链下游节点向上游节点反向流动，或按特定的渠道或方式归集到指定地点所进行的物流活动。废弃物物流是指将经济活动或人民生活中失去原有使用价值的物品，根据实际需要进行收集、分类、加工、包装、搬运、储存等，并分送到专门处理场所的物流活动。

绿色物流可以在物品流通过程中减少物流活动对自然环境的破坏，同时对自然环境起到一定的保护作用，充分开发物流价值资源。伴随着全球自然环境的恶化，人们对于自然环境的关注度越来越高，新时代下物流活动的发展必须将环境保护放在第一位。在提升物流效率的同时降低其对环境的污染和破坏，这就需要对现有的物流体系进行相应的约束并制定相关的行业标准。

二、绿色物流的内涵

（一）绿色运输

物流造成环境污染的主要原因之一是物流运输中的燃油消耗和尾气排放。首先，绿色运输是通过利用清洁燃料和改进运输工具的动力技术，大量使用新能源运输工具来替代燃油类的运输工具，提高能效，减少污染。其次，对货运网点、配送中心的设置做好合理布局规划，通过缩短路线和降低空载率，实现节能减排。最后，运用高科技、信息化系统，推动无车承运人平台的发展，实现人、车、货的最佳匹配，提高物流运输效率，减少尾气排放。

（二）绿色仓储

仓库布局不合理，会增加资源消耗，降低运输效率，增加空载率。绿色仓储理念下，除了考虑节约运输成本，还要做到仓库布局合理。同时在仓库选址时应当进行相应的环境影响评价，应当充分考虑仓库建设对周边环境的影响，如居民区内不应设置易燃易爆商品仓库等。

（三）绿色包装

商品营销中，包装是重要环节之一。有大量的包装材料在使用一次以后就被消费者遗弃，造成环境污染。如不可降解的塑料包装随地遗弃造成的白色污染问题。物流过程中为了保护商品也需要大量的物流包装，也会造成资源浪费和环境污染。绿色包装要求物流企业进行包装改造，如使用环保材料、提高材料利用率、建立物流包装回收利用制度等。

（四）逆向物流

逆向物流是循环型经济的重要措施之一，它可以充分利用现有资源，减少对原材料的消耗。逆向物流是指与资源循环、资源替代和资源处置相关的所有物流活动，需要建立商品召回、废弃物处理与处置等制度。

（五）绿色物流信息化

信息化是现代物流迅速发展的重要助推器。绿色物流信息的收集和利用是物流企业实施绿色物流战略的重要依托，将物流过程中的绿色信息利用到现代物流管理中，有助于物流行业的智能化运营，提高物流活动效率，减少资源和物料消耗。

三、绿色物流的理论基础

绿色物流主要是基于现代社会可持续发展理论发展的，绿色物流需要遵循生态伦理理论、生态经济学理论和其他相关理论。经济学角度看，绿色物流是在生态经济学的基础上，从根本上研究社会生态平衡与市场经济的关系，逐步实现生态环境与物流活动的有机统一。所以物流业开展绿色物流必须考虑环境承受力和资源的利用率，在物流仓储、包装、运输等方面必须借助先进的物流技术来减少环境污染和提高资源利用率。在物流发展中，"绿色"是必须遵循的原则。产品要实现绿色生产，生产企业必须在产品的生产过程中减少对环境的污染，充分利用资源。在物流活动中，产品的运输在整个物流系统中对环境的污染是最大的，同时也消耗了大量的资源，因此我们需要采取合理的措施来减少运输活动对环境的污染，提高资源的利用率。在物流活动中，一个关键的环节就是产品的包装，通过绿色包装节约资源，同时，利用可回收材料可以使资源的利用率得到明显的提高。另外，非绿色的包装材料要严格控制，杜绝过度包装，避免浪费，避免污染环境。

四、绿色物流的意义

（一）进行生态文明建设

党的十八大以来，以习近平同志为核心的党中央提出了统筹推进"五位一体"总体布局和"四个全面"战略布局，将生态文明建设融入经济、政治、文化、社会建设各方面和全过程。绿色发展作为新发展理念之一，已经成为国家经济社会发展的基本导向。党的十八大把生态文明建设纳入中国特色社会主义事业"五位一体"总体布局。

党的十八届五中全会将绿色发展作为指引"十三五"乃至更长时期内经济社会发展的重要理念。坚持绿色发展理念，形成绿色发展方式和生活方式，建设美丽中国是习近平新时代中国特色社会主义思想的重要内涵。党的十九大报告明确提出推进绿色发展，推进资源全面节约和循环利用，倡导简约适度、绿色低碳的生活方式，构建政府为主导、企业为主体、社会组织和公众共同参与的环境治理体系。这些重大方针政策和决策部署为绿色物流发展指明了战略方向，提出了任务要求。绿色物流是生态文明建设的一大保障。

（二）落实碳达峰、碳中和目标

以习近平新时代中国特色社会主义思想为指导，全面贯彻习近平生态文明思想，坚定不移贯彻新发展理念，全方位、全过程推行绿色规划、绿色设计、绿色投资、绿色建设、绿色生产、绿色流通、绿色生活、绿色消费，使发展建立在高效利用资源、严格保护生态环境、有效控制温室气体排放的基础上，统筹推进高质量发展和高水平保护，建立健全绿色低碳循环发展的经济体系。物流业是我国国民经济发展的战略性、基础性、先导性产业，伴随着经济的快速发展，我国物流需求持续增长。为了落实党中央"碳达峰、碳中和"战略部署，确保实现碳达峰、碳中和目标，物流业肩负着节能减排的重要使命。

（三）绿色物流的社会价值

对于企业而言，由于现在公众都比较重视对环境的保护，绿色物流更能吸引他们的关注，从而企业要在公众心里树立更好的企业形象。同时，企业发展绿色物流也有利于增强各企业间的竞争力。对于社会发展而言，绿色物流减小了对环境的影响。因此实施绿色物流管理战略对企业和社会都是有利的。

（四）绿色物流的经济价值

企业科学合理规划物流运输等活动，以及降低物流过程中的环境风险成本，从而提高了企业的利润和效率。一般来说，在整个产品的流通过程中，制造加工时间仅占10%，其余90%的时间都处于运输、仓储、装卸等物流活动中，因此绿色物流管理的实施及推广势在必行。

第二节　绿色物流相关政策与法律法规

20世纪90年代初，随着全球性的环境恶化与可持续发展理念的传播，绿色物流逐渐被国外大多数政府部门和物流界的学者所倡导，随后我国也将绿色物流这一重要的环保理念引入中国。绿色物流的概念契合我国的可持续发展理念，并且对于减少物流系统的运营成本有着重要意义。我国政府先后颁布了多个政策性文件促进绿色物流的发展，足以看出我国对于绿色物流发展的重视程度。同时，与绿色物流最为相关的环境保护系列的法律法规，我国政府也对其进行了相应的调整，其中体现了发展绿色物流的基本原则。总之，物流行业的相关政策与我国环境保护相关法律法规都对绿色物流进行了规范。我国绿色物流政策与法律法规可以分为宏观性政策、行业性和部门性政策、绿色物流相关的法律法规和部门规章、绿色物流相关的技术标准四个大类。此外，绿色物流政策与法律法规的落实离不开相关主体的保障与监督。

一、宏观性政策

党的十八届五中全会上提出必须牢固树立并切实贯彻创新、协调、绿色、开放、共享的新发展理念。中央人民政府高度重视绿色物流的发展，国务院先后在多个高层级、纲领性文件中提及要发展绿色物流。早在 2009 年，国务院印发了《物流业调整和振兴规划》，提出"鼓励和支持物流业节能减排，发展绿色物流"。在 2012 年颁布的《节能减排"十二五"规划》和《"十二五"循环经济发展规划》中，均涉及加快运输节能减排，实施绿色交通等要求。2014 年国务院发布了《物流业发展中长期规划（2014—2020 年）》，提出"以提高物流效率、降低物流成本、减轻资源和环境压力为重点"作为指导思想，其中"大力发展绿色物流"是七大主要任务之一。可见，政府已经将发展绿色物流提升至国家战略层面，在相关的宏观政策文件中都体现着绿色物流的理念和要求。绿色物流相关的主要宏观性政策如表 5-1 所示。

表 5-1 绿色物流相关的主要宏观性政策

发布年月	发文机关	文件	绿色物流相关要点
2018 年 1 月	国务院办公厅	《国务院办公厅关于推进电子商务与快递物流协同发展的意见》	鼓励电子商务企业与快递物流企业开展供应链绿色流程再造，提高资源复用率，降低企业成本；制定实施电子商务绿色包装、减量包装标准，推广应用绿色包装技术和材料，推进快递物流包装物减量化；加快调整运输结构，逐步提高铁路等清洁运输方式在快递物流领域的应用比例
2019 年 5 月	国务院办公厅	《国务院办公厅转发交通运输部等部门关于加快道路货运行业转型升级促进高质量发展意见的通知》	对符合标准的新能源城市配送车辆给予通行便利，除特殊区域外，对纯电动轻型货车原则上不得限行

发布年月	发文机关	文件	绿色物流相关要点
2020 年 11 月	国务院办公厅	《国务院办公厅关于印发新能源汽车产业发展规划（2021—2035 年）的通知》	构建智能绿色物流运输体系。推动新能源汽车在城市配送、港口作业等领域应用，为新能源货车通行提供便利
2020 年 12 月	国务院办公厅	《国务院办公厅转发国家发展改革委等部门关于加快推进快递包装绿色转型意见的通知》	到 2022 年，快递包装领域法律法规体系进一步健全，基本形成快递包装治理的激励约束机制；制定实施快递包装材料无害化强制性国家标准，全面建立统一规范、约束有力的快递绿色包装标准体系；电商和快递规范管理普遍推行，电商快件不再二次包装比例达到 85%，可循环快递包装应用规模达 700 万个，快递包装标准化、绿色化、循环化水平明显提升。到 2025 年，快递包装领域全面建立与绿色理念相适应的法律、标准和政策体系，形成贯穿快递包装生产、使用、回收、处置全链条的治理长效机制；电商快件基本实现不再二次包装，可循环快递包装应用规模达 1000 万个，包装减量和绿色循环的新模式、新业态发展取得重大进展，快递包装基本实现绿色转型
2021 年 2 月	国务院	《国务院关于加快建立健全绿色低碳循环发展经济体系的指导意见》	积极调整运输结构，推进铁水、公铁、公水等多式联运，加快铁路专用线建设。加强物流运输组织管理，加快相关公共信息平台建设和信息共享，发展甩挂运输、共同配送。推广绿色低碳运输工具，淘汰更新或改造老旧车船，港口和机场服务、城市物流配送、邮政快递等领域要优先使用新能源或清洁能源汽车；加大推广绿色船舶示范应用力度，推进内河船型标准化。加快落实生产者责任延伸制度，引导生产企业建立逆向物流回收体系
2022 年 1 月	国务院	《国务院关于印发"十四五"节能减排综合工作方案的通知》	推动绿色铁路、绿色公路、绿色港口、绿色航道、绿色机场建设，有序推进充换电、加注（气）、加氢、港口机场岸电等基础设施建设。提高城市公交、出租、物流、环卫清扫等车辆使用新能源汽车的比例

此外，2021 年 11 月《中共中央　国务院关于深入打好污染防治攻坚战的意见》中也提出了加快推动绿色低碳发展、深入打好蓝天保卫战。其内容包括深入推进碳达峰

行动，加快快递包装绿色转型，深入实施清洁柴油车（机）行动，大力发展公铁、铁水等多式联运等涉及物流行业的相关内容。另外，国务院印发的《2030 年前碳达峰行动方案》中将交通运输绿色低碳行动纳入"碳达峰十大行动"之一。

二、行业性和部门性政策

国务院相关部委单独或联合发布的涉及绿色物流的行业性、部门性政策众多，主要集中于交通运输、仓储、商贸流通等领域，以促进物流行业的健康发展，加快绿色物流的体系建设。绿色物流相关的主要行业性和部门性政策如表 5-2 所示。

表 5-2 绿色物流相关的主要行业性和部门性政策

发布年月	发文机关	文件	绿色物流相关要点
2017 年 2 月	国家邮政局	《快递业发展"十三五"规划》	在绿色低碳方面，快递生产方式绿色低碳水平大幅提升，能源资源利用效率大幅提高，快件包装标准化、绿色化水平显著提升，包装材料循环利用率不断提高
2017 年 10 月	国家邮政局等	《关于协同推进快递业绿色包装工作的指导意见》	重点任务包括完善快递业绿色包装法规标准、增加快递绿色包装产品供给使用、实施快递包装产品绿色认证、开展快递业绿色包装试点示范等
2018 年 1 月	商务部等	《商务部等 10 部门关于推广标准托盘发展单元化物流的意见》	重点任务有加快标准托盘推广应用，推进物流单元化、一体化运作等
2020 年 3 月	国家发展改革委、司法部	《关于加快建立绿色生产和消费法规政策体系的意见》	加快建立健全快递、电子商务、外卖等领域绿色包装的法律、标准、政策体系，减少过度包装和一次性用品使用，鼓励使用可降解、可循环利用的包装材料、物流器具等
2020 年 4 月	国家邮政局、工业和信息化部	《关于促进快递业与制造业深度融合发展的意见》	鼓励快递企业加快推广甩挂运输和多式联运等先进运输组织模式，淘汰更新老旧车辆，提高新能源车辆使用比例等
2020 年 8 月	市场监管总局等	《市场监管总局等八部门关于加强快递绿色包装标准化工作的指导意见》	重点任务包括升级快递绿色包装标准体系、加快研制快递包装绿色化标准、完善快递包装减量化标准、抓紧制定快递包装回收支撑标准、促进快递包装产业上下游标准衔接、提高快递绿色包装标准约束性等

此外，2021 年 12 月《国家发展改革委办公厅 商务部办公厅 国家邮政局办公室关于组织开展可循环快递包装规模化应用试点的通知》，提出通过开展试点，探索形成一批可复制、可推广、可持续的可循环快递包装规模化应用模式。推广一批使用方便、成本较低、绿色低碳的可循环快递包装产品。推动解决可循环快递包装应用成本高、回收调拨运营难、个人消费者使用意愿不高、包装与物流状态数据链接不畅、产品标准化低等问题。促进可循环快递包装使用规模和比例明显提升，使用范围逐步扩大，投放和回收基础设施不断完善，回收方式更加丰富有效，调拨运营网络基本健全。

由上述行业性和部门性政策性文件可以看出，目前我国重点在运输环节、包装环节和电子商务与快递等领域推动绿色物流。

三、绿色物流相关的法律法规和部门规章

（一）环境保护相关的法律法规

我国与绿色物流相关的立法主要体现在环境保护等方面的法律法规之中。相关法律主要有《环境保护法》、《中华人民共和国固体废物污染环境防治法》（以下简称《固体废物污染环境防治法》）、《中华人民共和国水污染防治法》、《大气污染防治法》、《中华人民共和国环境噪声污染防治法》、《中华人民共和国放射性污染防治法》、《环境影响评价法》、《中华人民共和国清洁生产促进法》（以下简称《清洁生产促进法》）等。相关法规主要有《中华人民共和国自然保护区条例》等。

目前，我国发布的环境保护方面的法律法规尚未对绿色物流进行专门规定，但是对于资源保护、废物回收利用等方面有了较为明确的规定，也都体现了绿色环保的宗旨，都可以适用于物流活动，让绿色物流的发展有法可依。

（二）其他绿色物流相关的法律法规和部门规章

其他绿色物流相关的法律法规和部门规章主要有《电子商务法》《快递暂行条例》《邮件快件包装管理办法》等。

《电子商务法》中规定快递物流服务提供者应当按照规定使用环保包装材料，实现包装材料的减量化和再利用。

《快递暂行条例》中规定国家鼓励经营快递业务的企业和寄件人使用可降解、可重复利用的环保包装材料，鼓励经营快递业务的企业采取措施回收快件包装材料，实现包装材料的减量化利用和再利用。

《邮件快件包装管理办法》中明确了包装选用要求和原则，规定寄递企业应当严格执行包装物管理制度，采购使用符合国家规定的包装物。寄递应当按照规定使用环保材料对邮件快件进行包装，优先采用可重复使用、易回收利用的包装物，优化邮件快件包装，减少包装物的使用，并积极回收利用包装物。应当按照环保、节约的原则，

根据邮件快件内件物品的性质、尺寸、重量，合理进行包装操作，防止过度包装，不得过多缠绕胶带，尽量减少包装层数、空隙率和填充物。此外，鼓励寄递企业建立健全相应的工作机制和业务流程，从包装选用、包装操作等方面，全面规定了寄递企业的义务。实践中，寄递企业履行相应义务多数离不开用户的配合，例如，对快递员依照规范进行的包装操作，用户不宜提出过多缠绕胶带等不合理要求；自备包装物不符合规定，快递员要求更换或者代为更换的，用户不得拒绝或阻碍；对寄递企业投入使用的可循环包装物，收件人应当在取出内件后将可循环包装物归还快递员等。

四、绿色物流相关的技术标准

标准化是发展绿色物流的基础性工作，我国政府也高度重视绿色物流的标准化工作，在相关政策和法律文件中作出了明确的规定。2014 年国务院印发的《物流业发展中长期规划（2014—2020 年）》中提出加强物流标准化建设。为了落实国务院发布的《物流业发展中长期规划（2014—2020 年）》中提出的主要任务，国家相关部门在 2015 年发布了《物流标准化中长期发展规划（2015—2020 年）》，其中将运输、仓储等绿色物流标准作为重点进行了规划。

近年来，我国相关主管部门和机构先后发布了大量绿色物流相关的标准，为绿色物流发展提供了有效的技术支撑。比如 2018 年发布了新修订的《快递封装用品》系列国家标准，要求快递包装生产企业要减少难降解、难处理、强挥发性物质的使用。从"减量化""绿色化""可循环"三方面对原有标准进行了补充完善。2018 年 12 月国家邮政局发布了《快递业绿色包装指南（试行）》。这些标准的发布，对于我国快递业包装标准化、绿色化和可循环的发展目标有着重大意义。

五、绿色物流的保障与监督

消除物流活动中产生的外部负效应，单独依靠市场力量是无法解决的，推广和实施绿色物流，离不开国家政策的引导、激励和法律的规制与约束。绿色物流的保障、监督与其他领域落实生态环保制度一样，需要政府、企业和公众的共同参与，协同治理，主要是依靠环境行政执法、环境公益诉讼和生态环保督察等方式保障实施。

（一）环境行政执法

环境行政执法对于防止物流领域的环境污染，保护和改善环境，实现环境保护的基本国策，具有极其重要的作用。依据我国与环境保护相关的法律法规，我国实行环境保护行政主管部门统一监督管理与各有关部门分工负责相结合、中央监督管理与地方分级监督管理相结合的管理体制。在环境行政执法机关中，县级以上各级人民政府的环境保护行政主管部门是对环境保护工作实施统一监督管理的部门，承担着环境执法的主要职责，是环境行政执法的主要方面。同时，国家海洋行政主管部门、港务监督和各级公安、交通、铁道、民航管理部门，依照有关法律法规的规定对环境污染防治实施监督管理，也分担一定的环境执法任务。环境保护行政主管部门根据法律的授权，可以采用环境行政许可、环境行政处理决定、环境行政监督检查和环境行政处罚等多种方式履行法定职责。

（二）环境公益诉讼

环境公益诉讼是指具有环境公益诉讼主体资格的组织或个人，依据法律的特别规定，在环境受到或可能受到污染和破坏的情形下，为维护环境公共利益不受损害，针对有关民事主体或行政机关而向法院提起诉讼的制度。司法实践中，环境公益诉讼案主要是由人民检察院、社会公益组织、环境资源主管机关及公民作为原告发动的，特别是人民检察院、社会公益组织发动的环境公益诉讼案，对于保护公共环境和维护公民环境权益起到了非常重要的作用。

我国《民事诉讼法》第五十八条规定，对污染环境、侵害众多消费者合法权益等损害社会公共利益的行为，法律规定的机关和有关组织可以向人民法院提起诉讼。人民检察院在履行职责中发现破坏生态环境和资源保护、食品药品安全领域侵害众多消费者合法权益等损害社会公共利益的行为，在没有前款规定的机关和组织或者前款规定的机关和组织不提起诉讼的情况下，可以向人民法院提起诉讼。前款规定的机关或者组织提起诉讼的，人民检察院可以支持起诉。我国的《环境保护法》对环境公益民事诉讼的主体资格作出了明确规定，即依法在设区的市级以上人民政府民政部门登记，专门从事环境保护公益活动连续五年以上且无违法记录的社会组织可以提起公益诉讼。《最高人民法院关于审理环境民事公益诉讼案件适用法律若干问题的解释》则进一步明确了环境民事公益诉讼案件的审理程序和相关内容。上述相关法律规定和司法解释构成环境公益诉讼的基本法律依据，物流领域发生的环境污染或生态破坏等损害社会公共利益的行为，也可以依据上述规定提起环境公益诉讼。

（三）生态环保督察

习近平总书记指出，生态环境是关系党的使命宗旨的重大政治问题，也是关系民生的重大社会问题。中央生态环保督察是党中央在生态环保领域体制改革的创新性重大举措，是推进生态文明建设和生态环境保护的重大制度安排。2015年12月中央环保督察组对河北省进行试点督察，2016年7月中央环保督察工作正式启动，2018年中央环保督察更名为中央生态环保督察。2019年6月中共中央办公厅、国务院办公厅印发《中央生态环境保护督察工作规定》，该规定以党内法规形式，明确督察制度框架、程序规范、权限责任等，将为依法推动督察纵深发展、不断夯实生态文明建设政治责任、建设美丽中国发挥重要保障作用。

第三节 绿色物流法律关系

一、刑事法律关系

破坏环境资源保护犯罪涉及领域广泛，行为方式复杂多样，我国《刑法》及相关修正案中涉及的条款主要有：第三百三十八条（污染环境罪）、第三百三十九条（非法处置进口的固体废物罪）、第三百四十四条（非法收购、运输、加工、出售国家重点保护植物、国家重点保护植物制品罪）等。

涉及绿色物流领域多发、频发的犯罪行为主要有污染环境罪。我国《刑法》第三百三十八条规定，违反国家规定，排放、倾倒或者处置有放射性的废物、含传染病病原体的废物、有毒物质或者其他有害物质，严重污染环境的，处三年以下有期徒刑或者拘役，并处或者单处罚金。2020年12月公布的《刑法修正案》（十一），不仅增加了污染环境罪的刑档、提高了法定刑，将环境影响评价、环境监测"造假"的行为入罪，拓宽了环境刑法的打击范围和惩戒力度，补全了在保障生命健康安全、维护生态和生物安全方面的功能。强化了对严重污染环境行为的刑法打击力度，污染环境罪的法定刑中增加了处七年以上有期徒刑的相关情形。将承担环境影响评价、环境监测等业务的中介组织的人员故意提供虚假证明文件的严重违法行为入罪，按"故意提供虚假证明文件罪"或者"出具证明文件重大失实罪"定罪处罚。拓宽了对滥食野生动物的刑法打击范围，将以食用为目的非法猎捕、收购、运输、出售非国家重点保护陆生野生动物、野外种群的严重违法行为入罪。强化了对生态空间的保护，将在国家公园、国家级自然保护区进行开垦、开发活动或者修建建筑物的严重违法行为入罪。强化了对生物入侵的刑法打击力度，将严重非法引进、释放或者丢弃外来入侵物种的行为入罪等。

二、行政法律关系

涉及绿色物流的行政法律关系较为复杂多样，主要涉及绿色包装的行政监管法律关系和逆向物流的行政监管法律关系。

（一）绿色包装的行政监管法律关系

绿色包装是指在包装产品全生命周期中，在满足包装功能要求的前提下，对人体健康和生态环境危害小，资源、能源消耗少的包装。绿色包装具有以下特征。一是实行包装减量化，包装在满足保护商品、方便销售等功能的条件下，用量最少；二是包装应易于重复利用，或易于回收再生，通过生产再生制品、利用焚烧热能、堆肥改善土壤等措施，达到重复利用的目的；三是包装废弃物可以降解腐化，其最终不形成永久垃圾，进而达到减少公害、改良土壤等目的；四是包装材料对人体和其他生物应无毒无害，包装材料中不应含有带毒性的元素、病菌、重金属等，或其含有量应控制在有关标准以下；五是包装制品在原材料采集、原材料加工、产品制造、产品使用、废弃物回收再生的全过程均不对人体及环境造成危害。

绿色包装治理存在以下问题。第一，法律法规标准体系仍待完善，快递包装涉及包装生产企业、包装销售企业、商品生产企业、电子商务经营者、邮政快递企业、社区物业、废品回收企业、垃圾处理机构等多方主体，现行法律法规和标准规范的对象主要是邮政快递企业，对其他主体缺乏有效约束，限制了治理成效。第二，上下游协同有待加强，推动电子商务等上游产业落实绿色包装要求，成为绿色包装治理的关键。第三，绿色供给不足，目前物流行业绿色供给相对不足，聚焦物流行业实际需要的绿色产品、技术和模式欠缺，自然条件下可生物降解包装推广成本较高，可循环包装应用模式亟待创新，且替代成本居高不下。

我国《环境保护法》《清洁生产促进法》《固体废物污染环境防治法》等环保法律法规，都规定了与绿色包装的相关条款。《清洁生产促进法》第二十条规定，产品和包装物的设计，应当考虑其在生命周期中对人类健康和环境的影响，优先选择无毒、无害、易于降解或者便于回收利用的方案。企业对产品的包装应当合理，包装的材质、结构和成本应当与内装产品的质量、规格和成本相适应，减少包装性废物的产生，不得进行过度包装。《固体废物污染环境防治法》第三条规定，国家推行绿色发展方式，促进清洁生产和循环经济发展。第六十八条规定，产品和包装物的设计、制造，应当遵守国家有关清洁生产的规定。国务院标准化主管部门应当根据国家经济和技术条件、固体废物污染环境防治状况以及产品的技术要求，组织制定有关标准，防止过度包装造成环境污染。生产经营者应当遵守限制商品过度包装的强制性标准，避免过度包装。县级以上地方人民政府市场监督管理部门和有关部门应当按照各自职责，加强对过度包装的监督管理。生产、销售、进口依法被列入强制回收目录的产品和包装物的企业，应当按照国家有关规定对该产品和包装物进行回收。电子商务、快递、外卖等行业应当优先采用可重复使用、易回收利用的包装物，优化物品包装，减少包装物的使用，并积极回收利用包装物。县级以上地方人民政府商务、邮政等主管部门应当加强监督管理。国家鼓励和引导消费者使用绿色包装和减量包装。上述法律以强制手段强化了对绿色包装的管理，推动包装业发展的绿色化、环保化。

我国标准化管理相关部门，也通过制定绿色包装技术标准，推动我国包装产业由传统模式向绿色模式转变。2017 年 5 月，我国公布并实施了国家绿色产品标准《绿色产品评价通则》（GB/T 33761—2017）。2019 年 5 月，国家市场监督管理总局、国家标准化管理委员会发布了国家标准《绿色包装评价方法与准则》（GB/T 37422—2019），就绿色包装问题，该标准融入了"全生命周期"理念，从资源属性、能源属性、环境属性和产品属性四个方面规定了绿色包装等级评定的关键技术要求，对重复使用性能、实际回收利用率、降解性能等重点指标作出要求，建构了一个科学合理、可操作的评价标准体系。

综上，绿色包装的行政监管机构涉及多个部门，除了生态环境保护部门，标准化主管部门、市场监管部门、商务主管部门、邮政主管部门均可以在各自范围内履行监督管理职责，与相对人形成行政监管法律关系。

（二）逆向物流的行政监管法律关系

再生资源是指在社会生产和生活消费过程中产生的，已经失去原有全部或部分使用价值，经过回收、加工处理，能够使其重新获得使用价值的各种资源。再生资源回收，涉及《清洁生产促进法》《固体废物污染环境防治法》《再生资源回收管理办法》《废弃电器电子产品回收处理管理条例》等法律、行政法规。比如《再生资源回收管理办法》第六条规定，从事再生资源回收经营活动，必须符合工商行政管理登记条件，工商注册登记后，方可从事经营活动。再生资源回收经营者备案事项整合到营业执照上，市场监管部门核准工商注册登记后，通过省级共享平台将企业信息共享给各相关部门。《再生资源回收管理办法》第七条规定，回收生产性废旧金属的再生资源回收企业和回收非生产性废旧金属的再生资源回收经营者，还应当在取得营业执照后 15 日内，向所在地县级人民政府公安机关备案。备案事项发生变更时，前款所列再生资源回收经营者应当自变更之日起 15 日内（属于工商登记事项的自工商登记变更之日起 15 日内）向县级人民政府公安机关办理变更手续。

此外，为了落实绿色原则，保护生态环境、节约资源，《民法典》第六百二十五条规定，依照法律、行政法规的规定或者按照当事人的约定，标的物在有效使用年限届满后应予回收的，出卖人负有自行或者委托第三人对标的物予以回收的义务。《电子商务法》不仅规定电子商务经营者销售的商品或者提供的服务，应当符合环境保护要求，而且直接规定了限制包装和循环利用义务，要求快递物流服务提供者应当按照规定使用环保包装材料，实现包装材料的减量化和再利用。《快递暂行条例》规定，国家鼓励经营快递业务的企业和寄件人使用可降解、可重复利用的环保包装材料，鼓励经营快递业务的企业采取措施回收快件包装材料，实现包装材料的减量化利用和再利用。2020 年农业农村部联合生态环境部等部门印发的《农用薄膜管理办法》，对农用地膜回收制度作出了明确规定，要求农用薄膜使用者应当在使用期限到期前捡拾田间的非全生物降解农用薄膜废弃物，交至回收网点或回收工作者，不得随意弃置、掩埋或者焚烧。

三、民事法律关系

《民法典》第九条规定，民事主体从事民事活动，应当有利于节约资源、保护生态环境。因此，绿色原则也成为物流活动当事人从事民事活动时应该遵守的基本原则之一。涉及绿色物流的民事法律关系也是复杂多样的，但主要是两类：一是涉及绿色物流活动的买卖、运输、仓储、包装等合同法律关系；二是涉及绿色物流活动引起的侵权法律关系，包括交通事故侵权、环境污染侵权及生态环境损害侵权等。

（一）合同法律关系

当物流服务提供商为客户提供运输、仓储、包装等物流服务时，当事人权利义务关系的法律调整主要适用《民法典》"合同编"的相关规定。《民法典》第五百零九条规定，当事人应当按照约定全面履行自己的义务。当事人应当遵循诚信原则，根据合同的性质、目的和交易习惯履行通知、协助、保密等义务。当事人在履行合同过程中，应当避免浪费资源、污染环境和破坏生态。比如《民法典》第六百一十九条规定，出卖人应当按照约定的包装方式交付标的物。对包装方式没有约定或者约定不明确，依据《民法典》第五百一十条的规定仍不能确定的，应当按照通用的方式包装；没有通用方式的，应当采取足以保护标的物且有利于节约资源、保护生态环境的包装方式。

（二）侵权法律关系

实践中，物流活动也可能会损害他人人身和财产权利、破坏生态环境。比如交通事故侵权、环境污染侵权及生态环境损害侵权等。物流活动当事人的行为侵害他人合法权益，特别是造成环境污染或者生态破坏的物流作业活动，应当依据《民法典》"侵权责任编"相关规定，承担停止侵害、排除妨碍、消除危险、赔偿损失等侵权责任。《民法典》第二百九十四条规定，不动产权利人不得违反国家规定弃置固体废物，排放大气污染物、水污染物、土壤污染物、噪声、光辐射、电磁辐射等有害物质。《民法典》第七编侵权责任中，第七章专门规定了环境污染和生态破坏责任，主要法律条文有第一千二百二十九条（污染环境、破坏生态致损的侵权责任）、第一千二百三十条（环境污染、破坏生态侵权举证责任）、第一千二百三十一条（两个以上侵权人的责任大小确定）、第一千二百三十二条（故意污染环境、破坏生态侵权的惩罚性赔偿）、第一千二百三十三条（因第三人的过错污染环境、破坏生态的侵权责任）、第一千二百三十四条（生态环境修复责任）、第一千二百三十五条（生态环境损害的赔偿范围）等。总之，因污染环境、破坏生态造成他人损害的，侵权人应当承担侵权责任。侵权人违反法律规定故意污染环境、破坏生态造成严重后果的，被侵权人有权请求相应的惩罚性赔偿。违反国家规定造成生态环境损害，生态环境能够修复的，国家规定的机关或者法律规定的组织有权请求侵权人在合理期限内承担修复责任。侵权人在期限内未修复的，国家规定的机关或者法律规定的组织可以自行或者委托他人进行修复，所需费用由侵权人负担。

第四节　绿色物流专题案例分析

一、废旧物资处理活动造成污染环境的法律责任

【案例 5-1】田某某、阮某某、吴某某污染环境案。[①]

【案例简介】

2017 年 9 月，原贵州双元铝业公司环保科科长被告人田某某，在明知被告人阮某某无处置危险废物资质的情况下，让其帮忙处置一批固体废物。2017 年 10 月，被告人阮某某雇用车辆将上述 1298.28 吨固体废物运至贵阳市花溪区董家堰村塘边寨，卖给回收废旧物资的被告人吴某某。后发生退货事宜，应阮某某要求，吴某某将该批固体废物中的 1000 余吨运至贵阳市修文县龙场镇军民村××材料厂，并于次日雇人将剩余固体废物倾倒。据检测、评估，花溪区董家堰村塘边寨固体废物堆放地地表水洼水体内氟化物严重超标，涉及本案危险废物处置、场地生态环境修复、送检化验、后期跟踪检测等费用，共 379.60 万元。

贵州省清镇市人民法院一审认为，被告人田某某、阮某某、吴某某任意处置含有危险废物的固体废物 1000 余吨，造成生态环境损害费用达 379.60 万元，后果特别严重。鉴于被告人田某某、阮某某、吴某某归案后均能如实供述，自愿认罪认罚，均可依法从轻处罚；被告人吴某某系从犯，依法应当从轻或减轻处罚，结合本案其犯罪情节，本院决定对其减轻处罚；被告人田某某、阮某某案发后积极支付生态环境损害费用以减轻犯罪后果，亦可酌情从轻处罚；加之被告人田某某、阮某某、吴某某均系初犯，亦无再犯罪的危险，宣告缓刑对其所居住的社区没有重大不良影响，故本院决定对三被告人适用缓刑。以污染环境罪判处被告人田某某、阮某某、吴某某有期徒刑二年至三年不等，适用缓刑，并处罚金 2 万元至 5 万元不等。禁止被告人田某某在缓刑考验期内从事与环境保护相关的活动，禁止被告人阮某某在缓刑考验期内从事废旧物资回收的经营活动。

【争议焦点】

本案争议的焦点问题是污染环境的法律责任。

【案例分析】

本案系对污染环境犯罪被告人适用环境保护禁止令的刑事案件。《废弃电器电子产

---

① 本案例来自贵州省清镇市人民法院刑事判决书（2019）黔 0181 刑初 58 号。

品回收处理管理条例》第六条规定，国家对废弃电器电子产品处理实行资格许可制度。
设区的市级人民政府生态环境主管部门审批废弃电器电子产品处理企业资格。第二十
八条规定，违反本条例规定，未取得废弃电器电子产品处理资格擅自从事废弃电器电
子产品处理活动的，由县级以上人民政府生态环境主管部门责令停业、关闭，没收违
法所得，并处 5 万元以上 50 万元以下的罚款。

任何单位和个人均应按照国家的规定排放、倾倒或者处置危险废物等有毒有害物
质，维护生态环境安全。本案被告人田某某、阮某某系在从事环境保护、废旧物资回
收经营的活动中实施严重污染环境的犯罪行为，违反法律规定和行业规范。人民法院
充分利用刑事禁止令等法律强制措施，禁止田某某在缓刑考验期内从事与环境保护相
关的活动、禁止阮某某在缓刑考验期内从事废旧物资回收的经营活动，对于防范、化
解风险，防止被告人在缓刑期内再次污染环境、破坏生态，具有重要的实践意义。

拓展阅读 5 - 1

二、物流运输活动造成污染的民事赔偿责任

【案例 5 - 2】荆门市明祥物流有限公司等与周某某等环境污染责任纠纷案。[①]

【案例简介】

2012 年 2 月 20 日，许某某驾驶荆门市明祥物流有限公司（以下简称明祥物流公
司）重庆分公司所有的某重型半挂牵引车和某重型普通半挂车，在重庆铁发遂渝高速
公路有限公司（以下简称遂渝高速公司）管理的成渝环线高速公路发生意外事故，所
载变压器油泄漏。事故发生后，遂渝高速公司及时处理交通事故，撒沙处理油污路段。
经原铜梁县环境保护局现场勘验，长约 1 千米、宽约 10 米的路面被泄漏的变压器油污
染。泄漏的变压器油顺着高速公路边坡流入高速公路下方雨水沟，经涵洞流入周某某
承包的鱼塘，鱼塘水面有大面积油层漂浮。经原铜梁县环境监测站监测，鱼塘挥发酚、
石油类浓度均超标。经鉴定，周某某损失鱼类经济价值为 35 万余元。周某某提起诉讼，
要求明祥物流公司、明祥物流重庆分公司、遂渝高速公司承担侵权责任，赔偿其损失。

---

① 本案例来自重庆市第一中级人民法院民事判决书（2014）渝一中法民终字第 03125 号。

　　重庆市渝北区人民法院一审认为，明祥物流公司运输车辆在遂渝高速公司管理的成渝环线高速公路发生意外事故，变压器油泄漏，导致周某某鱼塘中的鱼类死亡，明祥物流公司应当承担侵权责任。遂渝高速公司作为事故路段的管理者，应充分了解其控制、管理路产的周边情况，在交通事故导致变压器油大量泄漏并可能导致水污染事件的情况下，应当及时启动应急预案并采取有效措施，控制污染源，防止损害扩大。遂渝高速公司在事故发生后仅应急处理路面交通情况，并未对该路段周围油污进行清理，致使油污流入周某某承包的鱼塘造成进一步损害，应根据其过错程度承担次要的赔偿责任。遂判令明祥物流公司承担70％的赔偿责任，遂渝高速公司承担30％的赔偿责任。重庆市第一中级人民法院二审维持了一审判决。

　　【争议焦点】
　　本案争议的焦点问题是环境污染及财产民事损害赔偿。

　　【案例分析】
　　本案系高速公路意外事故导致的环境污染及财产损害纠纷。随着我国高速公路的延伸和行驶车辆的增多，高速公路及周边区域的生态环境保护问题日益突出。高速公路及其沿线的环境保护，不仅是环境保护行政主管部门的责任，还需要车辆所有人与使用人、高速公路建设单位与运营单位等的共同参与。本案中，遂渝高速公司虽然不是污染事故的肇事者，但在高速公路意外事故造成或者可能造成水污染事件的情况下，其理应依法采取有效措施，予以处置，并向有关主管部门报告。遂渝高速公司没有履行上述义务，造成损失扩大，应当承担相应的赔偿责任。本案判决对于高速公路的运营和管理单位提高认识、完善机制、履行环境保护义务具有规范和引导作用。

拓展阅读5-2

三、物流领域的污染环境民事公益诉讼

　　【案例5-3】广西壮族自治区钦州市人民检察院诉钦州某锰业有限公司等跨省转移危险废物污染环境民事公益诉讼案。①

---

　　①　本案例来自最高人民检察院发布二十三起检察公益诉讼起诉典型案例。

【案例简介】

2016 年 9 月至 2017 年 3 月，钦州某锰业有限公司在没有办理危险废物经营许可证的情况下，从事危险废物经营活动谋取利益。广西某化工有限责任公司及其子公司某化工（防城港）有限公司主动联系柳州市某物资有限公司、东莞市某化工贸易有限公司、防城港某运输有限公司收集、交易废硫酸，熊某某居中介绍，将珠海某石油化工有限公司、东方某能源有限公司、钦州某石化有限公司等单位在生产经营中产生的废硫酸销售给钦州某锰业有限公司，并由广州某石化物流有限公司、贵州某运输有限公司等安排车辆运输到钦州某锰业有限公司厂区。钦州某锰业有限公司共收集、贮存废硫酸 15008.89 吨，贮存于该公司厂区自建的储罐中。2017 年 5 月 12 日，该公司自建储罐因倒塌导致罐体破裂，罐内废硫酸现场泄漏约 1100 吨，造成环境污染事故。经原广西壮族自治区环境保护厅（现广西壮族自治区生态环境厅）委托原环境保护部华南环境科学研究所鉴定，涉案的废硫酸为具有腐蚀性的危险废物，该泄漏事故对土壤、周边水质及空气造成了严重污染，造成损失 7035.05 万元，其中应急处置费 1235.30 万元，生态环境损害量化费用 5799.75 万元。事故发生后，应急处置过程中产生的约 5.5 万吨酸泥被转移到钦州市某固体废弃物处置中心以待进一步无害化处置。

该案刑事案件部分被最高人民检察院和原环境保护部列为挂牌督办案件，2017 年 9 月 26 日，广西壮族自治区钦州市人民检察院（以下简称钦州市院）同步以民事公益诉讼立案审查，并依据《广西壮族自治区生态环境损害赔偿制度改革实施方案》主动联系并发函建议生态环境部门开展生态环境损害修复和赔偿工作，对生态环境损害后果委托鉴定机构进行评估，及时妥善处置事故应急处置中产生的酸泥，避免二次污染事故发生。经生态环境部门委托第三方出具修复方案，明确修复费用为 5007.05 万元，其中应急处置阶段投资费用 1252.26 万元、暂存于填埋现场的硫酸泥处置费用为 3754.79 万元。因本案造成损失大、违法行为主体多，各违法行为主体持推诿、观望态度，生态环境损害赔偿磋商未能达成协议。生态环境部门复函检察机关表示其暂不具备提起诉讼的条件，建议检察机关提起民事公益诉讼。2019 年 3 月 22 日，钦州市院经诉前公告程序后，依法向钦州市中级人民法院提起民事公益诉讼，诉请判令钦州某锰业有限公司等 11 家单位和 3 名自然人依法承担连带责任，赔偿损失 7035.05 万元和承担鉴定费 134.1 万元，在新闻媒体上向社会公众赔礼道歉，并承担诉讼费用。

【案例要旨】

针对跨省转移危险废物造成环境污染案件，检察机关支持行政机关开展生态环境损害赔偿磋商，磋商未能达成赔偿协议且行政机关不提起生态环境损害赔偿诉讼的，检察机关依法提起民事公益诉讼，追究参与收集、贮存、运输、处置等各环节全链条违法行为人污染环境的公益损害责任。

【案例分析】

2014 年党的十八届四中全会通过了《中共中央关于全面推进依法治国若干重大问题的决定》，明确提出探索建立检察机关提起公益诉讼制度。探索建立检察机关提起公益诉讼制度，是党的十八届四中全会作出的一项重大改革部署，也是以法治思维和法治方式推进国家治理体系和治理能力现代化的一项重要制度安排。2015 年 7 月全国人大常委会作出决定，授权在 13 个省区市开展为期两年的公益诉讼检察试点，2017 年 7 月公益诉讼检察制度正式建立，在全国检察机关全面推开。2018 年 10 月、2019 年 4 月公益诉讼分别写进修订的《中华人民共和国人民检察院组织法》《中华人民共和国检察官法》。因此，公益诉讼检察制度是中国特色社会主义公益诉讼的重要组成部分。

该案就是检察机关发起的环境公益诉讼典型案例。该案审理期间，珠海某石油化工有限公司、钦州某石化有限公司申请调解。法院经与本案所有涉案主体进行沟通，最终明确除钦州某锰业有限公司无赔偿意愿、一名违法行为人无法取得联系外，其他违法行为主体均有赔偿意愿。经协商，珠海某石油化工有限公司等 12 名违法行为主体愿意赔偿生态环境修复费用 4550 万元。钦州市检法两院将与违法行为主体沟通赔偿的情况反馈给生态环境部门，经研究认为调解赔偿金额可以确保修复受损的生态环境。在确保本案受损环境得到及时、有效修复的前提下，钦州市院与珠海某石油化工有限公司等 10 家单位和 2 名自然人达成调解，上述违法行为主体通过分期赔付的方式共赔偿生态环境修复费用 4550 万元，并通过媒体向社会公众赔礼道歉。2020 年 5 月 9 日，钦州市中级人民法院作出民事调解书确认调解协议法律效力。同年 6 月 9 日，钦州市中级人民法院作出判决，判令钦州某锰业有限公司赔偿经济损失 2475.05 万元及承担鉴定费 131 万元，关某某赔偿经济损失 10 万元，两被告在判决生效十日内通过《钦州日报》向社会公众赔礼道歉。检察机关提出的诉讼请求均得到法院的支持。

本案中检察机关主动与环境主管部门加强协作，并以检察公益诉讼为生态环境损害赔偿诉讼补位兜底，探索将有调解意愿的被告与无调解意愿的被告分别处理，同意有赔偿意愿的企业分期赔付，既考虑了其自愿负担环境污染责任的意愿，又兼顾了不同被告的实际财产状况以及经营状况，在追究违法责任的同时也给了企业发展机会，有利于节省司法资源和促进企业依法经营持续发展，同时保障了案件的监督效果，具有十分典型的意义。

四、国内物流企业的绿色物流实践案例

（一）国家邮政局绿色物流实践案例

近年来，为了推进快递包装绿色化、减量化和循环化，国家邮政局推动在相关法律法规中增加快递包装治理相关条款，引导寄递企业围绕绿色包装等重点领域加强科

技创新。例如，在《快递暂行条例》《快递市场管理办法》中明确了快递生产作业相关要求，并印发《邮件快件包装废弃物回收箱应用参考》，稳步推进包装废弃物回收利用。

通过快递运单电子化、包装减量化等方式，我国快递业绿色化、减量化的探索已经取得一定进展。通过推动邮政快递企业在邮政快递网点设置符合标准的包装废弃物回收装置，对回收后外形完好、质量达标的包装箱、填充材料等重复使用，以及引导邮政快递企业快递员上门回收和驿站回收等，国家邮政局正探索构建邮件快件包装物回收"逆向物流"模式。截至目前，全行业已投入大量的可循环快递箱（盒），有效减少了包装箱、包装袋和填充物的用量。推进快递包装绿色化方面也取得了阶段性成效，如推广电商快件原箱发货，减少过度包装；快递包装循环使用，在降低成本的同时凸显环保效益；在快递网点设置快递包装箱回收点，方便居民定点参与回收等。

（二）阿里巴巴绿色物流实践案例

阿里巴巴启动了绿色物流 2020 计划，由菜鸟网络牵头，天猫、淘宝、闲鱼、盒马鲜生、饿了么等阿里巴巴核心板块共同参与，加速推进绿色物流升级。同时，菜鸟网络还发布了新的品牌 Logo（标识），在其中引入了绿色循环标志。2018 年 2 月，菜鸟网络联合阿里巴巴公益基金会、中华环境保护基金会，以及中通快递、圆通速递等主要快递公司共同发布"中国绿色物流研发资助计划"。2018 年 10 月，国家邮政局发展研究中心、菜鸟网络及菜鸟绿色联盟共同组建了中国快递绿色创新实验室。菜鸟网络推出"智能打包算法"，这是大数据和大规模优化技术在快递包装上的一项应用，当消费者下单的时候，系统会对商品的各项数据进行综合计算，匹配出最合适的包装箱，而整个计算过程，不超过 1 秒即能完成，与传统的人工包装相比，可以更合理地利用存储空间，节省 5% 以上的包装耗材。

（三）京东物流绿色物流实践案例

2018 年 1 月，京东物流开始从车辆改革入手，投入了近 2000 台新能源车替代传统燃油厢式货车，成为多个城市配送的主力。京东物流全面升级"青流计划"，从聚焦绿色物流领域上升为整个京东集团可持续发展战略，从关注生态环境扩展到人类可持续发展相关的"环境""人文社会"和"经济"等全方位内容，希望"青流计划"能够引导消费者，并通过供应链和价值链向上游和下游传导，带动全产业链的共同行动。

构建绿色仓储。2017 年，京东物流率先在上海亚洲一号智能物流园区布局屋顶分布式光伏发电系统，并在 2018 年正式并网发电。2019 年，京东物流凭借"全国 23 座亚洲一号智能物流园区投入运营"引发物流圈热议。亚洲一号自建立至今，一直通过应用自动化设备、机器人、智能管理系统来降低成本和提升效率。截至 2019 年，所有亚洲一号单体仓库的订单日均处理能力都在 10 万量级以上，广州、武汉、昆山等智能仓库的日处理能力达百万量级。在京东物流的诸多自动化场景中，采取密集仓储模式的天狼仓，其速度是传统仓库的 3~5 倍；而主要使用 AGV 小车的地狼仓存储模式更灵活，其速度是传统仓库的 1~2 倍，但成本只有天狼仓的三分之一。

打造绿色包装。京东物流作为国内首个全面推行绿色包装的物流企业，在包装设计和使用上始终以绿色可持续发展为宗旨，尝试用多种方法让京东物流建立绿色低碳循环体系。京东物流用循环中转袋替换一次性编织袋，用循环缠绕网/扎带替代缠绕膜，来减少塑料制品的使用。2015 年起，京东物流对胶带进行"瘦身"，将胶带宽度由 53 毫米降至 45 毫米，并规范了封箱胶带的使用，禁止层层缠绕，进一步对耗材减量。同时，京东物流通过使用循环快递箱，减少了一次性纸箱和胶带的用量。

展望未来，京东物流将继续践行绿色低碳发展理念，积极成为绿色物流的参与者、贡献者和引领者，助力碳达峰、碳中和目标的早日实现。

拓展阅读 5-3

（四）顺丰速运等其他快递企业绿色物流实践案例

顺丰速运积极实施节能减排措施，通过推广使用新能源物流车服务干线、支线和末端配送，抑制快递运输对环境造成的危害。通过优化仓库空间布局等多种方式，促进快递中转效率与节能效益的提高，降低快递中转对环境的污染。在中转场地用可重复使用的帆布袋来代替编织袋，同时其所用的纸箱、文件封、运单、贴纸，均已采用 100% 可降解的材质。

苏宁物流推出"青城计划"，从仓储、运输与包装等全环节进行一系列绿色新产品、新设备、新模式的创新实践，致力于打造全链路绿色物流解决方案。比如在全国的城市配送中，不断推动新能源物流车替代传统的燃油厢式货车。另外，以共享快递盒、零胶纸箱为代表的绿色配送产品也已经规模化投入使用。

圆通速递也已经与多家经营绿色循环包装、固体废弃物回收的企业进行了深度合作，在全国启用了多个自动化设备中心，批量使用了可循环的 RFID（射频识别）环保袋，以构建包装循环和回收体系。

中通快递全面推行电子面单，逐步取代传统纸质面单，并对快递包装袋进行了全面升级，用全新的包装袋代替一次性编织袋，还通过避免过度包装、定期回收利用等措施，实现包装耗材减量化。

百世快递推出了全新环保 PE 袋（环保塑料袋）——Nbag，并在全部站点推行使用，进一步为快递"瘦身"。数据显示，每使用一个 Nbag 快递袋，就等于减少 5.4 克碳排放。目前，百世快递已经加强了包装、运输、配送等环节的绿色化建设。

五、国外物流企业的绿色物流实践案例

国际公认的绿色包装遵循"4R1D"原则［Reduce（减量）、Reuse（再利用）、Recover（恢复）、Recycle（回收循环）、Degradable（可降解）］，再利用、回收循环是绿色包装的重要构成因素。

在新能源运输工具应用的探索方面，德国邮政追加了电动汽车投放数量，包括电动投递汽车、电动半挂车、电动自行车和电动三轮车，同时，德国邮政也在积极完善充电站等基础设施的建设。UPS（美国联合包裹运送服务公司）于 2012 年在美国引入电动三轮车投递，随后相继拓展至意大利、法国、爱尔兰等地。在替代能源车队及高新技术车队中，UPS 运营着压缩天然气车辆和液化天然气车辆。英国皇家邮政订购了电动货车，在电动汽车和自动驾驶汽车上加大了创新力度。澳大利亚邮政也运营了电动三轮车。

在回收物流的尝试方面，德国邮政着力推动电子产品回收利用。德国邮政多年来一直在推动可持续发展和全球环境保护，其口号是"负责任地生活"。电子设备中含有金、银、铜和其他多种贵金属原材料，其中最多可达 80% 的零部件能被重新利用。截至 2017 年，德国共有 8000 多万个废旧手机，这些废弃物如果被居民丢弃，很可能被简单地填埋，对环境造成污染。德国邮政与 ALBA 公司（全球领先的回收和环境服务公司之一）联合开展了电子回收项目，通过邮局回收手机、电脑、打印机空墨盒等电子产品废弃物。居民可从德国邮政网站上免费下载已经预付邮资的回邮标签，打印并粘贴在信封上，直接投入邮筒即可，由德国邮政投递至 ALBA 公司的回收处理场，进行电子废弃物的再加工生产。

2019 年，澳大利亚政府推出一项电子产品回收利用项目，该项目在全球范围内进行招标，寻找实施回收利用项目的服务商，并计划在 10 年内把回收利用率从目前的 17% 大幅增加到 80%。支持澳大利亚政府发起的回收利用项目是德国邮政又一环保实践。澳大利亚回收利用项目进行的第一年，德国邮政从各个回收点收集再利用了 18500 吨电子垃圾。这个项目对居民和小企业免费，费用由澳大利亚政府承担。

美国邮政与专业回收公司 MaxBack 公司合作开展回收项目，客户通过邮件寄回电子产品属于捐赠行为，捐赠电子废弃物的客户可以获得 MaxBack 公司的奖券来换取小额现金。美国邮政还倡导使用"绿色邮件"，即使用可再生纸、可降解材料生产的信封、包装盒、邮票等物品。

UPS 注重对快递包装进行改造，使包装能适用于大型化和集约化的运输，既有利于减少单位包装、节约材料和费用，也有利于提高装卸、搬运、保管、运输的作业效率。UPS 还自主开发并使用环保材料，提高材料利用率，以达到环保的目的。UPS 与 Optoro 公司（美国的一家供应链技术公司）合作进入逆向物流领域，向零售商、制造商提供退货和冗余存货的管理、处理和再销售"一条龙"服务，即"一站式"逆向物流解决方案。这个方案可以优化退货和冗余存货的运输与配置，让退回商品的价值发挥到最大化，减少对环境的污染。

联邦快递的包装设计是简约设计的代表，只在包装袋（盒）上印上联邦快递的标志，用最单纯直接的版式强调企业的品牌形象。这样的创意包装不但能达到吸引消费者、传达产品的目的，而且能尽可能地减少耗材的使用。

六、国外绿色物流的立法实践

逆向物流实际上也就是产品价值的重塑及产品资源的再利用。由于大量产品的生产及消费会带来大量的废弃物，对环境造成沉重负担，因此有必要在一定成本下重新规划产品价值及其相关部件，建立废弃物回收利用循环体系，创造更大的环境效益、社会效益、经济效益。20 世纪 90 年代，许多国家通过制定相关政策法规，对回收包装废弃物行为作了强制性规定。目前很多国家已经明确提出要求厂家必须从消费者处回收报废品，例如，德国宝马汽车公司关于废旧零部件的回收率已经超过 80%。

美国从 20 世纪 90 年代便开始关注绿色包装。为了提高回收积极性，美国各地政府根据企业包装回收利用率的高低适当对企业免税。同时，美国还在《资源保护与回收利用法》中规定减少包装材料的消耗量，并对包装废弃物进行回收利用。目前，美国已在包装废弃物回收利用方面形成产业化运作，不仅改善了环境、提高了资源利用率，而且提供了大量的就业机会。

在法律法规中明确各方责任，有利于包装废弃物循环体系的运转和追责，德国的做法就十分典型。1991 年，德国出台《包装废弃物管理办法》，提出包装废弃物管理应按照"减量化、再利用、再循环、最终处置"的原则进行，并设定了不同包装废弃物的回收目标和时限，强制要求包装生产商、销售商对包装回收共同负责。该办法还制定了包装废弃物从收集到最终处置的量化标准，比如规定 80% 的包装废弃物和 100% 的运输包装必须回收利用，使包装处理的每个环节都有具体标准可依。1997 年，德国又出台《包装回收再生利用法》，要求除包装生产商外，从事运输、代理、批发、零售的企业也必须负责回收包装物。

欧盟中的一些国家也制定了有关包装废弃物的法律规定。例如，法国在 1994 年出台的《包装废弃物运输法》中明确规定，消费者有义务将包装废弃物主动交给生产商或者零售商回收处理。而在荷兰的《包装条约》中，特别要求企业支付一部分费用来支持国家实行环保计划。

日本政府高度重视包装废弃物和资源再生利用，制定了《循环型社会形成推进基本法》《促进包装容器的分类收集和循环利用法》《特定家庭用机器再商品化法》等一系列法律，有计划地推进资源再生利用。同时日本还致力于回收体系的建设，鼓励在本国境内建立大量的回收站，消费者将包装废弃物进行分类后，收运系统将完成分类的包装废弃物通过定时回收、集合中转等方式，运输至专门的处理中心进行再循环、再制造处理。另外，日本政府通过制定《大气污染防治法》等法律，对大气污染的情况进行监测，对尾气排放性能更好的汽车，采取资助和税制优惠政策等。

本章小结

本章主要介绍了绿色物流的概念和内涵，分析了绿色物流的理论基础及意义，梳理了绿色物流相关的主要政策和法律法规，阐明了绿色物流涉及的基本法律关系，在此基础上对相关的典型司法案例和企业案例进行了分析和介绍，重点分析了物流活动中造成环境污染后果的法律责任，介绍了国内外典型物流企业进行的绿色物流实践。总之，现代物流业的发展过程中，必须高度重视环境保护问题、碳排放问题和废弃物污染问题。大力发展绿色运输、绿色仓储、绿色包装等是大势所趋，也是国家政策和法律的基本要求。物流企业在经营中应树立绿色发展理念，注重物流活动的合规管理，履行环境保护的相关法律义务，关注绿色物流的技术标准，推动绿色物流发展。

第六章　智慧物流法律与案例

导　言

当今时代，大数据、云计算、人工智能、物联网等技术日益广泛地运用到物流行业中，形成了"智慧物流"的新模式和新业态。物流活动仓储、运输、配送的全流程都存在应用智慧物流技术的场景。智慧物流技术应用在提升效率的同时也带来了一些法律风险与问题。本章将从智慧物流的主要模式、法律关系、法律法规与政策的内容和适用等层面介绍智慧物流法律问题，并重点关注因为智慧物流技术应用而产生的新型法律关系和法律问题。

第一节　智慧物流概述

一、智慧物流的含义

根据中国物流与采购联合会、京东物流在 2017 年共同发布的《中国智慧物流 2025 应用展望》，智慧物流是指通过大数据、云计算、智能硬件等智慧化技术与手段，提高物流系统思维、感知、学习、分析决策和智能执行的能力，提升整个物流系统的智能化、自动化水平，从而推动中国物流的发展，降低社会物流成本、提高效率。国家标准《物流术语》（GB/T 18354—2021）对智慧物流的定义是以物联网技术为基础，综合运用大数据、云计算、区块链及相关信息技术，通过全面感知、识别、跟踪物流作业状态，实现实时应对、智能优化决策的物流服务系统。

智慧物流系统主要由三个层次组成，即"感知层""网络层"和"应用层"，其体系框架如图 6-1 所示。

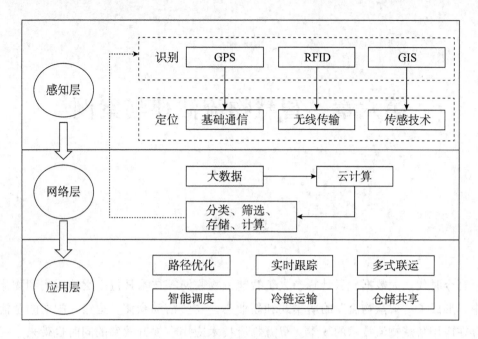

图 6-1 智慧物流系统的体系框架

其中，"感知层"是整个系统的基础，主要功能是通过多种技术对于物流过程中的产品进行感知与识别。"网络层"是整个系统的核心，主要功能是对来自"感知层"的物流信息进行分析与处理。基于大数据、云计算等技术，"网络层"可以对物流信息进行分类、筛选、存储、计算，据此形成决策命令。"应用层"代表系统的执行阶段，以"网络层"生成的决策指令为基础，通过实际物流装置和设备进行自动化操作和向客户提供服务，例如物流产品的仓储、信息追踪、冷链运输、实时配送等服务。[①]

二、我国智慧物流的发展

目前，我国正大力推进智慧物流的发展。随着相关技术的不断进步，智慧物流应用的技术与适用场景也在持续扩展。可以从两个角度理解智慧物流的发展：一方面，智慧物流体现了对海量数据信息的分析、整合与利用，在此基础上形成多种新模式，极大挖掘了数据的价值；另一方面，智慧物流重视新工具的应用，通过物流机器人、无人车、智能终端等工具，在各个操作环节中实现物流的降本增效。

具体来说，我国智慧物流的发展主要体现在以下四点。第一，物流互联网逐步形成。云计算、大数据等技术不断成熟，互联网带动物流基础设施的虚拟化联网和智能化升级，大量物流基础设施通过传感器接入互联网，奠定了智慧物流发展的前提条件。

---

① 于善甫. 赋能"中国制造 2025"战略的我国智慧物流发展 [J]. 商业经济研究，2020 (14)：108-111.

第二，物流大数据得到应用。相关主体对物流大数据进行处理与分析，挖掘对企业运营管理有价值的信息，实现物流产业链各节点资源优化配置。第三，物流人工智能正在起步。智能仓储机器人、无人车、无人机、智能终端等已经出现在物流市场，并开始得到应用，提升了仓储、运输与配送的效率。第四，协同共享理念不断深化。智慧物流不仅代表着新技术的应用，更体现了"协同共享"核心理念。智慧物流以海量的数据和互联网、物联网技术为依托，催生了"互联网＋车货匹配""互联网＋多式联运""互联网＋仓储交易"等新模式。新模式的出现提高了物流供需资源整合程度，为企业转型升级提供了新思路。①

三、智慧物流的主要模式

目前，各项新技术已经全面应用到我国物流行业的各个环节，赋能智慧物流的发展。按照物流活动的运行流程，本章主要探讨智慧仓储、智慧运输、智慧配送三种智慧物流模式。

（一）智慧仓储

智慧仓储是指仓配数据接入互联网系统，该系统通过对数据的集合、运算、分析、优化，再通过互联网管理整个物流系统，实现对物流系统的智能化管理。目前，我国实践中的智慧仓储主要体现在以下两个方面。

1. 智能仓储系统

智能仓储系统具有管理系统化、操作信息化、储运自动化、数据智慧化、网络协同化、决策智能化六个特性，能够实现仓储信息的自动抓取、自动识别、自动预警、智能管理等多项功能。②

传统物流采用条码技术对商品进行标记、识别。由于条码技术只支持接触式扫码，一次只能扫描一个条码，条码也不能重复使用，出入库效率较低。而在智慧物流背景下，企业可以采用RFID技术，实现非接触式的产品出入库检验，实时掌握每种商品的库存信息，使产品信息与后台数据库联动，从而显著提高货物出入库效率，改善库存管理水平。③

随着技术的深入应用，企业甚至可以建成无人仓，实现整个仓储过程的智能化运作。例如，京东建成全球首个无人仓，对于所有仓储作业，即入库、存储、拣选、出库等作业流程都实现了无人化管理。无人仓中操控全局的智能控制系统，是京东自主

---

① 赵松岭，陈镜宇. 发展智慧物流的路径探索［J］. 人民论坛，2020（8）：108－109.

② 霍艳芳，王涵，齐二石. 打造智慧物流与供应链，助力智能制造：《智慧物流与智慧供应链导读》［J］. 中国机械工程，2020，31（23）：2891－2897.

③ 王先庆. 智慧物流：打造智能高效的物流生态系统［M］. 北京：电子工业出版社，2019.

研发的"智慧大脑",可以在 0.2 秒内计算出 300 多个机器人运行的 680 亿条可行路径,并做出最佳选择。京东使用了十几种不同工种的上千个机器人,使无人仓的效率达到传统仓库的 10 倍。

2. 云仓

智慧仓储的另一种表现形式是建立"云仓",主要应用于电子商务物流中。所谓"云仓",指的是建立在互联网信息技术基础上的一种新兴物流仓储运行模式,通过大数据分析,高效整合物流资源。在该模式下,"云仓"具有遍布全国的仓储体系,而电商平台或商家可以依托"云仓"的信息系统对市场数据进行分析和预测,随时根据市场需求变化动态调整库存,同时还可以灵活使用"云仓"的仓库资源,将库存安置在离目标客户地理位置较近的仓库中。"云仓"实现了有效的销售量预测和配送规划,避免传统仓储中"单点发全国"效率低下的问题。同时,"云仓"的建立有利于实现"仓配一体",降低物流中的仓储与运输成本,同时提升企业的竞争力。

(二)智慧运输

目前,我国对于智慧运输的应用主要体现在两个方面。一是智能运输系统的建设和应用,二是网络货运经营模式(无车承运模式)的发展。

1. 智能运输系统

(1)智能运输系统的含义和意义。智能运输系统是指将先进的信息技术、数据通信传输技术、电子控制技术及计算机处理技术等综合运用于整个交通运输管理体系,建立一种实时、准确、高效的综合运输管理体系,最终使交通运输服务和管理智能化。智能运输系统能够提高交通运输的安全水平、提高交通运输的经济效益。并且,智能运输系统不是单纯依靠建设更多的基础设施来实现上述目标,而是在现有或者较完善的基础设施之上,将先进的通信技术、信息技术、控制技术等有机结合,实现其目标和功能。[1]

(2)智能运输系统的应用。在实践中,智能运输系统的应用主要包括以下三个方面。第一,收集和处理车辆的信息。智能运输系统可以通过传感设备、信息发送和接收设备等,收集、存储、发送、接收车辆产生的信息数据,对运输车辆进行远程管理。收集和处理的信息不仅包含车辆本身的信息,还包含车辆所运货物的订单信息,以此避免出现货物丢失、车辆被盗失联等延误派送的现象。第二,对运输车辆的定位、运行状态进行统一监测管理,应用全球定位系统对车辆的位置信息、速度变化、移动方向等信息进行收集和统一管理。监测车辆状态,降低车辆行驶的危险系数和出现故障的可能性。第三,智能运输系统还能与智能分拣系统、智能仓储系统相配合,解决仓储、分拣、配送的衔接问题。

---

① 霍艳芳,齐二石. 智慧物流与智慧供应链 [M]. 北京:清华大学出版社,2020.

2. 网络货运经营模式（无车承运模式）

（1）网络货运经营模式（无车承运模式）的含义和意义。根据 2016 年《交通运输部办公厅关于推进改革试点加快无车承运物流创新发展的意见》，无车承运人是以承运人身份与托运人签订运输合同，承担承运人的责任和义务，通过委托实际承运人完成运输任务的道路货物运输经营者。无车承运人依托移动互联网等技术搭建物流信息平台，通过管理和组织模式的创新，集约整合和科学调度车辆、站场、货源等零散物流资源，能够有效提升运输组织效率，优化物流市场格局，规范市场主体经营行为，推动货运物流行业转型升级。在我国，无车承运模式经历了名称的变化。在交通运输部、国家税务总局 2019 年 9 月联合印发，并于 2020 年 1 月 1 日正式施行的《网络平台道路货物运输经营管理暂行办法》（以下简称《暂行办法》）中，正式将"无车承运人"更名为"网络货运经营者"，特别强调其通过互联网平台进行经营和整合配置运输资源的属性。

（2）网络货运经营模式（无车承运模式）的发展。在已有的国际实践中，网络货运经营模式的发展一般要经历两个阶段。在第一个阶段，网络货运经营者的主要功能在于，依托互联网平台，提供车货信息，更好地实现"车货匹配"，提升运输效率、优化资源配置。在此阶段，网络货运经营者不必然具有法律上承运人的身份，与我国现行《暂行办法》中的"网络货运经营者"有所差别。在第二个阶段，网络货运经营者具有了法律上的承运人身份，其职能也不再限于车货匹配。此时的网络货运经营者不仅要依托互联网平台，整合线下的车源、货源，并依据其掌握的大量信息实现车货精准匹配，更需要有强大的货源组织能力、车辆整合能力、信息数据交互及处理能力、全程管理实际承运人的能力，能够承担全程运输风险。

我国现行《暂行办法》中网络货运经营者的经营模式符合上述第二个阶段的特点。随着"互联网＋物流"的发展，在传统的道路运输承运人和货代公司的基础上，产生了专门匹配货源和运力的第三方网络平台。在此背景下，我国于 2016 年 10 月正式启动无车承运人试点工作，经营范围为道路普通货运（无车承运）。到试点结束前，我国共有 229 家无车承运人企业通过考核评估。无车承运人试点于 2019 年年底结束，取而代之的是施行《暂行办法》。在《暂行办法》中，明确规定试点企业可申请经营范围为"网络货运"的道路运输经营许可，网络货运经营者必须以"承运人"的身份进行经营、签订合同。如果某主体仅为托运人和承运人提供信息中介和交易撮合等服务，它就不能被称为网络货运经营者。

（三）智慧配送

智慧配送指的是以配送管理业务流程再造为基础，在 RFID、GIS（地理信息系统）、网络通信等先进技术与管理方法的支持下，在提货、送货、退货、回收管理等环节实现一系列智能管理功能。① 当前，物流配送尤其需要解决"最后一公里"的末端物流问题，智慧配送的出现大大提升了末端物流的便捷性。目前，我国对智慧配送的实践主要体现在以下两个方面。

1. 使用信息技术实现配送路径优化

物流企业要在遍布全国的众多网点中实现快速配送、准确配送，有赖于信息技术和路径优化算法，实现配送路径优化、提升配送效率。高效合理的配送路线方案不仅可以减少配送时间、维护企业形象，还可以提升客户的满意度。目前，我国各主要物流企业都在积极采用信息技术优化配送路径。

例如，菜鸟网络已经将车辆路径规划算法应用于多项业务中。在车辆配送环节中，减少车辆使用数量和缩短车辆行驶距离，电动交换箱体运输车便可以提升仓库到站点的多频次运输效率，满足多频次送货需求。在仓库内部拣选环节，缩短拣选人员行走距离。颠覆以往"人找货"的场景，通过智能分单技术和动态定位技术，直接实现前置分拣，并将货物直接送到配送员手中，实现网点移动，在智能仓储环节缩短拣货时间。此外，车辆路径规划算法还可以帮助配送员规划配送路线，减少从前端订单下发到末端货物配送的周转次数，直接根据路线配送。从而优化客户体验，大幅度降低配送成本。

京东物流自主研发了智能路径优化系统。该系统是用算法技术打造的决策系统，将客户的消费习惯、收货地址，配送员的配送习惯、坐标等参数融入算法技术当中，根据参数来匹配配送员的订单和客户的货物，实现最短的配送路径，满足客户的精准需求。在路径优化过程中，其中也包括了配送员的手持一体机。通过手持一体机，根据订单类型和配送时效生成可视化地图，给出最佳配送建议和预估时间，让配送员在指导下完成配送。

2. 智慧配送工具与终端

在智慧配送的工具与终端方面，目前我国的主要实践包括无人机配送、无人车配送和智能快递柜的应用。

（1）无人机配送。即通过利用虚线点遥控设备和自备的程序控制装置操纵的无人驾驶低空飞行器运载包裹，自动送达目的地，能够缩短配送时间、提升配送效率、节约人力资源成本。一种常见的模式是，无人机与智能快递柜相互配合，将快递从一个位置送到另一个位置。此种方式下的无人机调度主要包括以下步骤：快递柜收到快递后向调度中心发送收件信息；调度中心选取优先级最高的快递、快递柜，以及最具备续航能力、能够最快到达的无人机；调度中心向无人机发送指令，给出收件与投件位置；无人机到达后向快递柜发出着陆请求；快递柜利用 GPS 定位系统精准引导无人机

---

① 王先庆. 智慧物流：打造智能高效的物流生态系统［M］. 北京：电子工业出版社，2019.

对接着陆、装卸快件；无人机装卸后向调度中心发送快递到位报告。① 近年来，京东物流、顺丰速运、亚马逊等都在无人机配送领域进行了一些尝试。顺丰速运早在 2013 年 9 月就对无人机配送进行了测试，京东物流还尝试利用无人机将货物从城市配送到乡村。

（2）无人车配送。无人车，又称自动驾驶汽车、智能汽车、自主汽车、自动驾驶汽车或轮式移动机器人，是一种通过计算机实现自动驾驶的智能汽车，在物流配送中同样具有广泛的应用空间。无人车采用精准定位、环境感知、控制与执行、决策与规划、高清地图与车联网 V2X 技术（即车对外界的信息交换技术），实现配送效率的提升。目前，中国邮政、京东物流、苏宁易购等企业已经将无人车投入使用。无人投递车作为低速运行的末端作业车辆，基于安全性、适用性及可拓展性的考虑，一般以完全封闭或相对封闭的小区、园区、厂区、高等学府作为主要应用场景。

（3）智能快递柜的应用。除了无人机、无人车等工具，智慧配送设施还包括了作为配送终端的智能快递柜。智能快递柜不仅作为配送终端，方便存取，而且常常与无人机、无人车配合应用，提高配送效率。目前我国物流企业已经在很多住宅小区、商务楼宇、校园投放了智能快递柜。智能快递柜一般的运作模式是，每个储物柜作为一个基站，与电商或快递公司的数据库相连接。快递人员拿到包裹后，先刷卡确认存包，然后扫描包裹上的条码。快递人员关闭柜门后，系统会自动发送一条带有取件密码的短信，提醒顾客取件。顾客凭短信取件码取件，当顾客关闭柜门后，系统会同时发送短信告知顾客取件的具体时间等信息。② 虽然智能快递柜的应用越来越广泛，但设立智能快递柜也需要大量投资，而且在其使用过程中容易产生很多值得关注的法律问题。

需要注意的是，在智慧物流的背景下，现代物流企业正积极探索将信息数据与技术应用于物流全流程中，全面构建智慧物流体系。仓储、运输、配送等各环节通过信息数据与技术紧密相连，在操作中有时不容易截然分开。但这并不影响我们从法律角度，按照流程对智慧物流的过程进行拆分，并分析其法律关系。

第二节　智慧物流中的法律关系

智慧物流涉及智慧仓储、智慧运输、智慧配送等主要环节。从法律关系上来看，各个环节中虽包含与传统物流环节类似的法律关系，但也经常因新技术的应用、新模式的实施，为法律关系带来新的特点。本部分将对智慧物流中的法律关系进行全面梳理。

① 霍艳芳，齐二石. 智慧物流与智慧供应链［M］. 北京：清华大学出版社，2020.
② 同①。

一、智慧仓储法律关系

(一) 仓储合同关系

1. 仓储合同关系的基本内容

根据我国《民法典》的规定，仓储合同是保管人储存存货人交付的仓储物，存货人支付仓储费的合同。仓储合同的双方主体是保管人与存货人。因此，若存货人选择了采用智慧仓储技术的仓库作为保管场所，该仓库的经营主体（保管人）与存货人之间就将成立仓储合同关系。根据我国《民法典》第三编第二十二章的规定，在仓储合同中，保管人的义务包括验收义务、出具仓单和入库单义务、危险通知与危险催告义务、损害赔偿义务等；保管人的权利包括收取费用的权利、紧急处置权等；存货人的义务包括支付费用的义务，储存易燃、易爆、有毒、有腐蚀性、有放射性等危险物品或者易变质物品的告知义务等；存货人的权利包括凭仓单检查仓储物或提取样品、提取仓储物等。

2. 智慧仓储合同的特殊性

总体来看，智慧物流背景下的仓储合同与普通的仓储合同没有明显区别，但在智慧物流背景下的仓储合同更有利于保障电子数据的真实性。这使得电子仓单更容易推广，也将使得仓单质押等供应链金融业务运行得更加平稳、便捷。同时，若智慧仓储技术得到充分运用，还可以提高仓储效率，降低保管方的违约风险。

(二) 买卖合同与技术服务合同关系

1. 买卖合同关系

一些物流企业或仓储企业在自建仓库、对外提供智慧仓储服务时，其本身可能缺少部分技术与设备。此时，这些企业如果向第三方企业购买设备，就形成了买卖合同关系。目前，市场上也已经有一些企业能够提供智慧仓储的整体方案，提供自动化生产及智能仓储的设备。

2. 技术服务合同关系

当物流企业或仓储企业不具备相应技术水平时，可能会选择与第三方企业签订技术服务合同，满足其业务需求。技术服务合同是当事人一方凭借技术知识为对方解决特定技术问题所订立的合同，合同双方分别称为委托人与受托人。技术服务合同委托人的义务包括：应当按照约定提供工作条件，完成配合事项，接受工作成果并支付报酬。技术服务合同受托人的义务包括：应当按照约定完成服务项目，解决技术问题，保证工作质量，并传授解决技术问题的知识。在技术服务合同的违约责任方面，当技术服务合同的委托人不履行合同义务或者履行合同义务不符合约定，影响工作进度和质量，不接受或者逾期接受工作成果的，支付的报酬不得追回，未支付的报酬应当支付。当技术服务合同的受托人违约，即技术服务合同的受托人未按照约定完成服务工作的，应当承担免收报酬等违约责任。

二、智慧运输法律关系

（一）运输合同关系

1. 运输合同关系的主体

在智慧运输中，最基本的法律关系依然是运输合同关系。根据我国《民法典》的规定，运输合同有货运合同与客运合同，本章关注的主要是货运合同。货运合同主要包括两方主体，即托运人与承运人。其中，托运人是指委托承运人运送货物并支付运费的社会组织或个人。承运人一般指专门经营海上、铁路、公路、航空等运输业务的运输企业，一般拥有大量的运输工具，为社会提供运输服务。

2. 托运人的权利和义务

根据我国《民法典》第三编第十九章第三节的规定，在货物运输合同中，托运人的主要义务包括支付运费、如实申报托运货物、提交相关审批检验文件、运输危险货物时的妥善包装和防范措施告知等义务；托运人的主要权利包括有权要求承运人按约定履行运输合同、有权在赔偿承运人损失的前提下要求承运人在货交收货人之前中止运输、返还货物、变更到达地或收货人等。

3. 承运人的权利和义务

根据我国《民法典》第三编第十九章第三节的规定，在货物运输合同中，承运人的主要义务包括：按照合同的约定配备合适的运输工具，接受托运人依约托运的货物；在运输过程中按照合同约定谨慎保管承运的货物；按照合同规定的时间将货物运到指定地点；按照合同的约定将货物交给收货人。承运人的主要权利包括：留置权，即托运人或者收货人不支付运费、保管费或者其他费用的，承运人对相应的运输货物享有留置权，但是当事人另有约定的除外；提存权，即收货人不明或者收货人无正当理由拒绝受领货物的，承运人依法可以提存货物。

（二）信息安全法律关系

在智能运输系统的使用过程中会收集和使用海量的车辆、货物信息及用户个人信息，因此，信息安全法律关系是智慧运输中的一种特殊法律关系。目前，我国的信息安全问题主要由《网络安全法》《数据安全法》《个人信息保护法》规定，共同构成了完整的法律体系。总体来看，信息安全法律关系的主体及其权利、义务包括以下内容。

1. 智能运输系统提供者

（1）告知义务。在提供服务前，使用数据的企业或组织应告知用户在使用过程会获取其相关的车辆、货物等信息，告知用户信息用途及相应的后果。同时，收集的信息只能用于被告知的事项。

（2）提供安全的网络环境，防止用户信息泄露。

（3）保密义务。未经用户授权，不得随意对外公布相关信息。若企业基于故意或过失而导致用户信息泄露，应当承担相应的责任。[①]

2. 智能运输系统用户

（1）如实提供个人信息的义务。在系统提供者履行告知义务后，用户一旦接受相应条款，就须如实填写自己的相关信息，同时不能在未经他人授权的情况下，擅自上传他人信息。造成相应后果的，应当承担相应责任。

（2）保证用户信息不被滥用、泄露的权利。若相关信息被滥用、泄露，可以按照法律规定获得相应救济。

3. 国家机关

（1）制定相应的规则、标准，支持信息保护技术的开发，推进信息保护体系建设。

（2）开展信息安全与信息保护宣传教育，调查、处理相关违法活动。

（三）网络货运经营模式中的法律关系

网络货运经营模式是智慧运输的重要组成部分，是在"互联网＋物流"背景下发展起来的新模式，其法律关系具有很强的特殊性。

1. 合同法律关系

在我国，网络货运经营者不能仅作为信息中介，还必须作为承运人成为合同一方主体。因此，在我国的网络货运经营模式下，一般存在两对合同法律关系：一是托运人与网络货运经营者之间的运输合同法律关系，二是网络货运经营者与实际承运人之间的运输合同法律关系。其法律关系如图 6-2 所示。

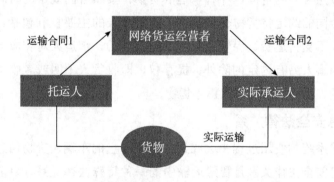

图 6-2　网络货运经营模式中的合同法律关系

_____

① 冯宪芬，李亮 . 做好物联网时代的信息安全法律保护 ［J］. 人民论坛，2019（35）：104-105.

可见，网络货运经营者对托运人而言具备承运人的法律地位，享有与承运人同样的权利并承担义务。而对实际承运人而言，网络货运经营者又是货物的托运人，应承担托运人的义务并享有相应权利。从违约责任的承担上来看，如果货物在网络货运经营者控制期间被毁损灭失，网络货运经营者自然要对托运人承担责任。如果货物在实际承运人控制期间被毁损灭失，由于托运人是和网络货运经营者签订的运输合同，根据合同的相对性原理，理论上需要由网络货运经营者向托运人承担赔偿责任。网络货运经营者在承担责任后，可以再根据其与实际承运人的合同向实际承运人追偿。不过在实践中若采用严格遵守合同相对性的处理方式，将对损失的弥补造成阻碍。此时还可以根据我国《民法典》第九百二十五条的规定，将网络货运经营者与实际承运人签订的合同认定为受托人与第三人签订的合同，该合同直接约束委托人（托运人）和第三人（实际承运人），即可以由实际承运人直接向托运人承担责任。

2. 监管法律关系

在对网络货运经营者的监管上，存在着两个层面的监管法律关系。

一是国家机关层面对网络货运经营者的监管。包括运输业务监管、运输资质监管、服务质量及信用监管、运行绩效监管等，特别是利用信息化手段加强对网络货运经营者的监管与评估，强化事中、事后监管。比如，在开展无车承运人试点过程中，国家交通运输物流公共信息平台管理中心上线了全国无车承运人试点运行监测平台，通过信息化手段，汇总全国无车承运人运行数据，反映全国无车承运人整体运行情况，规范无车承运人行为、推进信用建设，落实营改增相关政策、鼓励探索创新运营模式和管理制度。在此后开展网络货运试点过程中，2020 年 9 月，交通运输部办公厅印发了《交通运输部办公厅关于进一步做好网络平台道路货物运输信息化监测工作的通知》，对各省交通运输主管部门加快建设省级网络货运监测系统、加强网络货运企业运行监管、组织开展网络货运监测评估工作等方面提出了明确要求。

二是网络货运经营者的自我监管，即在网络货运经营者层面，对接入网络货运平台的实际承运人进行监管。一方面要接入运单，运单是监管的基础，只有确保运单真实性，才能把控运输风险。另一方面要处理异常，即网络货运经营者根据平台监管反馈的异常信息及时研究处置措施并进行整改，主要处理单据接入异常、车辆资质异常、车辆入网异常、车辆定位异常、综合异常等情况。

三、智慧配送法律关系

（一）配送服务合同关系

在智慧配送中，用户与配送人之间主要形成配送服务合同关系，即配送人接受用户的货物，予以保管，并按照用户的要求对货物进行拣选、加工、包装、分割、分货、组配等作业后，在指定时间内送至用户指定地点，由用户向配送人支付配送费用。在配送服务合同中，配送人仅提供配送服务，其取得的收入仅包括配送收入，而不包括销售收入。在配送服务过程中，货物仅发生物理位置的转移和物理形态的变化，其法律上的所有权并不因配送而发生转移。

（二）智能配送工具涉及的法律关系

在智慧配送中，会使用到无人机、无人车等新型配送工具。其涉及的法律关系与使用传统交通工具时有所不同，本部分着重以无人机配送为例进行分析。

1. 行政许可法律关系

无人机的运营许可是指民航管理部门颁发给无人机运营商，允许其操控无人机的行政许可。无人机运营商包括法人和自然人。我国无人机运营的监管与许可机构是中国民用航空局（以下简称民航局）。2016 年 9 月 21 日民航局空管行业管理办公室下发的《民用无人驾驶航空器系统空中交通管理办法》，进一步对无人驾驶系统明确了评估管理、空中交通服务、无线电管理等内容。目前，我国对于民用无人机的运营许可已经作出了一系列规定。2018 年 8 月 31 日，民航局飞行标准司对 2016 年 7 月 11 日发布的《民用无人机驾驶员管理规定（AC－61－FS－2016－20R1）》进行了修订。修订的主要内容包括调整监管模式，完善由局方全面直接负责执照颁发的相关配套制度和标准，细化执照和等级颁发要求和程序，明确由行业协会颁发的原合格证转换为局方颁发的执照的原则和方法。2021 年 12 月 23 日，在全面总结前期实践经验的基础上，民航局飞行标准司修订了咨询通告《民用无人驾驶航空器操控员管理规定》，并面向行业和社会公开征求意见。修订的主要内容包括修改"驾驶员"为"操控员"、设置执照种类以取代原分类等级、调整大型无人机操控员执照训练和考试要求等，修订目的是建立健全无人机操控员执照管理体系、促进无人机产业健康发展。但是，物流业采用无人机进行物流活动需要的无人机通常在重量、飞行范围、相对高度等方面都会超出飞行许可豁免的范围。对此，目前我国法律法规还没有针对无人机在物流行业应用时行政许可的特殊规定。

2. 监管法律关系

我国无人机物流的监管主体是民航局，监管对象为无人机运营商。《民用无人驾驶航空器系统空中交通管理办法》中明确规定，由民航局指导监督全国民用无人驾驶航空器系统空中交通管理工作，地区管理局负责本辖区内民用无人驾驶航空器系统空中交通服务的监督和管理工作。空管单位向其管制空域内的民用无人驾驶航空器系统提供空中交通服务。但是，对于无人机的监管问题，我国缺乏进一步的具体实施细则。比如对于跨区域的无人机监管问题、具体的监管部门设置以及监管手段和程序等问题还缺乏具体的规定。①

3. 物流企业与托运人、第三人等的法律关系

在对物流企业与托运人、第三人法律关系的分析中，主要应关注无人机安全、事故问题带来的特殊法律关系与责任。第一，在物流企业（即承运人）与托运人之间，承运人要保障自身机器的安全运行并在此范围内承担责任。托运人要严格按照承运人的要求寄放货物。第二，在无人机的运营业务中，物流企业作为承运人也有保护第三人安全的义务。一旦无人机损害第三人的利益，物流企业与无人机生产者、销售者的责任也应得到合理划分。

实践中，一旦发生无人机安全事故，常会出现事故原因复杂、损害责任难以划分的情况。通常体现在以下几个方面：无人机生产、维护、使用过程的问题，如产品缺陷；物流企业运输配送过程中的过错，如超载；托运人与托运货物的原因，如运载货物未按规定进行包装或货物本身性质问题；天气因素或特殊地理环境，如暴风雨、大雾或高山、高楼造成信号遮蔽；第三人侵权，如被路人用弹弓等工具击落等因素。

（三）智能配送终端涉及的法律关系

智能配送终端在我国以智能快件箱为代表。我国快递市场上的智能快件箱分为两大类：直营式智能快件箱和第三方智能快件箱。直营式智能快件箱是指由经营快递业务的企业直接设立的，由其享有所有权和运营管理权的智能快件箱。第三方智能快件箱是指由经营快递业务的企业和用户之外的第三方企业直接设立和运营的智能快件箱。

1. 直营式智能快件箱涉及的法律关系

直营式智能快件箱的法律关系涉及寄件人、收件人和经营快递业务的企业三方主体。其中，寄件人与经营快递业务的企业双方签订配送服务合同，并且此合同属于为第三人利益服务的合同。也就是说，虽然在一般情况下收件人并没有参与快递服务合同的签订，但是合同的内容将直接影响作为利益第三人的收件人的合法权益。经营快递业务的企业只有在承诺的时限内快速而安全地将快件运至收件人处，并将之交付于收件人才能完成配送服务。

使用智能快件箱作为配送终端，事实上变更了快递服务合同中的投递方式，根据为第三人利益建立合同制度的目的与宗旨，需要事先征得收件人的同意。否则无法产生法律效力。目前，《智能快件箱寄递服务管理办法》第二十二条已经明确规定，智能快件箱使用企业使用智能快件箱投递快件，应当征得收件人同意。

2. 第三方智能快件箱涉及的法律关系

在使用第三方智能快件箱作为配送终端时，经营快递业务的企业本身不再是智能

---

① 杨代勇. 无人机物流配送中面临的法律问题及规范 [J]. 物流技术，2020，39（10）：18－22.

快件箱的所有者，而是通过租赁等方式获得智能快件箱的使用权。因此，法律关系中除了寄件人、收件人和经营快递业务的企业三方主体，还包括智能快件箱运营者这一主体。

经营快递业务的企业与智能快件箱运营者之间存在双重法律关系。一是租赁合同关系。其中，出租人为智能快件箱运营者，承租人为经营快递业务的企业。作为出租人的智能快件箱运营者，需向经营快递业务的企业提供适用的智能快件箱，即智能快件箱必须具备快件投递和提取的基本功能。此外，智能快件箱的运营者还负有对智能快件箱进行日常维护的义务，以保证其正常运行。作为承租人的经营快递业务的企业，应当按照约定的方式合理地使用智能快件箱，并支付相应的租金。二是承揽合同关系，其中承揽人为智能快件箱运营者，定作人为经营快递业务的企业。作为承揽人的智能快件箱运营者在快件投递完成后，需通过系统生成密码，向收件人发送取件信息，并对快件的投递与提取的过程进行实时监控。同时，承揽人还需向经营快递业务的企业传输关于快件状态的相关信息。经营快递业务的企业作为定作人需对智能快件箱运营者完成承揽工作提供必要的协助，并支付相应的报酬。[①]

第三节　智慧物流法律法规与政策

一、智慧物流法律法规

智慧物流在众多情况下并不会改变物流活动的基础法律关系。因此《民法典》等基本法律必然会适用到智慧物流领域中。在智慧物流合同法律关系中，各方的权利和义务将受到《民法典》规定的仓储合同、保管合同、运输合同、承揽合同、租赁合同等相应法律规定的调整。当智慧物流运行过程中发生侵犯他人合法权益的情况，相关的侵权关系将受到《民法典》侵权责任编的相关规定限制。智慧物流中的快递问题，将受到《邮政法》的限制。同时，智慧物流也会带来信息保护、数据安全等问题，也会受到《网络安全法》《数据安全法》《个人信息保护法》等相应特别法的限制。在行政法规层级，当涉及相应领域时，智慧物流活动将分别受到《快递暂行条例》《道路运输条例》《国内水路运输管理条例》等法规的限制。

---

① 郑佳宁.智慧物流终端的法律困惑：私法视域下智能快件箱之属性探究［J］.内蒙古社会科学（汉文版），2016，37（4）：111-116.

二、智慧物流政策

相对于高层级的法律法规来说，在智慧物流领域大量存在的是相关的政策、规章和标准。这些文件对该领域进行了更加有针对性的指引和调整。本部分首先介绍智慧物流领域的代表性政策。

在"工业 4.0""互联网＋"发展的大背景下，我国物流业也迎来了智能化升级改造。为有力引导和支撑物流业规模化和集约化发展、加快物流转型升级和创新发展，国家政府发布了多项政策以促进智慧物流的快速发展，将智慧物流视为发展国内市场、完善交通运输体系不可或缺的关键环节。这些政策的核心是利用先进技术实现物流行业的降本增效，提高物流智慧化水平，促进整个物流行业的快速发展。已发布的各项政策从智慧仓储、智慧运输、智慧配送等多个环节提供指导意见。智慧物流政策及内容要点如表 6-1 所示。

表 6-1　　　　　　　　　　　智慧物流政策及内容要点

发布年月	发布部门	政策文件	智慧物流相关内容
2020 年 9 月	国家发展改革委、工业和信息化部、公安部、财政部等	《推动物流业制造业深度融合创新发展实施方案》	鼓励制造业企业适应智能制造发展需要，开展物流智能化改造，推广应用物流机器人、智能仓储、自动分拣等新型物流技术装备，提高生产物流自动化、数字化、智能化水平
2020 年 6 月	国务院办公厅	《国务院办公厅转发国家发展改革委交通运输部关于进一步降低物流成本实施意见的通知》	加快发展智慧物流。积极推进新一代国家交通控制网建设，加快货物管理、运输服务、场站设施等数字化升级。推进新兴技术和智能化设备应用，提高仓储、运输、分拨配送等物流环节的自动化、智慧化水平
2019 年 10 月	国家发展改革委、市场监管总局	《关于新时代服务业高质量发展的指导意见》	打造一批面向服务领域的关键共性技术平台，推动人工智能、云计算、大数据等新一代信息技术在服务领域深度应用，提升服务业数字化、智能化发展水平，引导传统服务业企业改造升级，增强个性化、多样化、柔性化服务能力。鼓励业态和模式创新，推动智慧物流、服务外包、医养结合、远程医疗、远程教育等新业态加快发展，引导平台经济、共享经济、体验经济等新模式有序发展，鼓励更多社会主体围绕服务业高质量发展开展创新创业创造
2019 年 7 月	交通运输部	《数字交通发展规划纲要》	大力发展"互联网＋"高效物流新模式、新业态，加快实现物流活动全过程的数字化，推进铁路、公路、水路等货运单证电子化和共享互认，提供全程可监测、可追溯的"一站式"物流服务

发布年月	发布部门	政策文件	智慧物流相关内容
2019 年 3 月	国家发展改革委、中央网信办、工业和信息化部等	《关于推动物流高质量发展促进形成强大国内市场的意见》	实施物流智能化改造行动。大力发展数字物流，加强数字物流基础设施建设，推进货、车（船、飞机）、场等物流要素数字化。加强信息化管理系统和云计算、人工智能等信息技术应用，提高物流软件智慧化水平。支持物流园区和大型仓储设施等应用物联网技术，鼓励货运车辆加装智能设备，加快数字化终端设备的普及应用，实现物流信息采集标准化、处理电子化、交互自动化。发展机械化、智能化立体仓库，加快普及"信息系统＋货架、托盘、叉车"的仓库基本技术配置，推动平层仓储设施向立体化网格结构升级。鼓励和引导有条件的乡村建设智慧物流配送中心。鼓励各地为布局建设和推广应用智能快（邮）件箱提供场地等方面的便利
2018 年 1 月	国务院办公厅	《国务院办公厅关于推进电子商务与快递物流协同发展的意见》	推广智能投递设施。鼓励将推广智能快件箱纳入便民服务、民生工程等项目，加快社区、高等院校、商务中心、地铁站周边等末端节点布局。支持传统信报箱改造，推动邮政普遍服务与快递服务一体化、智能化
2017 年 8 月	国务院办公厅	《国务院办公厅关于进一步推进物流降本增效促进实体经济发展的意见》	推广应用高效便捷物流新模式。依托互联网、大数据、云计算等先进信息技术，大力发展"互联网＋"车货匹配、"互联网＋"运力优化、"互联网＋"运输协同、"互联网＋"仓储交易等新业态、新模式。加大政策支持力度，培育一批骨干龙头企业，深入推进无车承运人试点工作，通过搭建互联网平台，创新物流资源配置方式，扩大资源配置范围，实现货运供需信息实时共享和智能匹配，减少迂回、空驶运输和物流资源闲置。开展仓储智能化试点示范。结合国家智能化仓储物流基地示范工作，推广应用先进信息技术及装备，加快智能化发展步伐，提升仓储、运输、分拣、包装等作业效率和仓储管理水平，降低仓储管理成本

发布年月	发布部门	政策文件	智慧物流相关内容
2017 年 1 月	商务部、国家发展改革委、原国土资源部、交通运输部、国家邮政局	《商贸物流发展"十三五"规划》	深入实施"互联网＋"高效物流行动，构建多层次物流信息服务平台，发展经营范围广、辐射能力强的综合信息平台、公共数据平台和信息交易平台。运用市场化方式，提升商贸物流园区、仓储配送中心、末端配送站点信息化、智能化水平。推广应用物联网、云计算、大数据、人工智能、机器人、无线射频识别等先进技术，促进从上游供应商到下游销售商的全流程信息共享，提高供应链精益化管理水平
2016 年 6 月	国务院办公厅	《国务院办公厅关于转发国家发展改革委营造良好市场环境推动交通物流融合发展实施方案的通知》	发展广泛覆盖的智能物流配送：发展"互联网＋城乡配送"、推进"互联网＋供应链管理"、强化"物联网＋全程监管"
2015 年 10 月	国务院	《国务院关于促进快递业发展的若干意见》	支持骨干企业建设工程技术中心，开展智能终端、自动分拣、机械化装卸、冷链快递等技术装备的研发应用
2015 年 8 月	国家发展改革委	《关于加快实施现代物流重大工程的通知》	提升物流业信息化、标准化水平。加强大数据、物联网、云计算等先进信息技术在重大物流工程中的应用，推动物流信息和公共服务信息的有效衔接和互联互通，提高托盘等标准化设施设备的应用水平
2015 年 7 月	商务部办公厅	《商务部办公厅关于智慧物流配送体系建设实施方案的通知》	主要任务包括建立布局合理、运营高效的智慧物流园区（基地），建立深度感知的智慧化仓储管理系统，建立高效便捷的智慧化末端配送网络，建立科学有序的智慧化物流分拨调配系统，建立互联互通的智慧化物流信息服务平台，提高物流配送标准化、单元化水平，提升物流企业信息管理和技术应用能力
2014 年 10 月	国务院	《国务院关于印发物流业发展中长期规划（2014—2020 年）的通知》	创新驱动，协同发展。加快关键技术装备的研发应用，提升物流业信息化和智能化水平，创新运作管理模式，提高供应链管理和物流服务水平，形成物流业与制造业、商贸业、金融业协同发展的新优势

三、智慧物流部门规章与地方性法规

部门规章是由国务院所属各部委等，根据法律、行政法规，在本部门的权限范围内制定的规范性文件。地方性法规是地方人民代表大会及其常务委员会制定的规范性文件，在地方政府管辖范围内有效。可见，部门规章和地方性法规将更能体现某一领域或某一地域的特殊性，具有独特的优势。

在智慧物流部门规章方面，具有代表性的有《民航局关于促进航空物流业发展的指导意见》《交通运输部办公厅关于推进改革试点加快无车承运物流创新发展的意见》等。在智慧物流地方性法规方面，各省市近年来也积极推进，或通过专门的法规促进当地智慧物流发展，或将发展智慧物流作为优化营商环境、促进自贸区建设等工作的重要组成部分。例如，《安徽省大数据发展条例》指出，支持云计算、移动互联网、物联网、人工智能、区块链等新一代信息技术产业发展，鼓励发展电子商务、共享经济、平台经济、在线金融、在线文娱、智慧物流、智慧旅游、智慧医疗、智慧养老、智慧教育等现代服务业；《河南省优化营商环境条例》指出，为申报人提供进出口货物申报、运输工具申报、税费支付、贸易许可和原产地证书申领等全流程电子化服务，推广跨境电商、贸易融资、信用保险、出口退税、智慧物流等地方特色应用。

四、智慧物流标准

物流活动的技术性、复杂性特点，决定了物流法律规范会包括大量的标准，以指导物流活动，标准中既包括国家标准，也包括行业标准。但是，目前在智慧物流这一领域，还缺乏正在使用的专门性的国家或行业标准。近年来，国家重视发展团体标准，由具备相应能力的学会、协会、商会等社会组织协调相关市场主体共同制定，增加了标准的有效供给。比如中国物流与采购联合会公路货运分会联合相关单位制定的《同城网约货运平台运营安全管理规范》等。

第四节　智慧物流专题案例分析

一、智慧仓储法律问题与案例

（一）智慧仓储的标准问题

由于智慧仓储的专业性、技术性较强，因此大量问题需要通过国家标准、行业标准予以明确。近年来，在国家的大力倡导和支持下，已经有很多物流企业先行先试，

但一般都集中在企业的自行探索阶段。虽然代表性企业的智慧仓储建设成绩斐然，但目前智能物流标准创新尚不能完全满足物流行业需求，还缺少配套和统一的国家标准或行业标准。

【案例6-1】日日顺物流建成的大件物流首个智能无人仓正式启用。[①]

【案例简介】

在大件智能仓储领域，青岛日日顺物流有限公司（以下简称日日顺物流）先行先试，在打造了多个智能化仓库的基础上，于2020年6月14日正式启用大件物流首个智能无人仓。该无人仓将全景智能扫描站、关节机器人、龙门拣选机器人等多项智能设备首次集中应用在大件物流仓储环节，还采用了视觉识别、智能控制算法等人工智能技术，实现了无人仓24小时黑灯作业。该无人仓主要服务于C端消费者，作业分为入库上架、拆零拣选、备货出库几部分。

1. 入库上架：精准高效的全景扫描＋机器人码垛

通常来说，商家根据销售预测完成备货计划，提前送货入库。当货车到达月台后，家电商品被人工卸至可以延伸到货车车厢的入库伸缩皮带机上（电视机产品卸至专用入库通道）。商品随即经过全景智能扫描站，系统快速、准确地获取商品的重量、体积等信息，并根据这些信息将货物分配到相应的关节机器人工作站，关节机器人根据该信息进行垛型计算并码垛。

2. 拆零拣选：龙门拣选机器人首次应用

当消费者下单后，前端销售系统会将订单信息发送至无人仓WMS系统（仓库管理系统），无人仓根据订单信息和用户预约的时间进行拣选出库及配送。当WMS系统下达出库任务后，堆垛机从指定储位将托盘下架，托盘经输送线被输送至二楼拣选区的不同分拣区域，由扫描系统进行扫描复核。确认所需拣选商品正确后，龙门拣选机器人自动将带有收货地址等用户信息的条码粘贴在商品上，并将货物移至托盘。

3. 备货出库：AGV（自动导引车）全程助力

当龙门拣选机器人拣选完毕，信息反馈至系统，系统调度AGV前来搬运。二楼拆零拣选区，AGV将托盘货物送至智能提升梯，由其将货物运至一楼备货区。此时二楼AGV任务完成，开始等待新的系统指令。托盘货物自智能提升梯运出后，经扫描确认后信息传回系统，系统调度一楼备货区的AGV将托盘货物送至指定暂存货位。AGV采用激光导引技术，通过空间建模进行场地内空间定位，并在所有路线中快速选择最优路径作业，以及自动避障和路径优化更改。当货车到达后，系统调度AGV按照"先卸后装"的原则，将托盘货物运至出库月台，最后装车发运。

---

① 任芳. 日日顺物流　再树大件智能无人仓新标杆［J］. 物流技术与应用，2020，25（7）：92-97.

【案例分析】

智能物流与智慧仓储的发展推动了综合性标准的制定。近年来，交通运输部主办的"国家交通运输物流公共信息平台"对智能物流标准体系的建立起到重大作用，同时，全国物流信息管理标准化技术委员会推动了自动识别、条码、二维码等相关标准的创新，北京起重运输机械设计研究院建立全自动化立体库等相关标准。大数据、物联网、云计算等各技术领域在物流行业应用中均会推动这些信息技术在物流业应用的标准创新。①

但是目前，我国融合性、综合性、集成性的物流与智慧仓储标准仍然是欠缺的，造成企业的应用和发展需求不能被满足，不利于全流程的智能化发展。物流的智能化与自动化是一项系统性工程，高端技术的落地必然需要相应基础设施的支撑，智能化仓储的完全实现需要整套基础设施的改造，尤其是管理流程的优化与再设计。但目前，我国物流公司更多的是将整个物流环节割裂开来，只在个别环节上实现了一定程度的智能化，对系统效率的提升非常有限。对于综合性的智慧仓储建设，目前还集中在一些企业的自身探索阶段。

近年来，我国抓紧出台了智慧物流、数字化仓库等相关的国家标准和行业标准，一定程度上解决了标准不统一、服务不规范等问题。比如《数字化仓库基本要求》《数字化仓库评估规范》推荐性物流行业标准于 2022 年 7 月 1 日起正式实施。2022年 10 月 12 日，国家标准《智慧物流服务指南》（GB/T 41834—2022）由国家市场监督管理总局、国家标准化管理委员会发布实施。这些标准的发布实施，对于发展智慧物流，提升物流效率和管理服务能力具有积极作用。上述文件将明确数字化仓库的企业要求、技术要求、管理要求和可持续发展要求，有望解决本部分提到的行业标准不统一问题。

（二）智慧仓储中的违约责任

【案例 6 - 2】廊坊科德智能仓储装备股份有限公司与重庆正川永成医药材料有限公司买卖合同纠纷案。②

【案例简介】

上诉人（本诉原告、反诉被告）：廊坊科德智能仓储装备股份有限公司。

被上诉人（本诉被告、反诉原告）：重庆正川永成医药材料有限公司。

原告、被告于 2018 年 2 月 9 日签订了《自动化立体仓库项目供货合同》，约定由原告廊坊科德智能仓储装备股份有限公司（以下简称廊坊科德仓储公司，乙方）向

_____

① 杨敬丽．智能物流打破企业边界 推动综合标准融合创新：访中国仓储与配送协会副会长王继祥［J］．中国标准化，2017（15）：17-19.

② 本案例来自重庆市第一中级人民法院民事判决书（2020）渝 01 民终 7832 号.

被告重庆正川永成医药材料有限公司（以下简称重庆正川永成医药材料公司，甲方）提供自动化立体仓库成套设备。合同约定，本合同为立体仓库的供货合同，且本工程为交钥匙工程。廊坊科德仓储公司应于合同签订后 180 天内将自动化立体库完成调试并交付使用（含设计、制造、安装）。合同含税总价为 1390 万元，由重庆正川永成医药材料公司采用 6 个月期限银行承兑汇票或者电汇的方式支付合同款。施工中发现不符合《永成立体仓库项目技术协议》要求的，由乙方无条件限期整改。同日，双方签订了《永成立体仓库项目技术协议》，载明：甲方仅提出基本的技术要求和设备的基本要求，并未涵盖和限制乙方具有更高的设计与标准和更加完善的功能，更完善的配置和性能、更优异的部件和更高水平的控制系统等。诉讼中，廊坊科德仓储公司称其已按照约定提供设备、安装完毕，并经过验收通过，但重庆正川永成医药材料公司有部分货款至今未支付。重庆正川永成医药材料公司辩称并反诉称，在合同履行过程中，廊坊科德仓储公司违反约定，存在延期竣工、托盘叉孔尺寸不符等事实。

【争议焦点】

本案的争议焦点之一是廊坊科德仓储公司是否构成违约、是否应当赔偿重庆正川永成医药材料公司相关损失，以及如何判定重庆正川永成医药材料公司损失的金额。因此，本案主要涉及提供自动化立体仓库成套设备合同的性质问题，以及违反该合同约定时的违约责任问题。

法院经审理查明，2018 年 9 月 14 日，重庆正川永成医药材料公司工作人员与廊坊科德仓储公司总经理签订了《永成立体库项目专题会会议纪要》，约定立体库延期已对重庆正川永成医药材料公司经营生产造成影响等内容；2018 年 11 月 19 日，重庆正川永成医药材料公司工作人员与廊坊科德仓储公司的营销副总监签订另一纪要文件，载明工程存在延期竣工、叉车与约定购买的托盘叉孔尺寸不符、合同约定的货架生产厂家与实际供货厂家不符、钢托盘在未使用前就出现变形和锈蚀现象，存在严重质量问题等问题。

法院认为，在廊坊科德仓储公司、重庆正川永成医药材料公司两次签订的会议纪要中，均对廊坊科德仓储公司施工过程中存在的问题进行了罗列，认定廊坊科德仓储公司履行合同的过程中确实存在违约行为。廊坊科德仓储公司于判决生效之日起五日内向重庆正川永成医药材料公司赔偿各项损失共计 1348855 元。廊坊科德仓储公司于判决生效之日起五日内向重庆正川永成医药材料公司支付违约金 139000 元。驳回廊坊科德仓储公司的诉讼请求；驳回重庆正川永成医药材料公司的其他反诉请求。

【案例分析】

本案原告、被告双方曾对合同的性质产生争议。经过审理，法院明确认定本案的确是一份典型的买卖合同。在此前提下，廊坊科德仓储公司作为卖方，负有提供符合合同约定货物的义务。由于智慧仓储极高的技术性,对于产品的质量和规格要求很高,双方也通过合同对这些内容进行了明确的约定。本案中,卖方没有按照合同约定提供和安装设备,已经构成违约,自然应当承担违约责任。鉴于对技术的高要求,双方还签订了一份技术协议,并明确约定,如不履行技术协议,也构成对买卖合同的违约。本案中廊坊科德仓储公司也违反了技术协议的约定。本案体现了合同当中有约必守的要求。

作为专业的智慧物流供应商,在接受合同相对方提供的对价的同时,卖方自身也需要提供符合约定的产品和服务。同时需要注意,在买卖合同当中,存在着对标的物质量的"默示担保",也就是说,即使双方没有在合同中对交付产品的质量作出明确的约定,当事人也必须遵守《民法典》的相关要求,即质量要求不明确的,按照强制性国家标准履行;没有强制性国家标准的,按照推荐性国家标准履行;没有推荐性国家标准的,按照行业标准履行;没有国家标准、行业标准的,按照通常标准或者符合合同目的的特定标准履行。产品提供方不能以合同约定不明为由拒绝履行相应义务。

拓展阅读 6-1

二、智慧运输法律问题与案例

(一)智慧运输中的信息保护与数据安全问题

智慧运输中涉及大量个人信息与公共数据。一旦发生泄露、滥用等问题,将严重影响相关主体的合法权益、危害社会公共利益。因此在智慧运输,甚至整个智慧物流发展的过程当中,个人信息保护与数据安全成为广受关注的新问题。

【案例 6-3】360 公司发布《2019 智能网联汽车信息安全年度报告》。

【案例简介】

2020 年 3 月,360 公司发布《2019 智能网联汽车信息安全年度报告》,该报告总结了 2019 年智能网联汽车"十大安全事件",这些事件均与信息数据安全有关。"十大安全事件"包括基于通信模组的远程控制劫持攻击,基于生成式对抗网络(GAN)自动驾驶算法攻击,特斯拉 PKES 系统(汽车无钥匙进入与启动系统)存在中继攻击威胁,特斯拉 Model S/X WiFi 协议（汽车里的无线协议）存在缓存区溢出漏洞，共享汽车 App 存在漏洞；基于激光雷达的自动驾驶系统安全性存疑，Uber（优步）爆出存在账号劫持漏洞，后装汽车防盗系统存在漏洞，丰田汽车服务器遭到入侵，宝马遭受 APT（高级可持续威胁）攻击。该报告通过对典型安全事件的分析，总结出当前智能网联汽车安全的四大风险：汽车攻击事件快速增长，攻击手段层出不穷；智能网联汽车缺乏异常检测和主动防御机制；数字钥匙成为广泛引起关注的新攻击面；自动驾驶算法和 V2X 系统将成为新的热点攻击目标。

【案例分析】

智能网联汽车是智能交通的先行领域，也是我国"十四五"规划中大力发展的重要新型基础设施。伴随智能网联汽车产业发展，车辆成为融入互联互通体系的重要信息终端。但世界范围内层出不穷的智能网联汽车安全事件，也暴露了其严重的数据安全风险。可以说，智能网联汽车的出现为数据安全立法也提出了更高的要求。智能网联汽车数据安全风险可划分为个人、社会、国家三个层面。

1. 个人安全风险层面

智能网联汽车数据中包含属于车主或乘客的大量个人信息，如车辆的轨迹数据、车载电话数据、车内摄像头的影像数据、车载智能机器人的语音交互数据、车载支付数据等。同时，由于车联网具有远程操控功能，一旦车辆操控数据被截获和篡改，将直接影响驾驶者的行驶安全。

2. 社会安全风险层面

随着车联网与智能交通的逐渐融合，车联网的数据安全也将进一步深入社会层面。例如，车辆数据与交通信号灯的智能联动是车联网在智能交通中最常见的应用。如果有车辆向智能交通系统恶意发送虚假信息，就会造成大面积交通堵塞。

3. 国家安全风险层面

车联网至少有三类数据与国家安全潜在相关。第一类是经纬度数据，智能网联汽车设备会采集车辆行驶过程中的经纬度数据，当这些数据汇集到一定量级时就具备了地图测绘能力。第二类是车载摄像头的影像数据，智能网联汽车逐步配备 360 度摄像头采集的数据，将使涉密地区、涉密单位的安全保密工作变得更具挑战性。第三类是车辆的远程控制数据，这些数据一旦被不法分子利用，被远程控制的智能网联汽车有可能变成实施犯罪的工具。

目前，国家与相关部门已经针对这一问题进行了大量的立法工作。首先，我国《数据安全法》已于 2021 年 9 月生效，从国家立法层面保护智慧交通中的数据安全。其次，2021 年，工业和信息化部先后发布了《智能网联汽车生产企业及产品准入管理指南（试行）》征求意见稿和《关于加强智能网联汽车生产企业及产品准入管理的意见》，从企业和产品两方面，对智能网联汽车网络安全作出了多项要求。包括依法收集、使用和保护个人信息，建立汽车网络安全管理制度等。另外，其他相关法规标准还包括，2021年4月全国信息安全标准化技术委员会发布的《信息安全技术　网联汽车　采集数据的安全要求》标准草案、2021年5月国家互联网信息办公室会同有关部门起草的《汽车数据安全管理若干规定（征求意见稿）》、2021年6月工业和信息化部起草的《关于加强车联网（智能网联汽车）网络安全工作的通知（征求意见稿）》等。上述文件涉及了汽车数据从收集、分析、存储到传输、查询、应用和删除等全流程规定，以及加强车联网网络安全防护、加强平台安全防护、加强数据安全等重要问题。

（二）网络货运经营者（无车承运人）的民事责任问题

【案例6-4】潍坊健宝生物科技有限公司与江苏满运软件科技有限公司等运输合同纠纷案。[①]

【案例简介】

本案原审原告为潍坊健宝生物科技有限公司（以下简称潍坊健宝生物公司）；本案原审被告为江苏满运软件科技有限公司（以下简称江苏满运软件科技公司）、江苏满运软件科技公司天津分公司、毕某某。

2019年12月31日，原告潍坊健宝生物公司与被告江苏满运软件科技公司、江苏满运软件科技公司天津分公司等签订《货物运输合作框架协议》一份，约定潍坊健宝生物公司知晓并接受江苏满运软件科技公司及其分公司的运满满平台的无车承运业务模式，运满满平台委托实际承运人负责实际向托运人提供货物运输服务。同时，该协议第六条第一款约定："货物交运给乙方后，自装车起运时，货物的毁损、灭失由乙方承担赔偿责任，但乙方证明货物的毁损、灭失是因不可抗力、货物的本身的自然性质或者合理损耗及甲方或收货单位造成的除外"。

2020年4月22日，潍坊健宝生物公司与江苏满运软件科技公司天津分公司签订《货物运输交易协议》，约定潍坊健宝生物公司委托江苏满运软件科技公司天津分公司承运一批货物。实际承运人为毕某某，车牌号为鲁P×××××，装货时间为2020年4月22日，卸货时间为2020年4月24日，自山东省潍坊市昌乐县运至四川省眉山市彭山区，运费为9420.40元。同时，该合同还约定：如托运人未事先向运满满平台声明货物实际价值并选择保价运输的，因可归责于运满满平台的原因造成托运人损失的，双方确认，运满满平台对本协议运单项下货物的毁损、灭失、逾期等损失的最高赔偿的限额为人民币2万元整，运满满平台对超出该限额的损失不承担任何赔偿责任，运满满平台根据《满运宝保障条款》在最高2万元限额以内按照托运人实际损失进行赔偿。同日，毕某某与江苏满运软件科技公司天津分公司就案涉货物运输事宜签订《货物运输交易协议》。合同签订后，潍坊健宝生物公司于2020年4月22日将净重为

---

① 本案例来自江苏省南京市中级人民法院民事判决书（2020）苏01民终8660号。

33.04 吨葡萄糖酸钠交至实际承运人毕某某与案外人赵某某承运，后在运输途中发生交通事故，部分案涉货物毁损、灭失。2020 年 4 月 27 日，案涉货物被运回潍坊健宝生物公司，过磅后净重为 25.60 吨。另查明，车牌号鲁 P××××× 的案涉承运车辆登记所有人为 C 公司，实际车主为案外人黄某某，挂靠 C 公司从事货物运输业务。

【争议焦点】

本案涉及的核心问题是在相关运输合同关系中，如何认定网络货运经营者（无车承运人）、托运人、实际承运人之间的法律关系和法律责任。本案的争议焦点包括：江苏满运软件科技公司是否应向潍坊健宝生物公司承担货损赔偿责任；毕某某是否应向潍坊健宝生物公司承担货损赔偿责任。

对于第一个争议焦点，法院认为，当事人应当按照约定全面履行自己的义务。本案中，潍坊健宝生物公司交运的货物产生货损 29760 元。根据潍坊健宝生物公司与江苏满运软件科技公司、江苏满运软件科技公司天津分公司等签订的《货物运输合作框架协议》《货物运输交易协议》，潍坊健宝生物公司有权要求江苏满运软件科技公司、江苏满运软件科技公司天津分公司依约承担相应赔偿责任。根据《满运宝保障条款》的最高限额限制，江苏满运软件科技公司及江苏满运软件科技公司天津分公司应赔偿损失 20000 元。

对于第二个争议焦点，法院认为，毕某某也应当向潍坊健宝生物公司承担货损赔偿责任。本案中，江苏满运软件科技公司天津分公司与毕某某就案涉货物运输事宜签订《货物运输交易协议》中，载明潍坊健宝生物公司为实际托运人，毕某某为承运人，并约定货物交运后，除因不可抗力、货物本身的自然性质造成的货物毁损或灭失的风险与损失以外，承运人将货物交付收货方（以收货方签署的回单上记载的时间为准）之前发生的货物毁损或灭失的风险与损失由承运人承担。因在运输途中发生交通事故，毕某某未能按约将潍坊健宝生物公司托运的货物送到指定地点，并导致部分货物毁损、灭失，潍坊健宝生物公司有权要求毕某某按照前述约定承担货损赔偿责任。因此法院判决毕某某赔偿原告货损 9760 元。

【案例分析】

处理本案的关键是厘清托运人、网络货运经营者（无车承运人）、实际承运人三者之间的关系。本案中，由潍坊健宝生物公司与江苏满运软件科技公司签订《货物运输合作框架协议》《货物运输交易协议》。以上合同的性质为运输合同，其中潍坊健宝生物公司为托运人、江苏满运软件科技公司为承运人。基于合同的相对性，当货损发生后，江苏满运软件科技公司自然应向潍坊健宝生物公司依约承担赔偿责任。

网络货运经营（无车承运）模式中，实际承运人是一个比较特殊的角色，他虽然与托运人没有直接的合同关系，却可能是实际造成货损的人。若严格依照合同相对性，当货损发生后必须由托运人先向承运人求偿，承运人后续才能向实际承运人追偿，容易造成司法程序的重复和司法资源的浪费。

根据我国《民法典》第九百二十五条的规定，受托人以自己的名义，在委托人的授权范围内与第三人订立的合同，第三人在订立合同时知道受托人与委托人之间的代理关系的，该合同直接约束委托人和第三人；但是，有确切证据证明该合同只约束受托人和第三人的除外。这一规定恰好能够解决网络货运经营（无车承运）模式下实际承运人的责任问题。由于网络货运经营者（无车承运人）自身不拥有车辆，其业务的开展方式是与实际承运人继续签订委托合同，由实际承运人从事货物运输。本案中，江苏满运软件科技公司作为潍坊健宝生物公司的受托人，以自己的名义与第三人（实际承运人）毕某某签订合同，该合同直接在潍坊健宝生物公司和毕某某之间发生效力，并由毕某某承担实际承运人这一角色。因此当货损发生时，毕某某也有义务向潍坊健宝生物公司承担责任。

拓展阅读 6－2

三、智慧配送法律问题与案例

（一）使用智能配送终端的法律责任问题

【案例 6－5】李某某诉好鲜公司网络购物纠纷案。

【案例简介】

好鲜公司在某电商平台经营一家销售生鲜水果的网店。2019 年 7 月 17 日，李某某在该店购入一箱奇异果，订单实价 29.8 元，红包抵扣 2.6 元，实付 27.2 元。同日，好鲜公司通过某快递公司发货。7 月 18 日，包裹被存放至李某某所在小区的智能快件箱。李某某称快递公司未经其允许擅自将包裹放置智能快件箱 2 天，放置后也未电话或短信告知他。7 月 20 日，包裹被快递员取出，退回至好鲜公司。7 月 27 日，物流信息显示退回的包裹已被好鲜公司签收。后李某某联系好鲜公司要求退还货款，却被好鲜公司拒绝。因此，李某某将好鲜公司诉至广州互联网法院，请求法院判令好鲜公司退还款项 29.8 元。

【案例要旨】

本案涉及的核心问题是：快递公司将商品投入智能快件箱，能否被认定为完成交付义务。法院经审理后认为，《电子商务法》第二十条规定，电子商务经营者应当按照承诺或者与消费者约定的方式、时限向消费者交付商品或者服务，并承担商品运输中的风险和责任。但是，消费者另行选择快递物流服务提供者的除外。李某某诉请好鲜公司退还货款，事实清楚，理由充分，法院予以支持。广州互联网法院遂判决，被告好鲜公司于判决生效之日起十日内向原告李某某退还货款 27.2 元。案件受理费由被告好鲜公司承担。

【案例分析】

智能快件箱作为城市快递末端服务的重要组成部分，在一定程度上解决了快递员和消费者时间节点不对称的问题，但由此引发的矛盾也不断凸显。本案涉及的问题就是快递员不通知收件人就将包裹放进智能快件箱，能否认定为收件人已经签收快件。

虽然本案快递服务合同的双方主体是好鲜公司与快递公司，李某某并非该合同关系的主体，但根据我国《电子商务法》第二十条的特别规定，本案中，由于快递公司擅自将生鲜产品投递于智能快件箱，且未履行告知义务，导致李某某未收到涉案商品，电子商务经营者未按约定交付商品，此风险应由好鲜公司承担。因此李某某有权直接要求好鲜公司承担赔偿责任。

另外，我国《智能快件箱寄递服务管理办法》（以下简称《管理办法》）目前也对该问题进行了明确规定。该《管理办法》第二十二条规定，智能快件箱使用企业使用智能快件箱投递快件，应当征得收件人同意；收件人不同意使用智能快件箱投递快件的，智能快件箱使用企业应当按照快递服务合同约定的名址提供投递服务。寄件人交寄物品时指定智能快件箱作为投递地址的除外。即未经收件人同意，包裹不能被放至智能快件箱。《管理办法》第二十四条规定，智能快件箱使用企业按照约定将快件放至智能快件箱的，应当及时通知收件人取出快件，告知收件人智能快件箱名称、地址、快件保管期限等信息。另外，《管理办法》还明确规定，生鲜产品、贵重物品不得使用智能快件箱投递，与寄件人另有约定的除外。

拓展阅读 6-3

（二）使用智能配送工具的法律责任问题

【案例 6 - 6】我国无人配送迅速发展。

【案例简介】

2021 年 5 月，我国首批智能配送车刚刚获批合规上路。到 2021 年年底，我国国内无人配送车商用落地已超两千台。国内无人配送车头部企业大体可分为阿里巴巴、京东物流、美团等自带物流配送体系的企业，以及新石器、智行者、行深智能等以自动驾驶技术切入的科创企业。相关企业的典型实践包括：阿里巴巴在 2021 年 "双十一"期间首次进行 "小蛮驴"大军团作战，在这一年 "双十一"前 10 天完成了 100 万件的包裹配送数量。京东物流利用智能快递车助力末端配送和抗疫保供，截至 2021 年 11月已经投用了近 400 辆智能快递车，分布在全国超 25 个城市，与 2020 年同期相比送达单量大增超 200%。无人驾驶核心技术提供商在无人配送领域也取得喜人的落地进展。例如，新石器聚焦 "无人配送＋移动零售"场景，截至 2021 年 11 月，已经在市场投用了近千台无人车，已经在国内 30 多个城市及 6 个海外国家落地。值得一提的是，新石器无人车是首个获得德国豁免认证的 L4 级无人车。

近年来，我国的无人机配送也获得企业的广泛关注，多家物流企业都在积极布局使用无人机进行配送。例如，2018 年 3 月，顺丰控股子公司江西丰羽顺途科技有限公司获得中国民用航空华东地区管理局颁发的国内首张无人机航空运营（试点）许可证。这意味着中国无人机物流配送进入合法运营阶段，顺丰控股也由此得以率先实现无人机物流商业化运营。

【案例分析】

上述无人配送车、无人机等智慧物流设备虽然属于新生事物，但其在发展和使用的过程中也必须遵守我国的监管法律规定和民事法律规定，否则将可能承担公法上和私法上的法律责任。同时，现行法律也存在一定的不适应之处，需要根据现实情况进行调整。以下将以无人配送车为例分析使用智能配送工具的民事责任，以无人机为例说明违反智能配送工具监管规定的法律责任。

1. 使用智能配送工具的民事责任

尽管我国智能配送车目前发展迅速，若侵权事件实际发生，侵权主体的确定问题和侵权责任的认定将是司法需要面临的难题。使用自动驾驶技术并不意味着免除了自然人、生产者、经营者的义务。认定责任的一个重要依据是驾驶的自动化程度。参照国际自动机工程师学会（SAE）的分级标准，并依据系统的智能程度，可将驾驶自动化分为 6 个等级。具体如表 6 - 2 所示。

表 6 - 2　　　　　　　　　　　驾驶自动化分级

技术等级	特征
L0 级：无自动化（No Driving Automation）	驾驶主体为人类驾驶员，车辆系统仅提供警告及瞬时辅助驾驶功能，比如自动紧急制动、视觉盲点提醒、车道偏离预警等功能
L1 级：驾驶员辅助（Driver Assistance）	驾驶主体为人类驾驶员，车辆系统能够提供转向、制动、加速等辅助驾驶功能，比如车道偏离修正或自适应巡航功能
L2 级：部分自动驾驶（Partial Driving Automation）	驾驶主体为人类驾驶员，车辆系统能够提供转向、制动、加速等辅助驾驶功能，而且可以同时执行车道偏离修正和自适应巡航功能
L3 级：有条件的自动驾驶（Conditional Driving Automation）	当功能被激活时，驾驶主体是系统，车辆系统可以在有限制的条件下自动驾驶车辆，比如在交通拥堵的情况下自动驾驶车辆。但当系统发出请求时，人类驾驶员必须接管车辆
L4 级：高度自动驾驶（High Driving Automation）	当功能被激活时，驾驶主体是系统，车辆系统可以在有限制的条件下自动驾驶车辆，不需要人类驾驶员接管车辆驾驶，可能无须安装踏板、转向装置，比如无人驾驶出租车等
L5 级：完全自动驾驶（Full Driving Automation）	当功能被激活时，驾驶主体是系统，该等级的功能与 L4 级类似，但是可以在任何条件下自动驾驶车辆，不需要人类驾驶员接管车辆驾驶

在物流活动中，无人配送车的体积并不小，行驶速度介于 20～45 km/h，这与在城区道路行驶的乘用车的规定速度相差无几，因此在法律问题的解决上也应适当参照一般的自动驾驶汽车。我国目前的无人配送车技术仍在发展进步之中，并非所有配送车都能达到高度自动化、完全自动化阶段，这在实践中将给侵权主体的认定带来困难。从侵权主体的认定来看，目前在 L2 级及以下的自动驾驶乘用车事故责任主体为驾驶员本人。但对于 L3 级及以上的无人驾驶车，驾驶员放弃控制车辆的核心功能，或者所有核心驾驶均由系统完成。此时将出现驾驶责任主体的界定难题，究竟是由生产一方担责还是由使用一方担责，需要法律予以明确。

2. 违反智能配送工具监管规定的法律责任

由于涉及空域管理等特别监管规定，对无人机的监管是对智能配送工具监管的典型代表。根据我国《民用无人驾驶航空器系统空中交通管理办法》的规定，空管单位向其管制空域内的民用无人驾驶航空器系统提供空中交通服务。民用无人驾驶航空器仅允许在隔离空域内飞行。民用无人驾驶航空器在隔离空域内飞行，由组织单位和个人负责实施，并对其安全负责。民用无人驾驶航空器飞行应当为其单独划设隔离空域，明确水平范围、垂直范围和使用时段。飞行密集区、人口稠密区、重点地区、繁忙机场周边空域，原则上不划设民用无人驾驶航空器飞行空域。组织实施民用无人机活动的单位和个人应当按照《通用航空飞行管制条例》等规定申请划设和使用空域，接受飞行活动管理和空中交通服务，保证飞行安全。为了避免对运输航空飞行安全的影响，未经地区管理局批准，禁止在民用运输机场飞行空域内从事无人机飞行活动。申请划设民航无人机临时飞行空域时，应当避免与其他载人民用航空器在同一空域内飞行，另外，由于无人机飞行过程中无执行任务机长，为了保证飞行安全，由无人机操控人员承担规定的机长权利和责任，并应当在飞行计划申请时明确无人机操控人员。

未经许可从事无人机活动，不仅可能在民事纠纷中被判定为有过错，需要承担更重的民事责任，还有可能面临行政法上的处罚，严重的甚至需要承担刑事责任。因此对于物流企业来说，获得相应许可，特别是遵守空域管理的要求，是从事无人机物流业务的前提条件。当然，面对智慧物流发展的现实，我国的空域管理制度也需要进行一些调整，顺应运输需求的发展。例如，有学者就建议，应充分考虑到空中航线的立体化特征，提高空域使用效率，在保障军用、民用航空安全的基础上，发展通用航空，给予无人机物流业发展所需的足够的空域。

本章小结

随着时代的进步和新技术的不断发展，物流行业日益智能化是不可逆转的趋势。这一过程既极大地促进了物流业的发展，也给相关法律法规制定和市场监管带来挑战。针对智慧物流带来的新型法律问题，解决的方式包括制定新的法律法规，也包括对现有法律法规进行准确解释，因此准确理解各项智慧物流业务和各部相关法律都非常必要。本章梳理了智慧物流的主要模式，介绍了相关的法律关系和法律问题，并分析了智慧物流行业标准、智慧物流中的信息与数据安全、无车承运人等新兴模式中的监管与责任、使用智能配送工具和智能配送终端的法律责任问题等。通过本章学习，学生应能建立智慧物流法律关系与法律问题的系统认知体系，并提高发现新型法律问题的敏锐度，培养解决新问题的能力。

第七章　应急物流法律与案例

导　言

《中华人民共和国国民经济和社会发展第十四个五年规划和 2035 年远景目标纲要》中提出要加快建立储备充足、反应迅速、抗冲击能力强的应急物流体系。在发生地震、洪水等自然灾害和突发公共卫生事件等情形下，应急物资的储备和流通对于防范危险和提供应急救助具有重要的意义。本章我们将学习应急物流的基本理论、应急物流的相关法律规范，以及应急物流法律规范在实践中的应用情况。

第一节　应急物流概述

一、应急物流的内涵

如图 7-1 所示，突发公共事件中，应急物流来源于应急管理和物流管理，属于应急管理和物流管理的交叉部分。

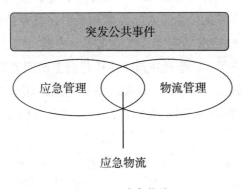

图 7-1　应急物流

应急物流管理体系，是国家应急体系的重要组成部分。国家标准《物流术语》（GB/T 18354—2021）中认为应急物流是为应对突发事件提供应急生产物资、生活物资供应保障的物流活动。目前，学者对于应急物流的内涵有多种不同界定。

(一) 相关学术观点

在 2003 年传染性非典型肺炎防治过程中，应急物流的重要性凸显出来，加强和完善应急物流制度迫在眉睫。我国学者对应急物流的研究主要是从此时开始的，并对其内涵形成了不同的理解。有学者认为应急物流是一种紧急状态下的物流活动，即在自然灾害、事故灾难、公共卫生事件、社会安全事件等突发公共事件发生时，以保障所需应急物资及时到达突发公共事件发生地为目的的物流活动。[①] 也有学者指出从广义上来说，应急物流应该涵盖企业或者行业为达成某种特殊的物流需求，如生产需求、服务需求、信息需求、安全需求等所做的较平时物流更为紧迫的物流活动。[②] 尽管在应急物流范围的界定上有所不同，但是学界通常认可和强调应急物流是为了应对突发公共事件而组织实施的具有特殊性的物流活动。[③] 我们在理解应急物流的概念时，应注意其产生的背景和物流活动所要达到的应急管理目的。

与普通物流一样，应急物流也具有空间效用、时间效用、形质效用，并由流体、载体、流向、流量、流程、流速等要素构成。[④] 同时，应急物流是针对突发公共事件的特殊物流，其尤其注重物流的时效性，需要重点关注如何提高应急物流的效率，实现应急治理能力的提升。例如，在山洪、地震、泥石流等自然灾害中，要将应急救援装备和基本生活物资运送到受灾地区就要保证运输效率最大化，就需要在应急物资储备和管理、应急物流路线规划中考察潜在风险，做好应对措施。

(二) 突发公共事件

应急物流主要存在于突发公共事件中，我们需要明确突发公共事件的含义。根据《国家突发公共事件总体应急预案》的界定，突发公共事件是指突然发生，造成或者可能造成重大人员伤亡、财产损失、生态环境破坏和严重社会危害，危及公共安全的紧急事件。根据突发公共事件的发生过程、性质和机理，突发公共事件主要分为以下四类：①自然灾害，主要包括水旱灾害、气象灾害、地震灾害、地质灾害、海洋灾害、生物灾害和森林草原火灾等；②事故灾难，主要包括工矿商贸等企业的各类安全事故、交通运输事故、公共设施和设备事故、环境污染和生态破坏事件等；③公共卫生事件，主要包括传染病疫情、群体性不明原因疾病、食品安全和职业危害、动物疫情，以及

[①] 陈慧. 我国应急物流体系存在的主要问题与优化建议 [J]. 中国流通经济, 2014 (8)：20 - 24.

[②] 王丰，姜玉宏，王进. 应急物流 [M]. 北京：中国物资出版社, 2007.

[③] 徐东，等. 应急物流技术概论 [M]. 北京：中国市场出版社, 2020.

[④] 同①.

其他严重影响公众健康和生命安全的事件；④社会安全事件，主要包括恐怖袭击事件、经济安全事件和涉外突发事件等。突发公共事件可能造成巨大的人员和经济损失，迫切需要采取有效的应急响应和救济措施。

应急物流是应对突发公共事件的重要举措之一。譬如发生地震、洪水、泥石流等自然灾害的情形下，需要及时将救援物资、医疗物资和生活物资送达受灾地点。及时、有效地防止自然灾害所造成的损失扩大化，为受灾地点提供物资时，就需要采取应急物流的方式。因此，应急物流不仅包括应急交通运输活动，还包括应急物资的储备与规划等保障应急物资流通的重要活动。

二、应急物流的特点

相较于一般物流活动来说，应急物流主要解决突发公共事件中的相关物流需求，这就决定了应急物流具有以下特点。

（一）应急物流的应用场景具有特殊性

应急物流主要在自然灾害、事故灾难、公共卫生事件、社会安全事件等突发公共事件中适用，因此需要根据不同突发公共事件的需要采取及时、有效的物流方案，助力应急管理的有效开展。而突发公共事件的发生往往难以预料，比如公共卫生事件的暴发速度往往较快，传染危害性大，导致的结果非常严重。而不同类型的突发公共事件在应急响应机制和应急物资储备与运输上的需求又有很大差异。例如，在突发自然灾害时，急需大量生活物资和救援设备、通信设备，突发公共卫生事件时则需要专门的医疗物资和设备，并且对物资和设备的提供方式、提供时限、提供数量要求也不相同。应急物流应结合不同的突发公共事件制定专门的应急规划，并采取有效的物流措施。譬如，在公共卫生事件中（如暴发疫情），医疗防护物资短缺问题较为突出，由于疫情存在传染性以及部分冷链应急医疗物资储存条件苛刻，加大了医疗需求物资配送的难度。[①]针对突发公共事件突然暴发和危害巨大的特点，应急物流活动应当涵盖应急物资储备和管理、应急设施设置和设备维护、应急物流路线规划、应急物资的运输和应急物流调度等环节。并且，只有贯通和有效实施以上各个环节才能充分发挥应急物流对突发公共事件防控的积极作用。

（二）应急物流具有弱经济性

通常来说，一般物流运营活动中将经济性和成本控制作为重要的考虑因素。应急物流活动具有紧迫性，如果仅运用平时的物流理念按部就班地进行，难以满足应对紧

---

① 朱姝帆，桂萍．重大疫情下冷链应急物流协同配送决策博弈分析［J］．中国安全生产科学技术，2020，16（6）：30－36.

急状况的物流需求。① 由于突发公共事件可能造成人员、财产的巨大损失，因此在应急物流活动中首先应当考虑的是物流活动与应急管理的有效协作，这是对人员、财产的有效保障。因此，在应急物资管理、应急物资供应、应急物流路线选择、应急物流方式等方面的决策将根据应急管理需求进行，并将人员、财产保障和危险防治作为首要考虑因素，在此活动中，对经济性的考虑相对较少，呈现出弱经济性的特点。

（三）应急物流具有时效性和灵活性

尽管各类型的突发公共事件具有一定的差异性，但它们都对应急物流提出了较高的时效要求，需要将抗震救灾的设备物资、解除事故危险的特殊设备、抗击疫情的医疗设备以及维护社会安全的物资及时送达。但是不同的突发公共事件类型和同类型突发公共事件中的不同情形对应急物流活动提出的要求不同。譬如，在地震等自然灾害中要求的应急物资类型、应急物流路线规划和应急物流管理方式与重大疫情等公共卫生事件中的各项要求有一定区别。所以，我们需要区分不同类型的突发公共事件，采取最恰当的应急物资储备计划和应急物流路线规划，并根据具体物流活动的需求进行适当调整。

应急物流既是突发公共事件应急管理体系的重要构成内容，也是现代物流体系的有机组成部分，与军事物流彼此交叉而又相对独立。在突发公共事件中，一般物流形式不足以应对突发公共事件需求时，还需将军事物流与地方物流系统进行有效整合和优化，实现军地物流相互融合、高度统一的一体化应急物流运作状态。此外，在自然灾害发生后，救灾物资要尽可能在最短的时间内到位，此时还可以发挥当地救援力量的优势与作用，提高救援效率。

三、应急物流的主要运行环节

如图 7-2 所示，在发生突发公共事件的事前准备、事中运行、事后管理中存在不同的应急物流环节，它们共同发挥作用来提高应急救援效率，减少突发公共事件造成的损失。

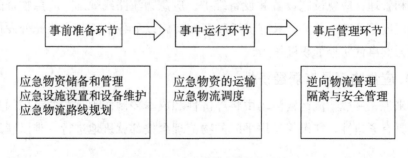

图 7-2　应急物流的环节

---

① 王丰，姜玉宏，王进. 应急物流 [M]. 北京：中国物资出版社，2007.

（一）应急物流的事前准备环节

在事前准备环节，主要是通过应急物资储备和管理、应急设施设置和设备维护、应急物流路线规划来防范突发公共事件的危险，为应对突发公共事件做好准备。储备充足的应急物资，采取有效的应急物资管理机制，合理安排应急设施并进行有效的应急物流路线规划，才能够真正使应急物流快速响应和运行，让突发公共事件得到有效防控。

第一，建立有效的应急物资储备和管理机制。应急物资的筹措和储备是应急物流的基础工作，没有应急物资筹措就会导致应急物流缺少必要的物质基础。[①] 它是为应对紧急状况而进行的事前准备，对降低灾害影响有重要的作用。应急物资的储备工作既有政府储备，也有企业通过与政府建立协议储备的方式进行的物资储备。例如，在2008年汶川地震发生后，我国及时动用中央储备药品和器械，并组织中国医药集团、中联广深医药股份公司、上海医药股份公司等中央医药储备承担单位将100余种医药用品（价值近4亿元、重1500余吨）运抵灾区。我国专门在国家粮食和物资储备局下设储备安全和应急物资保障中心，提供储备安全和应急物资保障支持，并参与制定战略物资、原油成品油、应急物资储备等安全生产规范及有关技术标准、政策法规、操作规程，协同做好应急救灾物资收储、轮换、销售、处理和应急保供以及粮食应急等工作。截至2021年5月，我国的中央应急物资储备布局正逐步优化，中央应急物资储备库已增加至113个，存放中央应急物资已实现31个省份全覆盖，储备品种也从124种增加到165种，2020年新采购的应急物资全部实行"一物一码"全程动态监控。在2020年共落实28.58亿元的中央应急物资增储，储备规模增至44.58亿元。除此之外，应急管理部还与京东集团等企业签署战略合作框架协议，在应急物资保障、应急仓储物流等方面开展合作，促进社会力量在应急物资保障中发挥积极作用。企业能够作为政府应急物资储备的补充，为完善应急物资的布局、丰富应急物资的品种作出贡献，并且通过企业的经营仓库和经营网络来对应急物资进行补充也有利于实现多方主体的联动效应。在通过以上方式充分实现了应急物资储备之后，还要对应急物资进行有效管理。在自然灾害的防控中，根据不同地区的自然环境特点和潜在的自然灾害类型，进行不同物资的储备与管理，并根据实际需要加强调度，避免应急物资的浪费。目前还采取了大数据和人工智能等现代化信息技术来实现对应急物资的管理，通过数据传递和共享及时了解不同地区的物资需求并进行跨区域、跨类别的物资调度。

第二，统筹安排应急设施设置和设备维护。这是开展应急物流工作的重要条件，为保障应急物流工作的有效实施，在城乡建设规划以及物流基础设施建设过程中，应

---

① 徐东，等．应急物流技术概论［M］．北京：中国市场出版社，2020．

当依照预防、处置突发公共事件的需要，统筹安排应对突发公共事件所需的基础设施和设备。比如健全应急物流基地和配送中心建设标准，发展无人机等高新技术配送装备，推动应急物资储运设备集装单元化发展等。

第三，进行事前的应急物流路线规划。在应对突发公共事件的应急预案中，应当建立应急状态下跨区域、多物资的合理调配的安全网络，将可能出现的情形考虑在内并进行提前规划。在进行事前的应急物流路线规划时，需要考虑的重要因素包括配送可行性、时效性、多目标协调性等，还要考虑突发公共事件类型，分析应急物流交通工具的类型和效率问题。例如，对于易发地震、泥石流等自然灾害的区域，在制定应急预案时应考虑应急物资储备地点及其附近公路、铁路、水路等交通道路，制定最快实现灾害救援和物资传输的方案。事前规划好应急物流路线能够在很大程度上提升应急物流的效率。

（二）应急物流的事中运行环节

在制定了应对突发公共事件的应急预案之后，当实际发生突发公共事件时就要采取高效的应急物流行动，包括应急物资的运输、应急物流调度等内容。在突发公共事件中可能采取多种应急运输方式，强化运输协作机制。比如汶川地震发生后，在民航局、原铁道部和交通运输企业的大力支持下，通过包机运输、专列运输、集装箱运输等多种方式，将多种医药用品分批运抵四川、甘肃灾区。

在应急物流系统中的运输可以划分为四个层级，分别是灾区外的应急物资供应或慈善机构捐赠、物流资源调度、应急物资中转中心到分发中心的运输、分发中心到应急物资配送中心的运输。这四个层级是应急物资从所在处到达需求处的不同阶段，需要有规划地进行调度。一是应急物资的调度。应急物资首先需从储备地点或者捐赠地点发出，并根据突发公共事件情形和需要进行管理。如果多地同时发生灾害，则需要在不同地点之间进行调配，由此产生的应急物资数量浮动变化需做好库存管理和仓储规划。另外，在突发公共事件发生后的不同阶段其物资需求不同，涉及多个地点的应急配送需求也处于浮动变化之中。例如，在 2021 年河南暴雨灾害中，前两天主要需求是方便面、瓶装水等基本生活物资，在及时运送之后此类物资已经饱和，此后受灾地区的紧迫需求则包括救生衣、灯等物资。二是协作主体的调度。由于突发公共事件管理具有紧迫性，在应急物流调度中应建立政府、慈善机构、物流企业、社会组织等多方参与的有序协作机制，提高物流效率。三是应急车辆的调度。在应急物流中有数量众多、类型众多的交通工具。应急车辆在灾区内进行的应急物流活动中，完成配送任务后并不需要返回出发点，而是在目的地作为本站资源重新参与调度，以前一个目的地为出发地重新规划运输路线，并采取动态车辆分配方式。[①]

---

① 李晓晖. 应急物流规划与调度研究 [M]. 北京：经济科学出版社，2016.

（三）应急物流的事后管理环节

在应急物资运送等任务完成之后，应急物流还面临事后管理的问题。譬如在公共卫生事件中医疗废弃物的逆向物流问题、物流承运车辆与承运人的隔离与安全问题等。另外，还需对应急物流中造成的损失等给予充分救济，为各方主体提供畅通的救济途径，保障突发公共事件应急管理各方主体的合法利益。

第二节　应急物流相关法律规范

国内外关于应急物流的法律法规较多，并形成了各自的应急物流法律体系和应急管理体系。我国在多部法律中规定了相关内容，各地也制定了具体的法规和规章等，为应急物流提供必要的法律保障。

一、应急物流活动中的法律关系

应急物流活动中参与主体比较多，会涉及多种不同的法律关系类型。其中最主要的法律关系是应急物流中的行政法律关系、民事合同法律关系、民事侵权法律关系。

（一）行政法律关系

突发事件应急物流管理涉及应急管理部门、交通主管部门、市场监督管理部门、粮食和物资储备部门等多个行政部门的相互协作。根据《中华人民共和国突发事件应对法》（以下简称《突发事件应对法》）的规定，国家建立统一领导、综合协调、分类管理、分级负责、属地管理为主的应急管理体制。县级人民政府对本行政区域内突发事件的应对工作负责；涉及两个以上行政区域的，由有关行政区域共同的上一级人民政府负责，或者由各有关行政区域的上一级人民政府共同负责。行政机关在应急管理和应急物流活动中发挥着重要的作用，在应急物资储备、应急物流风险预警、应急运输和回收等环节都需与具体的行政相对人进行对接，并对应急物流活动进行指挥和监管。例如，在2021年河南省暴雨灾害中，河南省发展改革委下发协助保供救援车辆快速通行停靠的调度令，确保发电、油品保障、救援设备等保供救援车辆快速通行。行政机关在应急物流中实施多种具体行政行为，与应急人员、援救对象等形成了多种类型的行政法律关系。

（二）民事法律关系

在应急物流中可能产生的民事法律关系包括应急物流中的民事合同法律关系和应急物流中的民事侵权法律关系。下面我们详细分析这两种情形。

首先是应急物流中的民事合同法律关系。在应急管理中存在多种类型的合同。一是应急物资储备中政府与企业签署的应急储备战略合作协议。前文我们已经提到，在应急物资储备中既有政府储备，也有企业通过与政府建立协议储备的方式进行的物资储备形式。例如，海南省应急管理厅与京东物流集团签订战略合作协议，探索共建海南现代应急物资储备体系。京东物流供应链的科技优势和云仓服务能够为突发事件提供一定的支持。二是应急物资的赠与合同法律关系。例如，在 2021 年河南省暴雨灾害事件中，汇丰石化、富海集团联合石化、东明石化的 3 支自发救援队伍在参与救援的同时，为救援队维修设备、免费供油，捐赠柴油、救援物资等。哈密市捐助资金 1000 万元和 100 万个馕、200 吨哈密瓜等物资，第十三师新星市捐助资金 300 万元和 300 只羊、7 吨猪肉等物资。在汶川地震等突发事件中，也都存在大量的应急物资捐助活动，此时就存在应急物资的赠与合同关系。

其次是应急物流中的民事侵权法律关系。在突发事件应急管理中需要明确对各方主体的法律要求。例如，在新冠疫情防控中，进行应急物流活动的车辆和从业人员都需要严格做好疫情防控工作，防止因物流活动导致的疫情扩散现象。在交通运输部印发的《道路货运车辆、从业人员及场站新冠肺炎疫情防控工作指南（第二版）》（交运明电〔2021〕196 号）中进一步强化了道路货运车辆、从业人员（包括道路货运驾驶员及押运员等随车人员、场站管理人员、装卸人员、保洁员等后勤服务人员）及场站疫情防控要求。相关从业人员需要按照要求佩戴口罩，进行冷藏保鲜货物运输车辆消毒等工作。故意违反防疫要求，在应急物流中拒不遵守防疫规定造成疫情传播的，应当依法承担侵权责任。构成刑事犯罪的，还要依法追究刑事责任。

另外，随着信息科学技术的发展，在应急物流中也开始使用无人机等新型信息设备进行应急物流活动。无人机操作较为简单，能够适应多种复杂环境，工作效率高。因此其在应急物流中逐步得到使用，在水旱灾害、地质灾害、森林火灾、地震灾害等灾害应急救援方面都有独特优势和广阔应用前景。在科学评估和使用无人机等信息技术产物的同时，我们还需要充分考虑其中涉及的法律关系主体有无变化，由无人机作业产生的法律纠纷应当如何解决的问题。

二、应急物流法律特点与法律规范作用

在实践中，应急状态下的特殊物流活动中存在特殊的法律关系和法律特点，需要针对应急物流中的法律问题完善相关法律规定，为应急物流提供法律保障。

（一）应急物流法律特点

应急物流的法律特点主要包括其在法律关系、法律保障、法律救济方面的特殊性。

首先，应急物流中存在多方法律关系主体和多种法律关系。例如，在物流配送过程中，除了普通物流的发件人、收件人、承运人，还有进行应急指挥的行政机关、应

急物流第三人等法律关系主体。

其次，应急物流的法律保障具有时效性和紧急性的特点。应急物流本身具有的弱经济性和突发事件防控的公益性特点要求应急物流的法律保障应当更为快捷。在立法和执法过程中都需要考虑这一特点，制定和实施能更快速响应、解决实际问题、有效保障各方主体法律权益的法律。

最后，应急物流的法律救济不但影响应急物流的运行效率，而且直接关系社会稳定。其主要特点如下：应急物流的法律救济具有持续性，贯穿应急物流全过程；应急物流的法律救济具有及时性，高效的法律救济与补偿，能够有效防止事态扩大，缓和社会矛盾；应急物流的法律救济具有公平性，确保因应急物流活动受影响的单位与个人能够平等地获得相应的救济与补偿。

（二）应急物流法律规范的作用

法律规范是依法治理的重要依据和基础。应急物流领域的法律规范作用突出，主要体现在以下两个方面。

第一，应急物流法律规范为应急物流活动提供了法律依据。相关法律明确了行政机关的应急管理权力范围、行使方式和法律后果。例如，在《突发事件应对法》中第四十四条规定，发布三级、四级警报，宣布进入预警期后，县级以上地方各级人民政府应当根据即将发生的突发事件的特点和可能造成的危害，采取下列措施：①启动应急预案；②责令有关部门、专业机构、监测网点和负有特定职责的人员及时收集、报告有关信息，向社会公布反映突发事件信息的渠道，加强对突发事件发生、发展情况的监测、预报和预警工作；③组织有关部门和机构、专业技术人员、有关专家学者，随时对突发事件信息进行分析评估，预测发生突发事件可能性的大小、影响范围和强度以及可能发生的突发事件的级别；④定时向社会发布与公众有关的突发事件预测信息和分析评估结果，并对相关信息的报道工作进行管理；⑤及时按照有关规定向社会发布可能受到突发事件危害的警告，宣传避免、减轻危害的常识，公布咨询电话。明确了发生突发事件之后相关行政机关采取的措施及方式。

第二，应急物流法律规范为应急物流中的各方主体提供了法律保障。相关法律规范界定了应急物流各方主体的权利和义务内容，如果在应急物流活动中受到损害，有权依据法律规范获得有效的法律救济。例如，《突发事件应对法》第十二条规定，有关人民政府及其部门为应对突发事件，可以征用单位和个人的财产。被征用的财产在使用完毕或者突发事件应急处置工作结束后，应当及时返还。财产被征用或者征用后毁损、灭失的，应当给予补偿。本条规定了应急征用的归还义务和无法归还情形下的补偿要求。而《民事诉讼法》等法律则为进入司法程序的相关案件提供了法律保障，当事人因应急物流产生的法律纠纷可以通过诉讼等方式获得救济。

三、应急物流相关法律规定

我国目前没有关于应急物流的专门法律规定，应急物流相关法律规定散见于多部法律、行政法规、规章和司法解释中。除了《突发事件应对法》的规定，还有各种具体类型的突发事件法律法规、部门规章，如《中华人民共和国传染病防治法》（以下简称《传染病防治法》）、《中华人民共和国防震减灾法》、《自然灾害救助条例》、《突发公共卫生事件应急条例》、《国家邮政业突发事件应急预案》（2019 年修订）、《气象灾害防御条例》、《邮政企业、快递企业安全生产主体责任落实规范》、《快递企业总部重大经营管理事项风险评估和报告制度（试行）》、《救灾捐赠包裹寄递服务和安全管理规定》、《邮政业人员密集场所事故灾难应急预案》、《城市轨道交通运营突发事件应急演练管理办法》、《关于做好因突发事件影响造成监护缺失未成年人救助保护工作的意见》（民发〔2021〕5 号）等，同样为应急物流的实施提供了必要的法律规范。

（一）《突发事件应对法》中的规定

《突发事件应对法》是一部规范突发事件应对活动的专门法律，其立法目的是预防和减少突发事件的发生，控制、减轻和消除突发事件引起的严重社会危害。这部法律内容涵盖突发事件的预防与应急准备、监测与预警、应急处置与救援、事后恢复与重建等相关内容，从法律上明确了行政机关在突发事件应急管理的权力、职责与法律责任。

本法中有关于应急物流的规定主要有应急物流等应急管理的责任主体、职权范围、应急预案、应急物资储备、监测与预警、法律责任等。例如，本法第五十二条规定，履行统一领导职责或者组织处置突发事件的人民政府，必要时可以向单位和个人征用应急救援所需设备、设施、场地、交通工具和其他物资，请求其他地方人民政府提供人力、物力、财力或者技术支援，要求生产、供应生活必需品和应急救援物资的企业组织生产、保证供给，要求提供医疗、交通等公共服务的组织提供相应的服务。履行统一领导职责或者组织处置突发事件的人民政府，应当组织协调运输经营单位，优先运送处置突发事件所需物资、设备、工具、应急救援人员和受到突发事件危害的人员。本条规定是关于应急物资的征用和应急运输优先运送对象的规定，规定了相关行政机关进行应急征用的前提、对象、方式等内容，为应急状态下的征用制度提供了法律依据。

（二）行政法规、部门规章的规定

各级行政机关针对自然灾害、公共卫生事件等突发公共事件出台了专门的法律文件，对明确应急物流具体实施问题具有重要的作用。

在《国务院办公厅转发国家发展改革委交通运输部关于进一步降低物流成本实施意见的通知》（国办发〔2020〕10 号）中指出要加强应急物流体系建设，完善应急物流基础设施网络，整合储备、运输、配送等各类存量基础设施资源，加快补齐特定区域、特定领域应急物流基础设施短板，提高紧急情况下应急物流保障能力。《国务院办公厅关于印发国家突发事件应急体系建设"十三五"规划的通知》（国办发〔2017〕2号）中要求建立健全应急物流体系，充分利用国家储备现有资源及各类社会物流资源，加强应急物流基地和配送中心建设，逐步建立多层级的应急物资中转配送网络；大力推动应急物资储运设备集装单元化发展，加快形成应急物流标准体系，逐步实现应急物流的标准化、模块化和高效化。充分利用物流信息平台和互联网、大数据等技术，提高应急物流调控能力。另外，在《国务院办公厅关于印发国家综合防灾减灾规划（2016—2020年）的通知》（国办发〔2016〕104号）、《国务院办公厅关于加快应急产业发展的意见》（国办发〔2014〕63号）、《国务院关于印发物流业发展中长期规划（2014—2020年）的通知》（国发〔2014〕42号）、《国务院关于印发物流业调整和振兴规划的通知》（国发〔2009〕8号）等文件中都有关于应急物流的要求。例如，《国务院办公厅关于印发国家综合防灾减灾规划（2016—2020年）的通知》提出要建成中央、省、市、县、乡五级救灾物资储备体系，确保自然灾害发生12小时之内受灾人员基本生活得到有效救助。完善自然灾害救助政策，达到与全面小康社会相适应的自然灾害救助水平。不仅提出应急物资储备的五级体系，还对应急物流的时效性和救助水平提出了具体的要求。

第三节　应急物流专题案例分析

应急物流在突发事件应对中发挥着重要的作用，其中涉及的法律问题也具有典型性。在我国应对突发事件的实践中有许多相关案例，这些案例不仅反映出应急物流的实际情况，也涉及相关法律规范的实际应用。下面我们将通过典型案例来分析应急物流中的具体法律问题。

一、应急物流中行政征用的法律问题

应急征用是有关行政机关在突发事件中征用单位和个人的财产应对危机以减轻或消除当前面临的紧迫危险、恢复社会秩序的一种具体行政行为。[①] 这是出于应对突发事件的特殊需要而对单位或者个人财产的征用，而且事后应当进行相应的补偿。根据《宪法》第十三条的规定，公民的合法的私有财产不受侵犯。国家依照法律规定保护公

---

① 何晓鲁. 我国突发事件应对中行政征用制度探究［J］. 大连理工大学学报（社会科学版），2020，41（6）：100 - 107.

民的私有财产权和继承权。国家为了公共利益的需要，可以依照法律规定对公民的私有财产实行征收或者征用并给予补偿。本条明确了在应急状态下实行行政征用的法律依据。应急物流中的行政征用主要是对于应急物资和应急物流车辆等进行的征用，属于应急征用中的一种具体类型。在突发事件中的行政征用应当严格遵守法律规定进行，不得对私权造成过度侵扰。在以往的突发事件应急管理中，也曾有过应急物流的行政征用案例，我们以××市征用口罩事件作为案例来分析应急物流行政征用中的法律问题。

【案例7-1】××市征用口罩事件。

【案例简介】

2020年2月2日，××市卫生健康局发出《应急处置征用通知书》，征用由××物流从云南省瑞丽市发往重庆市的9件口罩。该《应急处置征用通知书》表明，由于当前疫情防控形势严峻，××市已处于重大突发公共卫生事件Ⅰ级响应状态，全市疫情防控物资极度紧缺，为切实加强疫情防控工作，决定对××单位由××物流从云南省瑞丽市发往重庆市的9件口罩依法实施应急征用。该文件还表明被征用人"应当在收到补偿通知之日起1年内，向我局书面提出应急补偿申请。逾期未提出补偿申请且无正当理由的，视同放弃受偿权利"。2月6日，××省应对疫情工作领导小组指挥部对××市征用疫情防控物资予以通报批评，责令其立即返还被征用的物资。

【案例分析】

(一) 关于应急征用的法律依据

在法律规定上，行政征用的法律依据主要有前述《宪法》第十三条的规定，还有《突发事件应对法》的相关规定。《突发事件应对法》第十二条规定，有关人民政府及其部门为应对突发事件，可以征用单位和个人的财产。被征用的财产在使用完毕或者突发事件应急处置工作结束后，应当及时返还。财产被征用或者征用后毁损、灭失的，应当给予补偿。第五十二条规定，履行统一领导职责或者组织处置突发事件的人民政府，必要时可以向单位和个人征用应急救援所需设备、设施、场地、交通工具和其他物资，请求其他地方人民政府提供人力、物力、财力或者技术支援，要求生产、供应生活必需品和应急救援物资的企业组织生产、保证供给，要求提供医疗、交通等公共服务的组织提供相应的服务。《传染病防治法》第四十五条规定，传染病暴发、流行时，根据传染病疫情控制的需要，国务院有权在全国范围或者跨省、自治区、直辖市范围内，县级以上地方人民政府有权在本行政区域内紧急调集人员或者调用储备物资，临时征用房屋、交通工具以及相关设施、设备。紧急调集人员的，应当按照规定给予合理报酬。临时征用房屋、交通工具以及相关设施、设备的，应当依法给予补偿；能返还的，应当及时返还。

在××市征用口罩事件中，××市卫生健康局发出的《应急处置征用通知书》显示，该局进行行政征用行为的法律依据为《突发事件应对法》《传染病防治法》《××省突发事件应急征用与补偿办法》的规定。

（二）关于应急征用的主体

应急征用是一种紧急状态下的应急举措，需要严格遵守应急征用的要求和程序。在应急物流的行政征用中，只有具有法定征用权的相关主体才能实施该行为。在《突发事件应对法》第十二条中明确了有权实施应急征用的法定主体是"有关人民政府及其部门"，第五十二条明确为"履行统一领导职责或者组织处置突发事件的人民政府"，除此之外的其他主体无权采取应急征用行为。通常而言，条文所指的"有关人民政府及其部门"应在本行政区域内进行应急征用。在××市征用口罩案例中，发布《应急处置征用通知书》的行政主体是××市卫生健康局，但是所征用对象为在途货物，具有一定的特殊性。由于在途货物的物理位置处于变动中，因此在确定有权征用主体时还存在一定的争议。

（三）关于应急征用的范围

应急征用的对象具有法定性，有关行政主体只能在应急状态下针对特定对象采取征用措施。在法律中明确规定的应急征用对象主要是"单位和个人的财产"，具体来说是指《突发事件应对法》中规定的"应急救援所需设备、设施、场地、交通工具和其他物资"，在特殊情形下还包括技术服务等，尤其是应急管理急需的生活必需品、医疗物资和救援物资。而且，是否进行应急征用必须视应急管理的实际需要来决定，所征用物品务必尽其用，对当地的突发事件应对有实际用处。例如，在新冠感染疫情防控过程中，由于疫情具有传染性，需要大量隔离点来采取充分的隔离措施。但是医院的病房资源有限，所以就需要对酒店等单位进行征用，为隔离人员提供安全、稳定的隔离空间。这里应急征用的对象就是酒店等单位的房屋等财物，该征用行为具有必要性和紧迫性。在××市征用口罩事件中，被征用对象为防护口罩，是新冠感染疫情中重要的防护物资。而该物资是其他地方采购的紧缺型应急管理物资，在使用目的上与征用行为的目的具有一致性，其征用合理性受到质疑。除此之外，在应急物流中还有以应急管理和应急救援为目的运输的人道主义物资，能否对此进行征用还需考察具体情形。

（四）关于应急征用的补偿

在应急征用之后，需要就征用行为及时对被征用人给予相应补偿。从我国有关应急物流行政征用的法律规定中可以看出，所有规定应急征用的条款都同时明确要求事后及时返还或补偿。事后补偿是行政征用机关进行应急征用的应有之义，并且应当及时进行。《突发事件应对法》规定被征用的财产在使用完毕或者突发事件应急处置工作结束后，应当及时返还。财产被征用或者征用后毁损、灭失的，应当给予补偿。在××

市征用口罩事件中，其应急征用具体行政行为中的《应急处置征用通知书》中同时包含应急征用补偿内容。但是，该文件表明被征用人"应当在收到补偿通知之日起1年内，向我局书面提出应急补偿申请。逾期未提出补偿申请且无正当理由的，视同放弃受偿权利"。根据该内容，对应急征用的被征用人实行申请补偿制，必须在规定时限内提出符合规定要求的申请才可能获得相应补偿，否则视同放弃受偿权。然而根据该通知书载明的《××省突发事件应急征用与补偿办法》第十七条的规定，征用单位在设备、设施、场地、交通工具和其他物资使用完毕后，应当将征用财产及时归还被征用单位和个人，并在15个工作日内汇总使用情况，制作应急征用物资（场所）使用情况确认书，书面通知有关受偿人提交申请补偿所需的资料，除涉密内容和事项外，同时在当地政府门户网站或主流媒体上公示5个工作日。因此，征用单位应在物资使用完毕后汇总使用情况并制作应急征用物资使用情况确认书，且公示之后才能要求被征用人进行申请等程序。

综上，在本案例中，对应急物资的行政征用存在征用主体、征用对象和征用补偿方面的问题。在应急物流行政征用中，应当严格按照相关法律规范要求，由具有应急征用权的相关主体在应急征用法定范围内进行征用，并向被征用人明确应急征用补偿方式、数额、程序等事项。

二、应急物流仓储与配送法律问题

应急物流采取的主要措施是对应急物资的运输与配送，将应对突发事件所需的应急物资在不同地点进行传递和送达。

【案例7-2】风尚服装（北京）有限公司与北京顺丰速运有限公司邮寄服务合同纠纷案。①

【案例简介】

原告：风尚服装（北京）有限公司（以下简称风尚服装公司）。

被告：北京顺丰速运有限公司（以下简称顺丰速运公司）。

2020年2月19日，中国船舶工业物资有限公司（以下简称中国船舶公司）与风尚服装公司签订采购合同，约定中国船舶公司购买一次性医用口罩100万只。2020年2月27日，中国船舶公司与风尚服装公司签订补充协议，风尚服装公司保证在2020年3月5日前分批交付100万只口罩给买方，单次交货不低于10万只，并发货到中国船舶公司指定地点。2020年3月7日，风尚服装公司向北斗银河医疗科技有限公司（以下简称北斗银河公司）采购一批口罩并签订购销合同，3月8日，北斗银河公司员工朱某某通过顺丰速运小程序下单，将35箱口罩（7万只口罩）、50箱口罩（10万只口罩）

---

① 本案例来自北京市顺义区人民法院民事判决书（2020）京0113民初11535号。

分批次寄往中国船舶公司的库房，对应的运单号分别为 SF1086303792095、SF1086303792401。风尚服装公司称上述两个运单在 3 月 13 日才送达，中国船舶公司要求解除合同导致风尚服装公司产生损失。顺丰公司表示上述两个运单共 85 箱口罩，其公司在 3 月 11 日就向收件人送达了 40 箱，只有剩余的 45 箱是 3 月 13 日送达的。顺丰公司为证明其主张，提交了 2020 年 5 月 12 日顺丰客服与收件人尚先生的通话录音，风尚服装公司对录音的真实性认可。之后，风尚服装公司提交了中国船舶公司于 2020 年 3 月 16 日出具的证明函，该证明函表示由于风尚服装公司交货时间严重违约，中国船舶公司依据相关合同及补充协议约定，宣布解除合同，中国船舶公司将不再接受合同中未供货的口罩。顺丰公司对该证明函的真实性认可，但不认可该证明函的关联性，认为该证明函的出具时间是 3 月 16 日，是事后沟通的函件，其与风尚服装公司发生争议是在 3 月 8 日至 3 月 13 日期间，无法预见损失的发生。顺丰速运公司和风尚服装公司双方确认涉诉两个运单的运费至今未付，顺丰速运公司发送给风尚服装公司的 2020 年 3 月月结运费表中包含涉诉的两笔运费。风尚服装公司表示涉诉的两个运单，顺丰速运公司承诺 48 小时运到，且运单上标注的"标快"就是航空运输件，其未在 48 小时内运到，应承担赔偿责任。顺丰速运公司对此不予认可，称没有就送达时间进行过承诺，且在揽件的时候向寄件人告知了疫情防控期间会有延误风险，寄件方也表示认可。而 2020 年 3 月 13 日左右北京市及湖北省均处于疫情高风险防控期间，没有放开复工复产，这些因素也会导致送达时间无法保证，运单类型上的顺丰标快是标准快递的意思，其不会按照航空运输和非航空运输进行区分，其是按照产品类型区分收费。两运单发货地点是宜昌，需要从武汉中转，因 2020 年 3 月 8 日武汉地区的疫情严重，天河机场关闭，无法走航空运输。因此，风尚服装公司和顺丰速运公司就此物资运输问题产生纠纷并诉诸法院。

【案例分析】

本案是一起应急物流配送中的邮寄服务合同纠纷。纠纷主要围绕疫情导致的配送延误所产生的商业利益损失问题。

（一）关于应急物流配送中的法律关系

在应急物流配送和应急状态中的配送活动中，常见的法律关系包括配送活动当事人之间、承运人与应急管理部门的法律关系等。在应急物流的配送活动当事人之间的法律关系主要体现为运输合同关系，因此产生的纠纷主要是因突发事件导致的运输时效延迟、货物毁损、交易利益损失等问题。

疫情突然暴发之后，医疗物资和基本生活物资紧缺，不少企业参与了疫情防控工作和应急物流环节。例如，京东物流开通全国各地驰援武汉救援物资的特别通道，接受各类公益组织、企事业单位等近两百家机构的捐助运输需求。结合武汉当地防疫物资需求程度，京东物流通过公路运输、铁路运输、航空运输等多种运输方式，陆续将包括口罩、消毒液、净化器、医用药品等物品在内的大批防疫物资从全国各地运往武汉地区。在应急物资储备、应急物资运输等环节，物流企业能够为行政机关应急管理提供补充，运用供应链网络和物资储备为应急管理提供帮助。京东集团、顺丰集团等企业在多次突发灾害事件中提供了大量物资和运力支持。应急管理部和各地区应急管理部门积极推进与顺丰集团、京东集团建立应急物资保障战略合作机制，在应急物流保障、应急物资筹措、应急物资仓储、智慧物流运用等方面展开合作，促进应急物流的有效实施。例如，在新冠感染疫情中，湖北省政府与京东物流展开合作，由京东物流承建应急物资供应链管理平台，对抗击疫情所需的医疗物资等进行管理，借助供应链技术参与到政府部门的疫情防控工作之中。在此过程中，物流企业与突发事件应急管理部门之间形成了应急物资储备和应急运输的行政法律关系。

（二）关于突发事件导致的配送纠纷解决机制

在本案中，由于疫情原因导致的配送延迟问题和商业利益损失问题，属于突发事件导致的应急物流纠纷中的一种。

2020年，最高人民法院《关于依法妥善审理涉新冠肺炎疫情民事案件若干问题的指导意见（三）》中专门就审理运输合同案件作出了解释，其规定根据《合同法》第二百九十一条（现《民法典》第八百一十二条）的规定，承运人应当按照约定的或者通常的运输路线将货物运输到约定地点。承运人提供证据证明因运输途中运输工具上发生疫情需要及时确诊、采取隔离等措施而变更运输路线，承运人已及时通知托运人，托运人主张承运人违反该条规定的义务的，人民法院不予支持。承运人提供证据证明因疫情或者疫情防控，起运地或者到达地采取禁行、限行防控措施等而发生运输路线变更、装卸作业受限等导致迟延交付，并已及时通知托运人，承运人主张免除相应责任的，人民法院依法予以支持。在本案中，承运人顺丰速运公司业务员在揽件时已经告知时效风险，风尚服装公司作为理性的商业经营主体，依然选择由该公司承运，应对其选择负责。且双方在《电子运单契约条款》中约定基于托寄物可能获得的收益、实际用途、商业机会等任何间接损失，顺丰速运公司不承担赔偿责任，因此对本案中造成的损失顺丰速运公司不承担相应责任。

拓展阅读 7-1

【案例 7 - 3】河池市人民政府与广西金河矿业股份有限公司、覃某义等水污染责任纠纷案。①

【案例简介】

原告：河池市人民政府。

被告：广西金河矿业股份有限公司（简称金河矿业公司）、覃某义、河池市金城江区鸿泉立德粉材料厂（简称鸿泉立德粉材料厂）等。

广西金河矿业股份有限公司冶化厂（简称金河矿业公司冶化厂）渣场露天堆存有浸出渣、压滤渣等废渣约 7 万吨，均属于危险废物。渣场地面无硬化，四周均未建有拦坝或者导流沟，防渗、防雨、防流等"三防"设施不完善。渣场回用水处理站附近的石山脚下有溶洞，溶洞出水口在西环路接入市政管网暗渠并最终通往龙江河。2011 年 7 月河池市环保相关部门对该公司冶化厂进行检查时，对渣场"三防"设施等问题提出了整改要求。对此被告覃某义（时任该公司副总经理兼该公司冶化厂厂长）口头向被告余某某（时任该公司法定代表人、董事长、总经理）汇报后，二人均没有采取切实有效的措施加以整改，被告罗某某（时任该公司生产安环管理部经理）对此安全环保隐患具体监督管理不到位，造成渣场堆放的浸出渣、压滤渣的渗滤液被大雨冲刷所产生的含高浓度有毒物质重金属镉的初期雨水不能完全收集时均直接排入天然溶洞后流入龙江河，严重污染环境。2011 年 11 月，环保部门已发文要求金河矿业公司冶化厂于 2012 年 1 月 1 日起严格执行《铅、锌工业污染物排放标准》（GB 25466—2010）中总镉含量新标准限值 0.05 mg/L，但被告余某某、覃某义未及时传达并严格贯彻执行镉污染物排放新标准，被告覃某义对此安全环保问题具体监督管理不到位，造成冶化厂 2012 年 1 月 1 日至 2012 年 1 月 19 日多次违法将水汽车间回用水处理站清水池中重金属镉含量超标的污水通过金河矿业公司总排水口排入龙江河，严重污染环境。经河池市环境保护监测站取样监测，2012 年 1 月 16 日、17 日、19 日，金河矿业公司总排水口废水含镉分别为 0.07 mg/L、0.075 mg/L、0.097 mg/L，均大于 0.05 mg/L 废水镉含量标准限值。被告曾某某租用鸿泉立德粉材料厂后，采用湿法提铟生产工艺非法生产铟、碳酸锌等产品，并聘请被告杨某某管理财务和采购设备配件。鸿泉立德粉材料厂既没有萃取余液重金属回收装置，也没有废水处理设施，而在厂区内私设暗管、私建偷排竖井，利用暗管将高浓度含镉废水偷排入厂区内私建的竖井，流入龙江河。

2012 年 1 月 13 日，河池市龙江河宜州段的拉浪电站坝首前 200 m 的水体重金属镉含量严重超标，污染形势严峻，河流沿岸民众饮用水安全和身体健康受到严重影响。为此，原广西壮族自治区环境保护厅成立自治区龙江河突发环境事件应急指挥部，决

① 本案例来自广西壮族自治区河池市中级人民法院民事判决书（2015）河市民一初字第 1 号、（2019）最高法民申 6459 号民事裁定书。

定启动突发环境事件Ⅱ级响应。经原广西壮族自治区环境保护厅污染调查专家组认定，金河矿业公司冶化厂和鸿泉立德粉材料厂与龙江河镉污染事件有直接因果关系，分别是此次龙江河突发环境事件的责任污染源之一。因此次龙江河镉污染事件后果严重，涉及刑事犯罪，法院刑事裁定书认定金河矿业公司犯污染环境罪，判处罚金。

为综合治理此次龙江河宜州段河水污染环境事件，河池市人民政府投入大量人力、财力和物力。河池市人民政府认为被告金河矿业公司等对污染事件的发生均有过错，应连带赔偿其损失共计 24501408.8 元。原告河池市人民政府于 2014 年 10 月 24 日向河池市金城江区人民法院提起本案诉讼。

【案例分析】

本案是一起突发环境事件中的应急行政管理和应急物资处置案件。由于所涉企业违法排放有害物质造成水体重金属镉含量严重超标，污染形势严峻，河流沿岸民众饮用水安全和身体健康受到了严重影响。

（一）关于应急物资储备与费用支出

应急物资管理的全过程就是应急指挥机构和应急物流中心在应急物流信息系统的基础上对应急物资的信息进行收集、分析、反馈并做出决定的过程。[①] 应急物流以充分的应急物资储备和合理调配为重要前提。发生突发事件之后，为了应对突发事件而付出的应急物资费用应当明确其承担主体。对于费用支出问题，本案是由于事故责任单位故意实施的违法排放生产废水导致的突发环境污染事件，根据《生产安全事故应急条例》第十九条的规定，应急救援队伍根据救援命令参加生产安全事故应急救援所耗费用，由事故责任单位承担；事故责任单位无力承担的，由有关人民政府协调解决。相应的应急环境污染治理费用应由该企业承担。

（二）关于应急物流行政管理的法定程序

应急物流行政管理过程必须按照法定程序进行，减少对第三人的损害，提高应急响应速度和应急水平。根据《突发事件应对法》的规定，对应急物流活动进行行政管理的程序应包含突发事件的预防与应急准备、监测与预警、应急处置与救援、事后恢复与重建等应对活动。在已经发生突发事件的情形下，行政机关需严格按照法定程序进行物流调度、行政征用、运输保障和事后救济，不得出现滥用应急管理权侵害行政相对人合法权益的行为。

（三）关于应急物流的交通保障

除了以上提到的应急物流管理重点内容，应急物流中的运输服务是重要一环，需要各类主体保障应急运输服务的通畅。对此，在新冠感染疫情防控工作中，交通运输

---

① 王丰，姜玉宏，王进. 应急物流［M］. 北京：中国物资出版社，2007.

部发布《交通运输部关于切实保障疫情防控应急物资运输车辆顺畅通行的紧急通知》（交运明电〔2020〕37号），明确要求保障应急物流通畅的具体举措。该通知提出的主要要求包括：①向社会公开应急运输电话，通过这一方式提高联合防控的效率，对于跨区域协调应急物流有重要的意义；②进一步简化《通行证》办理流程，从行政程序上简化流程、提高效率、节省时间和人力成本，促进最大化地实现应急物流的应急管理效果；③切实保障应急运输车辆顺畅通行，针对应急管理中存在的实际问题，强调公路交通网络、应急运输通道、群众生产生活物资的运输通道通畅，加强应急治理能力；④进一步严格应急运输保障工作纪律，为应急运输工作提供充分保障，尤其是要做好各部门、各区域的协调和合作。以上四个方面是有助于解决应急物流问题的具体要求，能够提高应急物流的效率和合作水平。

拓展阅读 7-2　　　　　　　　　拓展阅读 7-3

三、应急物资的回收

在应急物流的末端环节，还涉及应急救援和应急医疗物资的回收，比如帐篷、方舱医院等的回收利用，以及可再生资源的回收和处置等问题。

【案例 7-4】安徽交运集团滁州汽运有限公司与池州市贵池区涓桥镇人民政府等环境污染责任纠纷案。[①]

【案例简介】

上诉人（原审被告）：安徽交运集团滁州汽运有限公司。

被上诉人（原审原告）：池州市贵池区涓桥镇人民政府。

2013 年 7 月 10 日 16 时 40 分许，张某某驾驶重型半挂牵引车由江西新余往江苏镇江方向行驶。该车在行至 G318 线安徽省池州市境内 468km＋900m 路段时，因超速行驶，遇紧急情况时采取措施不当致车辆驶出路外侧翻，造成粗苯泄漏，车辆及公路设施损坏的交通事故。经池州交通管理部门认定，张某某负本起道路交通事故的全部责任。事故发生后，池州市人民政府紧急成立应急指挥部，组织协调相关事故处置措施。

---

① 本案例来自安徽省高级人民法院民事判决书（2016）皖民终 947 号。

粗苯泄漏后，沿 318 国道涵洞、排水渠扩散，后流入主干渠。为防范粗苯继续向下游扩散，涓桥镇人民政府购置大量活性炭进行应急处理，并组织人员对受污染土壤采取局部燃烧剥层处理、深挖清理等措施，将清挖出的受污染土壤和已吸附了粗苯的活性炭作为危险固体废物运至东至固废处理中心。在事故处置过程中涓桥镇人民政府购买了劳动工具如铁铲、手电等，及劳保用品如口罩、毛巾等，并组织人力、物力进行活性炭的运送、筑坝、铲土、警示牌的制作等抢险处置，支付了劳务费、应急物资费和抢险人员餐费。另外，涓桥镇人民政府为运输活性炭及固体废物雇用铲车、挖机等车辆，并支付了相关费用。

【案例分析】

本案中，由于交通事故导致粗苯泄漏，造成环境污染，对当地居民造成较大的人身危险。应急管理部门为此支付了巨额费用，并对受污染的危险固体废物进行了处理。在应急物流中，由于运送物资的特殊性可能导致事后法律监管问题，尤其是对此类危险物品的运输需要明确应急物流事后法律责任。我们可以从以下两个方面来理解应急物流的法律监管问题。

（一）关于应急物资的回收范围

根据民政部制定的《救灾物资回收管理暂行办法》第二条的规定，可回收利用的救灾物资，是指救灾过程中由各级政府有关部门安排、采购、征用、调拨（包括对口支援在内），以及由各级政府有关部门接收和管理的社会捐赠的、可回收重复利用的救灾物资。其中主要包含生活类物资、救援类物资、医疗类物资、通信类物资、供电类物资和其他物资几种类型。在不同的突发事件中调取的应急物资类型不同，在完成了应急物流和应急管理任务之后应当及时对剩余的物资和物流活动产生的废弃物进行回收和管理。例如，在新冠感染疫情中设置的应急救灾帐篷、方舱医院医疗物资、活动板房等需要及时回收，而应急物流运输产生的医疗废弃物等则需要采取有效措施进行处理，避免病毒传播。在抗击新冠感染疫情时，武汉洪山体育馆被改造成方舱医院，其中包含大量应急医疗物资。其在结束使用后，已经恢复成为体育中心。在汶川地震中，主要的应急物资包括食品、药品、帐篷、卫生防疫用品、活动板房、气象监测设备、应急通信设备等，对其回收利用需要加强法律监管。本案中表明在对突发事件中的危险物质泄漏造成的危险固体废物进行事后处理时，需要明确处理主体、处理方式、费用承担、法律后果等方面内容。

（二）关于应急物流的事后监管法律问题

突发公共事件应急物流中的物资回收法律问题主要是解决应急物流活动和应急物资回收中可能存在的法律风险，并进行有效的事后监管。主要包含以下三个方面的内容。

1. 应急物资回收监管

对于突发公共事件中应急使用的物资和设备，在突发公共事件应急使用结束后应当及时回收，这就需要行政机关建立相应的监管机制，确保应急物资妥善使用和储存。

2. 应急物资回收侵权行为

在应急物资回收的过程中，可能存在交通事故、财物损失等侵权行为，对于出现的侵权行为要明确责任承担主体，依法进行处理。

3. 应急物资回收法律责任承担

对于应急物流运输中存在的物资回收不规范、私自截留、侵占等问题，应当对责任人进行追责，构成刑事犯罪的还需依法追究刑事责任。

除了以上所列出的应急物流行政征用、应急物流运输管理、应急物流事后监管等法律问题，我们在学习和掌握应急物流法律制度的时候还要注意对应急物流的末端配送环节的法律规制。尤其是在突发公共卫生事件中，应急物流活动中配送人员与车辆和发生疫情的地区接触较为密切，在此环节应注意应急物流参与人的健康保障，也应避免由于应急人员和车辆的频繁移动造成疫情的扩散。总体而言，在应急物流各个环节都需要更加广泛和有效的法律监督与保障，以便在满足应急状态的特殊需求的同时，以法律途径切实提高应急物流效率。

拓展阅读 7-4

本章小结

通过对应急物流理论知识、应急物流相关法律规范和案例的解析，可以发现由于应急物流活动适用场景的特殊性，其法律保障要求也具有其特点，需要结合应急物流活动的全过程进行法律分析。其中主要涉及行政法、民法、经济法和刑法相关法律内容。应急物流的主要参与人包括相关行政机关、物流经营者和实际承运人及其他物流活动参与者。在行政法领域，加强以应急行政监管为主的法律规范，明确行政机关在应急物流的事前准备、事中运行、事后管理环节的职责和法律责任，能够促进应急物流活动的顺利进行。应急物流活动中可能引入社会力量予以支持，例如，应急物资的筹措、应急运输等方面，可能产生合同法律纠纷和道路交通事故法律问题，此时就要利用民法中的相关法律规范来明确责任主体和纠纷解决方式，尽可能提高纠纷解决效率。在应急物流活动中，如果存在故意伤害、贪污受贿等行为需要追究刑事责任的，则要依据刑法规定予以处理。

第八章 物流安全法律与案例

导　言

改革开放以来，随着我国物流业的快速发展和转型升级，物流安全问题也日益突出，我国政府坚持人民至上、生命至上，把保护人民生命财产安全摆在首位，坚持安全发展、绿色发展理念，不断加强生产安全、物流安全工作，逐步形成了较为完善的物流安全政策与法律规范体系，有效地预防了物流风险，维护了物流市场秩序，促进了物流业健康发展。但是，物流安全事故仍频繁发生，对于物流经营者而言，如何在提高物流活动效率和降低物流活动成本的同时，保证物流活动安全、可靠，有效防范和应对物流安全威胁，是其需要面对的重要挑战和需要解决的重要课题。因此，物流经营者及相关从业人员，学习、了解和遵守物流安全相关政策与法律规范，对于物流经营者依法合规从事经营活动，防范和化解物流活动风险，具有重要的意义。

第一节　物流安全概述

一、物流安全的概念及其内涵

（一）物流安全的概念

物流安全是指在物流活动的全过程中，为了保障物流基本功能的顺利实现，通过采取必要的技术和管理措施，防范、控制和消除各种物流风险与事故，避免人身伤害、财产损失和环境污染等破坏性后果。

（二）物流安全的内涵

1. 宏观物流安全

宏观层面上，从国家整体安全观视角看，物流安全涉及社会安全、经济安全，乃至生态安全、军事安全等。2012 年，美国发布了《全球供应链安全国家战略》，美国全球供应链安全国家战略的基本目标是促进商品高效与安全运输，构建一个具有弹性的供应链。其核心是安全和效率，其所要建立的全球供应链系统一定是稳定、安全、高效、有弹性的。[①] 当前，受全球新冠感染疫情和国际经济贸易、技术摩擦等多种因素的影响，我国物流和供应链的安全风险增大。2021 年 3 月通过的《中华人民共和国国民经济和社会发展第十四个五年规划和 2035 年远景目标纲要》（以下简称《规划》）强调，加快构建以国内大循环为主体、国内国际双循环相互促进的新发展格局。而物流和供应链的安全稳定是构建新发展格局的基础，因此《规划》高度重视增强产业链、供应链自主可控能力，明确提出要坚持经济性和安全性相结合，补齐短板、锻造长板，分行业做好供应链战略设计和精准施策，形成具有更强创新力、更高附加值、更安全可靠的产业链供应链。推进制造业补链强链，强化资源、技术、装备支撑，加强国际产业安全合作，推动产业链供应链多元化。

拓展阅读 8－1

2. 微观物流安全

微观层面上，从物流作业安全管理角度看，物流安全问题贯穿物流活动的全过程，涉及供应链的全链条，存在于运输、仓储、包装、装卸搬运、流通加工以及信息处理各个环节。比如运输环节可能由于酒驾、疲劳驾驶、超限超载、普通货物与危险货物混装等原因发生交通安全事故。仓储环节可能由于违规存放危险货物、安全管理混乱、环境温度变化等原因导致火灾、爆炸等安全事故。另外，装卸搬运过程可能由于碰撞、挤压而导致货物损失；物流信息系统也可能由于病毒入侵、黑客攻击等发生网络安全事故等。因此，物流安全管理要具有系统化的思想。物流安全管理是动态的，影响物流安全的因素和环境是瞬息万变的，物流经营者随时随地都面临着来自物流企业内部和外部的各种风险挑战。其中，危险货物物流作业是物流安全管理中最重要、最核心的问题，也是物流安全管理最主要、最关键的环节。因为，危险货物物流作业过程中一旦发生安全事故，其破坏性后果往往是灾难性的。比如，2020 年 6 月 13 日，沈海高

① 丁俊发. 美国全球供应链安全国家战略与中国对策 [J]. 中国流通经济，2016，30 (9)：5-9.

速公路温岭段发生一起液化石油气运输槽罐车重大爆炸事故，该事故造成 20 人死亡，175 人入院治疗，其中 24 人重伤，直接经济损失 9477.815 万元。根据浙江省应急管理厅发布的事故调查报告，事故调查组认定沈海高速温岭段"6·13"液化石油气运输槽罐车爆炸事故是一起液化石油气运输槽罐车超速行经高速匝道引起侧翻、碰撞、泄出，进而引发爆炸的重大生产安全责任事故。

拓展阅读 8-2

二、物流安全的意义

现代物流业作为国民经济的基础性、先导性和战略性产业，其作用的发挥无疑是以物流安全作为前提和基础的，无论是宏观意义上的国家安全，还是微观意义上的物流作业安全，均具有重要的意义。

从宏观上看，构建一个安全、高效、自主可控和稳定的全球物流与供应链系统对于维护国家经济安全乃至军事安全具有重要意义。在经济全球化的背景下，突发重大自然灾害、重大公共卫生事件有可能造成全球物流与供应链系统中断和瘫痪，会对国际经贸活动的正常进行产生严重的影响。同时，西方某些国家为了遏制中国发展，不断发动贸易战、科技战，实施经济围堵和封锁，甚至某些敌对势力有可能发动主动的攻击和破坏活动，威胁我国产业链、供应链的安全。对此，我们需要未雨绸缪，做好国际物流与供应链风险的预警研判，加强国际产业安全合作，补齐短板，锻造有弹性、有韧性的物流与供应链系统。

从微观上看，物流安全的意义主要体现在以下四个方面。

（一）保障人民群众生命和财产安全

安全是人类最重要和最基本的需求，我国政府一直高度重视安全生产工作，始终坚持以人为本、安全发展、可持续发展的理念，坚持人民至上、生命至上，把保护人民生命财产安全摆在首位。物流系统是一个涉及多环节、多功能和多要素的复杂系统，安全风险因素无处不在，重特大物流安全事故往往会造成严重的人员伤亡和财产损失，坚持物流安全是物流业发展的基本底线，也是物流经营活动中不可逾越的红线。

（二）规范物流市场秩序，维护各方当事人的合法权益

物流安全事故的发生，往往是物流经营者法律意识淡薄，违法、违规从事物流作业行为造成的，比如未取得道路危险货物运输许可的企业擅自从事道路危险货物运输，驾驶人员、装卸管理人员、押运人员未取得从业资格便上岗作业等，这些行为造成了物流市场的混乱和无序，破坏了物流市场秩序，并会损害相关当事人的合法权益。比如托运人不向承运人说明所托运的危险化学品的种类、数量、危险特性及危险情况下的应急处置措施，就有可能在发生安全事故时，损害承运人等相关当事人的合法权益。

（三）保障物流功能顺利实现，保障物流经营者生存和发展

物流活动连接着生产和消费，物流活动中的运输、仓储、包装、装卸搬运等基本功能的实现都以安全作为前提和基础。物流活动中任何一个环节出现问题，都会导致物流功能丧失或中断，进而影响整个供应链上下游企业之间的经济活动正常进行，既可能导致无法正常生产，也可能导致消费需求无法满足。对于物流经营者而言，物流安全也是生存和发展的基础，一旦发生重特大安全事故，物流经营者和相关当事人有可能承担民事责任、行政责任乃至刑事责任，可能直接导致物流经营者的停业、停产或破产，威胁物流经营者的生存和发展。而良好的物流安全经营记录则可以取信于消费者，降低企业经营成本，提高物流企业的竞争力。

（四）维护生态安全，减少环境破坏，实现绿色发展

物流领域中很多严重的生产安全事故，同样也是重大环境污染事故。比如 2010 年 7 月 16 日，中石油大连保税油库输油管线在油轮卸油作业时发生闪爆，引发管线内原油起火，致上万吨原油入海，该事件对大连湾的海水质量、生态系统和海洋生物都产生了威胁和影响。可见，物流安全对于保护生态环境，促进物流业绿色发展也具有重要意义。

三、影响物流安全的主要因素

物流系统是一个由人员、货物、设备、道路、环境等要素构成的复杂动态系统，物流安全又涉及运输安全、仓储安全、装卸安全、包装安全、流通加工安全及信息安全等领域。因此，影响物流安全的因素是复杂多样的，简言之，主要有以下几种。

（一）管理因素

管理因素既包括政府管理层面的因素，也包括企业管理层面的因素。政府管理层面上，既有物流安全法律法规体系不健全、技术标准不统一等立法层面的问题，也有政府安全监督管理体制机制不完善、法律政策贯彻落实和执法力度不到位等问题。企业管理层面上，主要是安全生产管理制度不健全、不落实等问题，涉及企业的安全生产教育培训制度，从业人员、设备及场地安全管理制度，应急救援预案制度，安

全生产作业规程制度，安全生产考核与奖惩制度，安全事故报告、统计与处理制度等方面。

（二）人员因素

人员因素包括安全管理人员因素和物流从业人员、作业人员因素等。物流企业的安全管理人员（如安全管理部门负责人、专职安全管理人员等）的受教育程度、管理经验、管理能力等决定着企业的安全生产大局，物流企业的物流从业人员、作业人员的安全意识、安全知识、安全技能等直接决定着企业的安全生产状况。从导致物流安全事故的原因看，人员因素起着决定性的影响，人员不安全行为占主要原因。比如就普通货物运输发生的交通事故而言，疲劳驾驶、超速行驶、酒后驾驶、违章超车、违章停车等驾驶员违法、违规行为和驾驶车辆时抽烟、接打电话等不良驾驶习惯是交通事故的主要原因。而驾驶人员、装卸管理人员、押运人员等未经过培训考试、未取得相应的从业资格证而从事道路危险货物运输，也是发生重特大安全事故的一个主要原因。

（三）运输工具、设施、设备因素

车辆、船舶、航空器等运输工具，运输站场、港口、仓库等设施，以及检测、监控设备也是影响物流安全的重要因素。车辆、船舶、航空器等运输工具的安全技术状况和适运状态，运输站场、港口、仓库等设施建设、维护情况，检测、监控设备的配置和使用情况等都直接影响着物流活动。比如从事道路危险货物运输经营，需要配备检测合格的危险货物运输专用车辆、设备；运输剧毒化学品、爆炸品，应当配备罐式、厢式专用车辆或者压力容器等专用容器。而如果使用普通货运车辆或擅自改装专用车辆，就容易发生物流安全事故。反之，使用运输有毒、感染性、腐蚀性危险货物的专用车辆运输普通货物，也可能造成普通货物被污染、损害。同时，这些专用车辆、设备不仅要有明显标志，还应当配置应急处理器材、安全防护装备、行驶记录和定位装置等。

（四）货物因素

货物本身的物理、化学或生物等特性，也是影响物流安全的重要因素。特别是易燃易爆、有毒和具有感染性、放射性、腐蚀性的物质和材料，在运输、装卸搬运和仓储等过程中，容易造成人身伤亡或财产损失。危险货物物流不同于一般货物的物流，其专业性、技术性要求比较高，需要按照国家相关的法律法规和技术标准，以及货物本身的物理、化学或生物等特性，采取特别防护措施。同时，危险货物托运人应当严格按照国家有关规定妥善包装并在外包装设置标志，并向承运人说明危险货物的品名、数量、危害特性、应急措施等情况。另外，即便不是危险货物，比如生鲜农产品、疫苗药品等，在物流活动过程中也需要根据货物的特点，注意其对温度、湿度等的要求，避免货物腐烂、变质或作用失效，引发食品、药品等质量安全风险和事故。

（五）环境因素

物流作业过程中，自然环境和社会环境可能使物流活动处于不安全的状态，这也会导致物流安全事故发生。自然环境主要是指物流活动所处的地形、地质、水文、气象、温度、湿度、气压等自然条件，更广泛意义上也可以将地震、洪水、海啸等自然灾害包括在内。比如在气象条件中，常见的雨、雾、冰、雪等对交通安全的影响最为突出，也最为常见。特别是雨天路面湿滑，摩擦力减小，车辆容易失控，驾驶员视线模糊，容易判断失误等，加大了发生事故的风险。除了自然环境因素之外，不良的社会环境也可能影响物流安全，比如工作压力大、劳动关系紧张等都会造成驾驶员焦虑、烦躁、情绪不稳定，影响安全驾驶，诱发安全事故。

（六）其他因素

除了上述常见的因素，还有许多其他影响物流安全的因素。恐怖主义犯罪活动、突发公共卫生事件、信息网络攻击等都会在特定情况下影响物流安全。比如根据2021年5月12日的相关报道，由于遭到勒索软件的攻击，美国大型成品油管道运营商科洛尼尔管道运输公司被迫关闭了承担美国东海岸近45％燃油供应的5500英里（约8851千米）运输管道，美国交通部宣布受影响区域实施紧急状态。该管道被业界看作美国基础设施的"大动脉"，包括炼油、制造、航运等多个产业的经济活动受到波及。

需要注意的是，影响物流安全的因素众多，物流安全事故的发生，有可能是单一因素影响的结果，而更多的情况则是多种因素共同作用的结果。分析和研究影响物流安全的因素，主要的目的在于阐明物流安全事故的成因，进而加强物流安全生产管理，防止和减少物流安全事故。

第二节 物流安全相关的政策与法律规范

在物流安全领域，我国政府既重视政策的激励指引作用，又重视法律规范的约束作用，形成了较为完善的政策与法律规范体系，为物流安全工作奠定了坚实的制度基础。

一、物流安全相关政策

习近平总书记指出，人命关天，发展绝不能以牺牲人的生命为代价。这必须作为一条不可逾越的红线。抓好安全生产，坚守红线意识，正确处理安全与发展的关系，是总体国家安全观的重要组成部分，也体现着"以人民为中心"的发展思想。因此，党和政府出台了一系列安全生产领域的政策性文件，用以指导、规划、协调和推动安全生产工作，物流安全相关主要政策性文件如表 8 - 1 所示。其中，2016 年 12 月印发的《中共中央　国务院关于推进安全生产领域改革发展的意见》是新中国成立以来第一个以党中央、国务院名义出台的安全生产工作的纲领性文件。

表 8 - 1　　　　　　　　　　　物流安全相关主要政策性文件

发文机关	发文字号	发布年月	标题
国务院	国发〔2010〕23 号	2010 年 7 月	《国务院关于进一步加强企业安全生产工作的通知》
国务院	国发〔2012〕30 号	2012 年 7 月	《国务院关于加强道路交通安全工作的意见》
国务院	国发〔2021〕36 号	2022 年 2 月	《国务院关于印发"十四五"国家应急体系规划的通知》
中共中央办公厅 国务院办公厅	—	2020 年 2 月	《关于全面加强危险化学品安全生产工作的意见》
国务院办公厅	国办发〔2017〕3 号	2017 年 2 月	《国务院办公厅关于印发安全生产"十三五"规划的通知》
国务院安全 生产委员会	安委〔2020〕3 号	2020 年 4 月	《全国安全生产专项整治三年行动计划》
国务院安全 生产委员会	安委〔2020〕8 号	2020 年 8 月	《全国危险化学品道路运输安全集中整治方案》

从政策性文件的发文机关看，既有国务院、中共中央办公厅、国务院办公厅，又有国务院相关的部委和直属机构等；从政策性文件的内容看，既有关于推进安全生产工作的综合性、纲领性文件，也有针对道路交通安全、危险化学品安全等工作的专项文件，还有关于安全生产领域的专项整治行动计划和方案等。这些政策性文件均涉及物流安全相关工作，对于指导、规划、协调和推动物流安全工作具有重要意义。比如 2020 年 4 月国务院安全生产委员会印发的《全国安全生产专项整治三年行动计划》中，明确了 2 个专题实施方案、9 个专项整治实施方案，其中就包括了《道路运输安全专项整治三年行动实施方案》和《交通运输（民航、铁路、邮政、水上和城市轨道交通）和渔业船舶安全专项整治三年行动实施方案》。

物流安全工作涉及多领域、多环节和多部门，相关部门也联合出台了针对物流安全工作的政策性文件。比如为了加强对邮件、快件寄递的安全管理工作，相关部门出台《关于加强邮件、快件寄递安全管理工作的若干意见》等文件。在此基础上，为了加强对物流的安全管理，严密防范、严厉打击涉及物流领域违法犯罪活动。2015年，国家十部委联合发布了《关于加强物流安全管理工作的若干意见》，这是我国相关部门联合出台的关于物流安全管理工作的综合性文件，文件中明确了各部门监督管理职责，进一步完善了物流安全管理制度，加大了法律政策贯彻落实和执法力度，并建立由交通运输等各有关部门参加的部际物流安全管理领导小组，统筹协调指导物流安全管理工作。

二、物流安全相关法律规范

物流安全相关法律体系较为庞大，内容较为复杂。从法律部门的角度看，涉及刑法、行政法、民商法等多个法律部门。此外，还涉及物流活动中的运输、仓储、包装、装卸搬运、信息处理等各个环节和各个领域。鉴于运输是物流活动最重要、最基本的功能，而危险货物运输又是物流安全中的核心问题。因此，关于公路运输、铁路运输、航空运输、水路运输、海上运输等各种运输方式下的危险货物运输法律法规和技术规则就成为物流安全相关立法最主要的内容。同时，随着物流活动的国际化发展，物流安全相关法律规范除了国内法律规范，还有大量的国际公约与规则。

（一）物流安全相关国际公约与规则

伴随着经济全球化进程和国际贸易的发展，海上货物运输等国际物流活动也快速发展。在这个过程中，危险货物运输因其具有潜在的巨大危险性和严重危害性，需要采取特殊的防护措施和统一的规则，并合理分配托运人、承运人等当事人之间的权利、义务和责任。这就需要国际社会制定具有普遍约束力的规则，规范和促进危险货物运输的发展。于是，就出现了权威性的相关国际公约与规则来调整危险货物运输，这些国际公约与规则是在危险货物运输长期实践经验中产生的，被国际社会广泛接受，成为物流安全法律的重要组成部分。危险货物运输相关的国际公约与规则如表8-2所示。

表8-2 危险货物运输相关的国际公约与规则

类别	名称
综合性规则	《关于危险货物运输的建议书·规章范本》（TDG）
海上运输规则	《国际海运危险货物规则》（IMDG Code）
航空运输规则	《危险品规则》（DGR）
铁路运输规则	《国际铁路运输危险货物规则》（RID）
公路运输规则	《危险货物国际道路运输欧洲公约》（ADR）
内河运输规则	《国际内河运输危险货物协定》（ADN）

1. 联合国《关于危险货物运输的建议书·规章范本》

联合国《关于危险货物运输的建议书·规章范本》（以下简称《规章范本》，TDG）是危险货物运输领域的基础性、综合性规则。为了保障危险货物运输安全，各国对各种运输方式的规定协调统一，联合国经济及社会理事会危险货物运输专家委员会（以下简称专家委员会）编写了《关于危险货物运输的建议书》（以下简称《建议书》），适用于所有运输方式的危险货物运输，于 1956 年首次出版，俗称"橙皮书"。《建议书》随着技术发展和使用者不断变化的需要，在专家委员会会议上进行定期修订和增补，基本上两年一次。1996 年 12 月在专家委员会第 19 届会议上通过了《规章范本》第一版，作为《建议书》的附件。其目的是使《规章范本》可直接纳入所有运输方式的国际和国家规章，从而加强协调统一，促使各成员国政府、联合国、各专门机构和其他国际组织都能节省大量资源。1999 年，联合国经济及社会理事会扩大了专家委员会任务范围，增加了化学品分类和标签制度的全球统一问题。经过重组，委员会更名为"危险货物运输和全球化学品统一分类和标签制度问题专家委员会"。截至 2021 年，联合国《规章范本》已经更新至第二十二版，与之密切相关的《全球化学品统一分类和标签制度》和《试验和标准手册》也做了同步的修订。我国于 1988 年以成员国正式代表身份加入联合国经济及社会理事会危险货物运输专家委员会，并积极参与相关修改建议的提案活动，增强了我国在联合国危险货物运输领域的话语权。

2. 国际海上危险货物运输相关公约

在国际海上危险货物运输领域，相关的国际公约较多。其中，《国际海运危险货物规则》（IMDG Code）由国际海事组织海上安全委员会指派的专家组与联合国经济及社会理事会危险货物运输专家委员会紧密合作编写，并于 1965 年由国际海事组织通过，成为调整国际海上危险货物运输的最重要的规则。《国际海运危险货物规则》针对危险货物的标记、托运程序、装运、积载、包装，以及相关的隔离防护、消防措施等方面都作出了详细规定。其目的是保障人身和财产安全、防止事故发生、防止海洋污染、使航行更安全、使海洋更清洁。《国际海运危险货物规则》自实施以来，由国际海事组织进行定期修正和更新，如今已成为调整国际海上危险货物运输法律关系的强制性规范，在保障危险货物运输安全和防止污染海洋环境方面发挥着重要的作用。另外，调整危险货物海上运输的国际公约还有《海牙规则》《汉堡规则》和《鹿特丹规则》等，这些国际公约对危险货物作出了界定，并规定了托运人告知危险货物性质、粘贴危险货物标志标签的义务等，确定了承运人与托运人在海上货物运输中的权利和义务及赔偿责任等。

3. 危险货物国际航空运输相关公约

在危险货物国际航空运输领域，由国际航空运输协会（IATA）制定的《危险品规则》（DGR）是危险品航空运输的基本行业规则，自 1956 年出版第 1 版之后，每年进行一次更新。DGR 在危险货物航空运输的分类、包装、标记、标签和文件申报方面都提供了基本规范，在航空运输业界具有广泛的影响。除此之外，国际民航组织《国际民用航空公约》附件 18 和《危险物品安全航空运输技术细则》等也是危险货物国际航空运输领域的法规性文件。

此外，在危险货物铁路、公路、内河运输领域，主要有《国际铁路运输危险货物规则》（RID），适用于铁路运输；《危险货物国际道路运输欧洲公约》（ADR），适用于公路运输；《国际内河运输危险货物协定》（ADN），适用于内河运输。

（二）国内物流安全相关法律规范

经过多年的立法规范，国内物流安全法律体系已经形成并逐步完善。国内物流安全相关法律规范如表 8-3 所示。

表 8-3   国内物流安全相关法律规范

领域类别		法律规范类别	主要法律规范文件
安全综合类		法律	《中华人民共和国安全生产法》 《中华人民共和国消防法》 《中华人民共和国突发事件应对法》
		行政法规	《危险化学品安全管理条例》 《烟花爆竹安全管理条例》 《民用爆炸物品安全管理条例》 《放射性物品运输安全管理条例》 《生产安全事故应急条例》
		部委规章	《危险化学品目录（2015 版）》
		技术标准	《危险货物分类和品名编号》（GB 6944—2012） 《危险货物品名表》（GB 12268—2012） 《危险货物运输包装通用技术条件》（GB 12463—2009）
运输安全类	道路运输	法律	《中华人民共和国公路法》 《中华人民共和国道路交通安全法》
		行政法规	《中华人民共和国道路运输条例》
		部委规章	《道路危险货物运输管理规定》 《道路货物运输及站场管理规定》 《危险货物道路运输安全管理办法》
		技术标准	《危险货物道路运输规则》（JT/T 617—2018） 《危险货物道路运输营运车辆安全技术条件》（JT/T 1285—2020）

领域类别		法律规范类别	主要法律规范文件
运输安全类	海上运输	法律	《中华人民共和国海商法》 《中华人民共和国海上交通安全法》
		行政法规	《中华人民共和国国际海运条例》
		部委规章	《中华人民共和国船舶安全营运和防止污染管理规则》
	铁路运输	法律	《中华人民共和国铁路法》
		行政法规	《铁路安全管理条例》
		部委规章	《铁路危险货物运输安全监督管理规定》
	航空运输	法律	《中华人民共和国民用航空法》
		行政法规	《外国民用航空器飞行管理规则》
		部委规章	《民用航空安全管理规定》
	水路运输	法律	《中华人民共和国港口法》
		行政法规	《国内水路运输管理条例》
		部委规章	《国内水路运输管理规定》 《港口危险货物安全管理规定》 《危险货物水路运输从业人员考核和从业资格管理规定》
	快递物流	法律	《中华人民共和国邮政法》
		行政法规	《快递暂行条例》
		部委规章	《邮政业寄递安全监督管理办法》 《禁止寄递物品管理规定》
其他相关类		法律	《中华人民共和国国境卫生检疫法》 《中华人民共和国传染病防治法》 《中华人民共和国固体废物污染环境防治法》 《中华人民共和国网络安全法》 《中华人民共和国数据安全法》
		行政法规	《医疗废物管理条例》 《易制毒化学品管理条例》 《麻醉药品和精神药品管理条例》
		部委规章	《可感染人类的高致病性病原微生物菌（毒）种或样本运输管理规定》 《网络安全审查办法》

1. 安全综合类法律规范

这类法律规范主要涉及生产安全、消防安全、危险化学品安全，以及突发事件应对、安全事故应急处理等相关领域。这些法律规范虽然并不是针对物流安全的专门性法律规范，但往往也适用于物流活动的安全管理工作，是物流安全领域中的基础性、综合性法律规范。比如《危险化学品安全管理条例》第二条规定，危险化学品生产、储存、使用、经营和运输的安全管理，适用本条例。因此，涉及危险化学品的储存、运输等物流活动当然要遵守相关的规定。同时，在法律适用上，运输安全类法律规范往往是特殊法，按照特殊法优先适用的原则，如果运输安全类法律规范有特殊规定的，适用其规定。比如《危险化学品安全管理条例》第六十五条规定，通过铁路、航空运输危险化学品的安全管理，依照有关铁路、航空运输的法律、行政法规、规章的规定执行。再如《安全生产法》是企业经营活动中安全生产领域的基础性法律，具有一般法的特征，生产经营活动单位的安全生产管理都可以适用该法。但是有关法律、行政法规对道路交通安全、铁路交通安全、水上交通安全、民用航空安全等另有规定的，适用其规定，这也体现着特殊法优先适用的原则。

拓展阅读 8-3

2. 运输安全类法律规范

这类法律规范主要涉及道路运输安全、铁路运输安全、国内水路运输安全、海上运输安全及航空运输安全等领域，其中涉及危险货物运输相关的法律、行政法规、部委规章和技术标准是其核心内容，也是物流安全领域中最主要的法律规范。运输安全类法律数量众多、立法和修改活动较为频繁，规范性法律文件的层次和体系较为复杂，在法律适用中一般遵循上位法优于下位法适用的原则。而且通常来说，下位法的制定和修改也是依据上位法来进行的，比如交通运输部发布的《道路危险货物运输管理规定》就是依据《道路运输条例》和《危险化学品安全管理条例》等有关法律、行政法规制定的在道路危险货物运输领域的具体规则。另外，对于相同位阶的规范性法律文件，在法律适用方面，遵循新法优于旧法、特殊法优于一般法适用的原则。比如民用爆炸物品、烟花爆竹等特定种类危险货物的道路运输中，《烟花爆竹安全管理条例》和《民用爆炸物品安全管理条例》作了特别规定，应当从其规定。民用爆炸物品、烟花爆竹安全管理，也不再适用《危险化学品安全管理条例》。

3. 其他相关类法律规范

这类法律规范主要涉及危险废物、医疗废物处理，易制毒化学品和麻醉药品、精神药品管理及生物安全、网络安全、数据安全等领域。比如根据《固体废物污染环境防治法》的相关规定，运输危险废物，应当采取防止污染环境的措施，并遵守国家有关危险货物运输管理的规定。根据《易制毒化学品管理条例》的相关规定，国家对易制毒化学品的生产、经营、购买、运输和进口、出口实行分类管理和许可制度。根据《传染病防治法》的相关规定，对可能导致甲类传染病传播的以及国务院卫生行政部门规定的菌种、毒种和传染病检测样本，确需采集、保藏、携带、运输和使用的，须经省级以上人民政府卫生行政部门批准等。这些相关法律规范，虽然不是生产安全、物流安全领域的专门性法律规范，但其相关法律规范都与物流安全密切相关，物流经营活动也必须遵守相关的规定。另外，随着物流业数字化转型和物流信息化的发展，物流信息活动中的网络安全、数据安全问题也日渐突出。特别是物流信息系统服务商、物流平台经营者等相关主体，在其提供物流信息服务过程中，也需要履行相关的安全义务，保障网络安全和数据安全，并且在必要时接受国家的审查和监督。比如，2021年7月，为防范国家数据安全风险，维护公共利益，网络安全审查办公室发布公告，启动了对"运满满""货车帮"等相关公司的网络安全审查。

第三节　物流安全法律关系

当事人在从事运输、仓储等物流活动时，违反安全生产相关法律规定，造成安全事故，特别是重大生产安全责任事故，往往会导致人员伤亡、财产损失或生态环境被破坏等较为严重的后果。安全事故责任人往往会同时承担刑事责任、行政责任和民事责任，于是形成相应的刑事法律关系、行政法律关系和民事法律关系。

一、刑事法律关系

安全生产工作关系人民群众生命财产安全，关系改革、发展和稳定大局。经过多年的努力，我国的安全生产工作总体平稳向好，但是重特大生产安全事故仍然时有发生。比如2015年8月12日，位于天津市滨海新区天津港的瑞海国际物流有限公司（以下简称瑞海公司）危险品仓库发生特别重大的火灾爆炸事故。爆炸事故造成大量人员伤亡、环境污染和巨额经济损失，调查认定，天津港"8·12"瑞海公司危险品仓库火灾爆炸事故是一起特别重大生产安全责任事故，社会影响十分恶劣。可见，对于安全生产重大违法行为只施以行政处罚或仅让责任人承担民事责任是远远不够的，必须加大生产安全犯罪行为惩治力度，发挥刑法的震慑作用。

拓展阅读 8-4

危害生产安全犯罪涉及行业领域广泛，行为方式复杂多样，我国《刑法》及相关修正案中涉及危害生产安全犯罪主要有：《刑法》第一百三十二条（铁路运营安全事故罪）、第一百三十四条第一款（安全管理事故罪）、第一百三十四条第二款（强令违章冒险作业罪）、第一百三十五条（安全生产事故罪）、第一百三十五条之一（大型群众性活动重大安全事故罪）、第一百三十六条（危险物品肇事罪）、第一百三十七条（工程重大安全事故罪）、第一百三十八条（教育设施重大安全事故罪）、第一百三十九条（消防责任事故罪）等。此外，为依法惩治危害生产安全犯罪，充分发挥刑法的震慑作用，根据刑法有关规定，最高人民法院、最高人民检察院 2015 年联合出台了《关于办理危害生产安全刑事案件适用法律若干问题的解释》（法释〔2015〕22 号，以下简称《解释》），该司法解释明确了危害生产安全相关犯罪的定罪量刑标准，提出了相关罪名的司法认定标准，统一了疑难案件的法律适用意见。这对于指导和规范有关刑事案件司法审判实践，加大生产安全犯罪行为惩治力度，具有重要意义。

物流安全领域频发的犯罪行为主要有重大责任事故罪、危险物品肇事罪和消防责任事故罪。涉及的犯罪主体主要是物流活动安全管理人员和物流活动作业人员，涉及的犯罪客体是社会的公共安全，即不特定或多数人的生命、健康和重大公私财产的安全。另外，根据最高人民法院、最高人民检察院的《解释》，对于安全事故发生后，故意隐藏、遗弃事故受伤人员，掩盖事故真相，导致被困人员和被隐藏、遗弃人员死亡、重伤或者重度残疾的行为，应依法以故意杀人罪或者故意伤害罪定罪处罚。对于实施危害生产安全犯罪适用缓刑的犯罪分子，可以根据犯罪情况，禁止其在缓刑考验期限内从事与安全生产相关联的特定活动；对于被判处刑罚的犯罪分子，可以根据犯罪情况和预防再犯罪的需要，禁止其自刑罚执行完毕之日或者假释之日起三年至五年内从事与安全生产相关的职业。

二、行政法律关系

涉及物流安全的行政法律关系复杂多样，主要包括危险化学品的安全监管法律关系和危险货物运输的经营许可法律关系。

（一）危险化学品的安全监管法津关系

总体而言，安全监管工作涉及国民经济各行业、各部门，而危险化学品安全监管又涉及生产、贮存、使用、经营、运输、处置等各个主体、各个环节。要实施全主体、全品种、全链条的安全监管，就必须按照"管行业必须管安全、管业务必须管安全、管生产经营必须管安全"和"谁主管谁负责"原则，强化和落实企业的主体责任，完善监管体制机制，健全执法体系，严格落实相关部门在危险化学品生产、贮存等环节的安全监管责任。依照相关法律法规，涉及危险化学品等危险货物安全监管责任的相关部门众多，在相关安全监管职责未明确到部门的情况下，应急管理部门承担危险化学品安全综合监督管理兜底责任。危险化学品安全监管的主要部门与职责如表8-4所示。

表8-4　　　　　　　　　　危险化学品安全监管的主要部门与职责

主要部门	相关职责
应急管理部门（含安全生产监督管理部门）	负责危险化学品安全监督管理综合工作等
公安机关	负责危险化学品的公共安全管理，核发民用爆炸物品、烟花爆竹等道路运输通行证； 负责危险化学品运输车辆的道路交通安全管理； 负责物流企业内部治安保卫工作，查处利用物流渠道进行的违法犯罪活动等
交通运输部门（含铁路监管部门、民用航空主管部门、邮政管理部门）	负责危险化学品道路运输、水路运输的许可以及运输工具的安全管理； 负责危险化学品道路运输企业、水路运输企业驾驶人员、船员、装卸管理人员、押运人员、申报人员、集装箱现场检查员的资格认定； 铁路监管部门负责危险化学品铁路运输及其运输工具的安全管理； 民用航空主管部门负责危险化学品航空运输以及航空运输企业及其运输工具的安全管理； 邮政管理部门负责依法查处违法寄递危险化学品的行为
市场监督管理部门（含质量监督检验部门）	依据有关部门的许可证件，核发危险化学品生产、储存、经营、运输企业营业执照； 协调管理物流安全标准制修订工作； 依法对特种设备安全实施监督管理； 负责对进出口危险化学品及其包装实施检验等
环境保护主管部门	负责废弃危险化学品处置的监督管理； 依照职责分工调查相关危险化学品环境污染事故和生态破坏事件； 负责危险化学品事故现场的应急环境监测
卫生主管部门	负责危险化学品毒性鉴定的管理，负责组织、协调危险化学品事故受伤人员的医疗卫生救援工作

（二）危险货物运输的经营许可法律关系

危险货物运输经营者通常需要专用车辆及设备，配备必要的应急处理器材及防护用品，具有相应的从业资格的驾驶人员、装卸管理人员、押运人员和安全管理人员，还要有健全的安全生产管理制度。因此，从事危险货物运输经营活动，相关法律法规设立了经营许可制度，只有具备相应条件并经过申请程序，获得经营许可证的从业者，才具有危险货物运输经营资质。运输危险货物的托运人也应当委托依法取得危险货物运输经营资质的企业承运。以常见的道路运输为例，《道路运输条例》在规定了从事货运经营应当具备的基本条件之外，还规定了申请从事危险货物运输经营应当具备下列条件：有 5 辆以上经检测合格的危险货物运输专用车辆、设备；有经所在地设区的市级人民政府交通运输主管部门考试合格，取得上岗资格证的驾驶人员、装卸管理人员、押运人员；危险货物运输专用车辆配有必要的通讯工具；有健全的安全生产管理制度。从事危险货物运输经营的，向设区的市级人民政府交通运输主管部门提出申请。收到申请的交通运输主管部门，应当自受理申请之日起 20 日内审查完毕，作出许可或者不予许可的决定。予以许可的，向申请人颁发道路运输经营许可证，并向申请人投入运输的车辆配发车辆营运证；不予许可的，应当书面通知申请人并说明理由。依据上述规定，《道路危险货物运输管理规定》从专用车辆及设备、停车场地、从业人员和安全管理人员及安全生产管理制度等各方面又作出了更为具体、更为详细的规定。

三、民事法律关系

涉及物流安全的民事法律关系也是复杂多样的，但主要有两类：一是涉及危险货物物流活动的运输、仓储等合同法律关系；二是物流活动引起的侵权法律关系。

（一）合同法律关系

当物流服务提供商为客户提供危险货物的运输、仓储等物流服务时，当事人之间的基础法律关系仍然是合同法律关系，当事人权利义务关系的法律调整主要适用《民法典》"合同编"的相关规定，特别是其中关于"运输合同""仓储合同"等典型合同的法律规定。比如根据《民法典》第八百二十八条的规定，托运人托运易燃、易爆、有毒、有腐蚀性、有放射性等危险物品的，应当按照国家有关危险物品运输的规定对危险物品妥善包装，做出危险物品标志和标签，并将有关危险物品的名称、性质和防范措施的书面材料提交承运人。托运人违反前款规定的，承运人可以拒绝运输，也可以采取相应措施以避免损失的发生，因此产生的费用由托运人负担。再如根据《民法典》第九百零六条的规定，储存易燃、易爆、有毒、有腐蚀性、有放射性等危险物品或者易变质物品的，存货人应当说明该物品的性质，提供有关资料。存货人违反前款规定的，保管人可以拒收仓储物，也可以采取相应措施以避免损失的发生，因此产生的费用由存货人负担。保管人储存易燃、易爆、有毒、有腐蚀性、有放射性等危险物品的，应当具备相应的保管条件。上述相关规定中，均明确了危险货物的运输、仓储合同中托运人、承运人、存货人、保管人等相关当事人的权利和义务。另外，基于特殊法优先适用的原则，海上危险货物运输合同托运人、承运人等当事人的权利和义务适用《海商法》的相关规定。

（二）侵权法律关系

实践中，物流活动当事人危及他人人身、财产安全或造成他人人身、财产损害后果的情形也十分常见，比如交通事故侵权、环境污染侵权及高度危险作业侵权等。物流活动当事人侵害他人合法权益的，应当依据《民法典》"侵权责任编"的相关规定，承担停止侵害、排除妨碍、消除危险、赔偿损失等侵权责任。特别是危险货物的物流作业活动往往属于高度危险作业，造成他人损害的，应当承担侵权责任。《民法典》中涉及高度危险作业侵权的主要法律条文有第一千二百三十六条（高度危险责任的一般规定）；第一千二百三十九条（占有或使用高度危险物致害的侵权责任）；第一千二百四十一条（遗失、抛弃高度危险物致害的侵权责任）；第一千二百四十二条（非法占有高度危险物致害的侵权责任）；第一千二百四十三条（高度危险场所安全保障责任）；第一千二百四十四条（高度危险责任赔偿限额）等。其中，根据《民法典》第一千二百三十九条的规定，占有或者使用易燃、易爆、剧毒、高放射性、强腐蚀性、高致病性等高度危险物造成他人损害的，占有人或者使用人应当承担侵权责任；但是，能够证明损害是因受害人故意或者不可抗力造成的，不承担责任。被侵权人对损害的发生有重大过失的，可以减轻占有人或者使用人的责任。

此外，值得注意的是，物流领域的生产安全利益、生态环境利益往往涉及社会公共利益。当社会公共利益受到不法侵害时，检察机关作为国家利益和社会公共利益的捍卫者，可以依法提起检察公益诉讼，以保障公共利益。比如在贵州省黔南布依族苗族自治州人民检察院诉兰某某、黔南大德通物流运输有限公司等环境污染责任公益诉讼案中，无运输资质的责任人在运输途中发生侧翻，导致硫酸泄漏，造成耕地、林地及人饮工程设施受到污染。本案系因交通事故造成硫酸污染事故并导致环境污染，当事人承担刑事责任后不影响环境民事侵权责任的承担。因此，由检察机关提起损害环境公共利益的民事公益诉讼，经法院审理后由相关当事人承担环境污染损失赔偿责任，保障了环境公共利益。

第四节　物流安全专题案例分析

一、关于危险货物的界定与运输条件的豁免问题

【案例 8-1】杨某某与中山市交通运输局交通运输行政管理纠纷案。[①]

【案例简介】

原告：杨某某。

被告：中山市交通运输局。

2019 年 6 月 17 日，中山市交通运输局执法人员在进行日常稽查时，发现杨某某驾驶某轻型厢式货车从中山加合包装材料有限公司（以下简称加合公司）运输 3 桶二苯基甲烷二异氰酸酯（每桶 250 千克）到中山市××镇横档工业区，现场无法出示道路危险货物运输许可证件，并声称驾驶车辆挂靠在加合公司，实际车主系其本人，本次运输是本人安排，运输费用报酬 100 元归本人。2019 年 7 月 16 日，中山市交通运输局作出粤中黄圃交罚〔2019〕00019 号行政处罚决定，认定杨某某未取得道路危险货物运输许可，擅自从事道路危险货物运输，该行为违反了《道路危险货物运输管理规定》第十条的规定，遂依据《道路危险货物运输管理规定》第五十七条第一项的规定，决定对杨某某罚款 30000 元。杨某某不服，诉至广东省中山市第一人民法院。

原告杨某某诉称，原告运输的货物不属于危险品而是普通货物，被告作出粤中黄圃交罚〔2019〕00019 号行政处罚决定没有事实依据，请求撤销行政处罚决定。被告中山市交通运输局辩称粤中黄圃交罚〔2019〕00019 号行政处罚决定书事实清楚，适用法律正确，程序合法，请求法院依法驳回杨某某的诉讼请求。

根据原告、被告的诉辩意见、举证质证及庭审陈述情况来看，双方当事人对杨某某于 2019 年 6 月 17 日驾驶某轻型厢式货车从加合公司运输 3 桶二苯基甲烷二异氰酸酯（每桶 250 千克）到中山市××镇横档工业区、其没有办理道路危险货物运输许可等事实没有异议，本案争议的焦点是二苯基甲烷二异氰酸酯是否属于危险货物。另查明，为证明二苯基甲烷二异氰酸酯不属于危险货物，杨某某在行政调查过程中和本案诉讼过程中先后向中山市交通运输局和法院提供了关于二苯基甲烷二异氰酸酯的鉴定材料和安全技术说明书。上述材料均认定了送检的二苯基甲烷二异氰酸酯不属于危险货物、按普通货物运输。其中，鉴定材料是对生产单位送检的样品进行鉴定，并载明仅对样品负责的备注说明。而化学品安全技术说明书则载明二苯基甲烷二异氰酸酯具有"吸

---

① 本案例来自广东省中山市第一人民法院行政判决书（2019）粤 2071 行初 1436 号。

入有害""可燃""对环境有害"等危险性。

法院经审理认为，中山市交通运输局具有负责本行政区域内道路危险货物、危险化学品运输管理工作的法定职权与职责。原告运输的二苯基甲烷二异氰酸酯应属于危险货物。对于杨某某主张鉴定材料和化学品安全技术说明书已认定二苯基甲烷二异氰酸酯不属于危险货物、应按普通货物运输的意见，法院认为理由并不充分，不予认可。中山市交通运输局对杨某某作出涉案行政处罚决定，认定事实清楚，适用法律正确，并无不当，遂判决驳回原告杨某某的诉讼请求。

【争议焦点】

危险货物的界定及其运输条件的豁免问题往往是涉及危险货物运输相关民商事案件、行政案件乃至刑事案件中的一个焦点问题和难点问题，本案中原告、被告的争议焦点也是原告运输的货物是否属于危险品、是否可以按照普通货物运输。因此，正确理解危险货物相关概念及运输条件的豁免问题非常重要。

【案例分析】

（一）关于危险货物的界定问题

1. 危险货物的概念

关于危险货物的概念和范围，国内立法、国际公约及技术标准的规定并不完全一致，但是通常而言，危险货物是指由于其自然性质或特征，可能造成人身伤亡、财产损毁或者环境污染而需要特别防护的物质、材料或物品。危险货物的种类繁多、用途广泛，在物流作业实践中，界定某货物是否属于危险货物时，往往以相关法规和技术标准为依据，比如道路运输危险货物具体以列入《危险货物品名表》（GB 12268—2012）为准。我国危险货物的分类也采用联合国《关于危险货物运输的建议书·规章范本》的分类方法。

在危险货物道路运输方面，我国的《道路危险货物运输管理规定》所称的危险货物，是指具有爆炸、易燃、毒害、感染、腐蚀等危险特性，在生产、经营、运输、储存、使用和处置中，容易造成人身伤亡、财产损毁或者环境污染而需要特别防护的物质和物品。危险货物以列入国家标准《危险货物品名表》的为准，未列入《危险货物品名表》的，以有关法律、行政法规的规定或者国务院有关部门公布的结果为准。可见，在道路运输方面，即使未列入《危险货物品名表》的货物，如果有关法律、行政法规的规定或者国务院有关部门公布按照危险货物运输的，也应当遵守危险货物运输管理的相关规定。比如《医疗废物管理条例》第二十六条规定，医疗废物集中处置单位运送医疗废物，应当遵守国家有关危险货物运输管理的规定，使用有明显医疗废物标识的专用车辆。医疗废物专用车辆应当达到防渗漏、防遗撒以及其他环境保护和卫生要求。另外，危险货物的分类、分项、品名和品名编号应当按照国家标准《危险货物分类和品名编号》（GB 6944—2012）、《危险货物品名表》（GB 12268—2012）执行。

危险货物的危险程度依据国家标准《危险货物运输包装通用技术条件》（GB 12463—2009），分为Ⅰ、Ⅱ、Ⅲ类别。

在危险货物港口作业方面，我国的《港口危险货物安全管理规定》所称危险货物，是指具有爆炸、易燃、毒害、腐蚀、放射性等危险特性，在港口作业过程中容易造成人身伤亡、财产毁损或者环境污染而需要特别防护的物质、材料或者物品，包括：①《国际海运危险货物规则》（IMDG Code）第3部分危险货物一览表中列明的包装危险货物，以及未列明但经评估具有安全危险的其他包装货物；②《国际海运固体散装货物规则》（IMSBC Code）附录一B组中含有联合国危险货物编号的固体散装货物，以及经评估具有安全危险的其他固体散装货物；③《经1978年议定书修订的1973年国际防止船舶造成污染公约》（MARPOL73/78公约）附则Ⅰ附录1中列明的散装油类；④《国际散装危险化学品船舶构造和设备规则》（IBC Code）第17章中列明的散装液体化学品，以及未列明但经评估具有安全危险的其他散装液体化学品，港口储存环节仅包含上述中具有安全危害性的散装液体化学品；⑤《国际散装液化气体船舶构造和设备规则》（IGC Code）第19章列明的散装液化气体，以及未列明但经评估具有安全危险的其他散装液化气体；⑥我国加入或者缔结的国际条约、国家标准规定的其他危险货物；⑦《危险化学品目录》中列明的危险化学品。从该规定看，这里的危险货物几乎涵盖了所有我国加入或者缔结的国际条约、国家标准规定的危险货物，以及《危险化学品目录》中列明的危险化学品，危险货物界定的范畴也比较大。

另外，国际海运领域内的《海牙规则》将危险货物限定为具有易燃、爆炸或自然危险性质的货物，而《汉堡规则》没有对危险货物作出定义，但在《鹿特丹规则》中将危险货物定义为货物因其本身性质或特性而对人身、财产、环境形成或者有可能形成危险的货物。该定义拓展了《海牙规则》中危险货物的范围，对危险货物作了广义的界定，凡可能对船、货、人员形成危险的货物都被界定为危险货物。

2. 其他相关概念

与危险货物相关的概念如下。

一是危险化学品。根据《危险化学品安全管理条例》，危险化学品是指具有毒害、腐蚀、爆炸、燃烧、助燃等性质，对人体、设施、环境具有危害的剧毒化学品和其他化学品。危险化学品目录，由国务院安全生产监督管理部门会同国务院工业和信息化、公安、环境保护、卫生、质量监督检验检疫、交通运输、铁路、民用航空、农业等相关主管部门，根据化学品危险特性的鉴别和分类标准确定、公布，并适时调整。我国危险化学品的分类采用联合国《全球化学品统一分类和标签制度》（GHS）的分类方法。2015年，相关部门联合发布了《危险化学品目录（2015版）》，收录危险化学品2828种，其中剧毒化学品148种。实践中，有许多人将危险货物的概念等同危险化学品，事实上危险化学品属于危险货物，其范围要小于广义界定的危险货物。从事危险化学品道路运输、水路运输的，应当分别依照有关道路运输、水路运输的法律、行政法规的规定，取得危险货物道路运输许可、危险货物水路运输许可。通过铁路、航空运输危险化学品的安全管理，依照有关铁路、航空运输的法律、行政法规、规章的规定执行。

二是民用爆炸物品。根据《民用爆炸物品安全管理条例》，民用爆炸物品是指用于非军事目的、列入民用爆炸物品品名表的各类火药、炸药及其制品和雷管、导火索等点火、起爆器材。民用爆炸物品品名表，由国务院民用爆炸物品行业主管部门会同国务院公安部门制定、公布。民用爆炸物品的安全管理，依照特殊法优先适用原则，不适用《危险化学品安全管理条例》，而适用《民用爆炸物品安全管理条例》。运输民用爆炸物品，收货单位应当向运达地县级人民政府公安机关提出申请，并提交相关材料，受理申请的公安机关核发《民用爆炸物品运输许可证》，按照许可的品种、数量运输。

三是烟花爆竹。根据《烟花爆竹安全管理条例》，烟花爆竹是指烟花爆竹制品和用于生产烟花爆竹的民用黑火药、烟火药、引火线等物品。同样，烟花爆竹的安全管理不适用《危险化学品安全管理条例》。经由道路运输烟花爆竹的，托运人应当向运达地县级人民政府公安部门提出申请，由受理申请的公安部门核发《烟花爆竹道路运输许可证》并随车携带。经由铁路、水路、航空运输烟花爆竹的，依照铁路、水路、航空运输安全管理的有关法律法规、规章的规定执行。

由此可见，在实际操作中，生产经营或者运输黑火药等爆炸品的，可以适用《危险化学品安全管理条例》进行管理和运输。但是当其实际经营或运输的用途是作为民用爆炸物品、烟花爆竹的情形下，应分别适用《民用爆炸物品安全管理条例》《烟花爆竹安全管理条例》进行安全管理。另外，除了民用爆炸物品、烟花爆竹之外，法律、行政法规对放射性物品、微生物菌（毒）种或样本等特定种类危险货物的运输另有规定的，从其规定。

综上所述，危险货物是一个广义上的概念，范围非常大，种类繁多，包含了危险化学品、民用爆炸品、烟花爆竹、放射性物品、微生物菌（毒）种或样本等。

3. 本案中危险货物的界定

本案中，原告杨某某诉称，原告运输的货物不属于危险品而是普通货物，货物的包装也符合相关法律的规定，运输过程不会产生任何危险或不良影响。因此，原告以二苯基甲烷二异氰酸酯虽被列入危险化学品，但生产商出具鉴定报告称可以按普通货物运输且本次运输没有产生危险或不良影响为由，申请撤销行政处罚。本案争议的焦点问题就是二苯基甲烷二异氰酸酯是否属于危险货物。

首先，危险货物是指《危险货物品名表》所列的具体物品，对于"未列入《危险货物品名表》"的，以有关法律、行政法规的规定或者国务院有关部门公布的结果"所指向的物品，也应属于广义上的危险货物范畴，而二苯基甲烷二异氰酸酯已被列入

《危险化学品目录（2015 版）》，故从立法本意和适用对象来看，二苯基甲烷二异氰酸酯也应属于《道路危险货物运输管理规定》所规定的危险货物。

其次，从二苯基甲烷二异氰酸酯的危险性来看，涉案的化学品安全技术说明书载明二苯基甲烷二异氰酸酯具有"吸入有害""可燃""对环境有害"等危险性。因此，该化学品属于在生产、经营、运输、储存、使用和处置中，会造成人身伤害、财产损失和环境污染而需特别防护的物品，也应属于危险货物。

最后，《危险化学品安全管理条例》第八十五条规定，未依法取得危险货物道路运输许可、危险货物水路运输许可，从事危险化学品道路运输、水路运输的，分别依照有关道路运输、水路运输的法律、行政法规的规定处罚。本案中，二苯基甲烷二异氰酸酯为危险化学品，即使未列入《危险货物品名表》，但根据上述规定，杨某某未取得危险货物道路运输许可而运输该化学品的行为也属于有关道路运输法律法规所约束的范围。

（二）关于危险货物运输条件的豁免

危险货物种类繁多，在生产、生活各领域应用广泛，如果都严格按照危险货物运输条件组织运输，无疑会造成运输成本较高且运输效率较低的后果。实践证明，某些危险货物在采用合适包装，在特定场景下按照普通货物运输是可行的。特别是小件危险货物，如气雾剂、84 消毒液等，这些危险货物本身运输的数量较小，如果采用可靠、坚固和耐用的包装，或者在符合特定条件的情况下，其运输过程中的危险性将会大大降低。因此，无论是联合国《关于危险货物运输的建议书·规章范本》等国际危险货物运输规则还是国内的相关法规、技术标准等，都规定了危险货物运输条件的豁免性规定。在符合豁免性规定前提下，某些危险货物在运输环节可以作为普通货物进行运输管理时，就可以豁免运输企业资质、专用车辆和从业人员资格等有关危险货物运输管理的要求，货物托运人也可以不必选择具有危险货物运输资质的承运人来运输货物，但是从业人员培训和危险货物分类依然按危险货物规定执行。

以道路危险货物运输为例，根据相关法规和技术标准，特别是《危险货物道路运输规则》（JT/T 617—2018）系列标准的规定，危险货物运输条件的豁免性规定主要有以下两种情况。

1. 有限数量豁免与例外数量豁免

《危险货物道路运输安全管理办法》在其第三章"例外数量与有限数量危险货物运输的特别规定"里对例外数量与有限数量危险货物运输作了具体规定，其中第二十一条规定，运输车辆载运例外数量危险货物包件数不超过 1000 个或者有限数量危险货物总质量（含包装）不超过 8000 千克的，可以按照普通货物运输。本质上讲，以危险货物有限数量或者例外数量运输时，可以按照普通货物来运输，都是对运量比较小、危险性比较低的货物的一种放松部分监管要求的豁免形式。但是有限数量危险货物的包装、标记，以及每个容器或者物品所装的最大数量、总质量（含包装），应当符合《危险货物道路运输规则》的要求。例外数量危险货物的包装、标记、包件测试，以及每个容器和外容器可运输危险货物的最大数量，也应当符合《危险货物道路运输规则》的要求。托运人托运有限数量危险货物的，应当向承运人提供包装性能测试报告或者书面声明危险货物符合《危险货物道路运输规则》的包装要求。承运人应当要求驾驶人随车携带测试报告或者书面声明。托运人应当在托运清单中注明有限数量危险货物，以及包件的数量、总质量（含包装）。托运人托运例外数量危险货物的，应当向承运人书面声明危险货物符合《危险货物道路运输规则》的包装要求。承运人应当要求驾驶人随车携带书面声明。托运人应当在托运清单中注明例外数量危险货物，以及包件的数量。另外，例外数量、有限数量危险货物包件可以与其他危险货物、普通货物混合装载，但有限数量危险货物包件不得与爆炸品混合装载。

2. 特殊规定豁免

特殊规定是针对某些危险货物的一些特别要求，包括特别的测试要求、特别的豁免要求等。危险货物在符合特殊规定情况下，比如危险货物中某成分或其含量符合规定，危险货物的状态或形态符合规定等可以给予豁免。

结合本案，尽管原告杨某某提供了关于二苯基甲烷二异氰酸酯的鉴定材料和安全技术说明书，但是其所提供的鉴定材料已明确仅对送检样品负责，而化学品安全技术说明书由二苯基甲烷二异氰酸酯的不同生产商出具，故不能排除会受到生产环境、生产工艺、原材料等因素影响而导致检测的结果出现差异，也不能类推至杨某某运输的二苯基甲烷二异氰酸酯与上述材料中所载明的二苯基甲烷二异氰酸酯为同一生产批次、同一成分构成、同一浓度及纯度的物质，杨某某并没有有效地证明其运输行为符合危险货物运输条件的豁免性规定，其主张的理据不充分。因此，中山市交通运输局根据《道路危险货物运输管理规定》的规定对杨某某作出涉案行政处罚决定并无不当。

拓展阅读 8-5

二、关于海上危险货物运输中托运人的认定及其义务和责任

【案例 8-2】中海集装箱运输股份有限公司诉厦门诚达运通国际货运代理有限公司

海上货物运输合同纠纷案。[①]

【案例简介】

原告：中海集装箱运输股份有限公司（以下简称中海公司）。

被告：厦门诚达运通国际货运代理有限公司（以下简称诚达公司）。

第三人：广州市健子方国际货运代理有限公司（以下简称健子方公司）。

中海公司诉称，诚达公司委托中海公司运输一批货物从深圳盐田港前往巴西的伊塔瓜伊港，2015 年 11 月 8 日，船舶从深圳到达香港地区附近，船舶第三号舱发现有浓烟溢出，此次火灾事故导致中海公司遭受损失。经查，着火点来自诚达公司托运的箱号为 SEGU4164932 的一个集装箱，集装箱内装载有含锂离子电池的充电宝，根据《危险货物品名表》来看，锂电池属于危险物品。诚达公司运输前未向中海公司进行如实申报，而是简单地告知是电子产品，诚达公司不仅违反了如实申报的义务，还违反了关于运输危险品的法律规定。据此提出请求判令诚达公司赔偿中海公司 1713388.63 元及利息的诉讼请求。

诚达公司答辩称，涉案集装箱内的锂电池不属于危险物品，诚达公司没有按照危险品进行申报的义务。诚达公司接受第三人健子方公司的委托向中海公司订舱，健子方公司并未告知集装箱内含有危险物品，诚达公司不存在过错。诚达公司作为第三人的代理人向中海公司订舱，即便承担责任也应当由第三人作为委托人向中海公司承担责任。

健子方公司提交意见称，其并非托运人，不应承担赔偿责任。现有证据不能证明中海公司的损失系健子方公司的过失所致。

当事人围绕各自的诉辩主张依法提交了证据，法院组织了证据交换和质证程序，并对有争议的证据和事实，逐一予以分析、认定。法院审理认为，本案为海上货物运输合同纠纷，中海公司是案涉货物运输的承运人，各方没有异议。鉴于诚达公司与中海公司订立了具有框架性质的有关海上货物运输的协议书，且诚达公司实施了将包括 SEGU4164932 集装箱在内的集装箱货物委托中海公司运输的订舱事宜，故可以据此判断，诚达公司是托运人。综合本案证据和相关规定来看，本案应当认定 SEGU4164932 集装箱中含锂离子电池的移动电源属于危险货物。根据《检验报告》的结论，认定 SEGU4164932 集装箱起火是因托运的危险货物自燃引发。根据《海商法》第六十八条的规定，托运人对承运人因运输危险货物所受到的损害，应当负赔偿责任，故本案诚达公司应赔偿中海公司因火灾事故造成的损失。损失包括在香港产生的公估机构检验费、内河码头检验费、劳务费、引航费，以及集装箱转运费、船期租金和额外燃油费损失、船舶修理费等，按照本案起诉之日的汇率换算成人民币合计 818721 元。扣除诚

---

① 本案例来自厦门海事法院民事判决书（2016）闽 72 民初 717 号。

达公司已支付的 500000 元后，诚达公司还应赔偿中海公司损失 318721 元。遂判决诚达公司赔偿中海公司损失 318721 元，以及以该损失为基数计算的利息。

【争议焦点】

本案为海上货物运输合同纠纷，虽然本案当事人均为中国法人，但涉案海上运输的目的地为巴西伊塔瓜伊港，火灾事故的发生地在香港地区，故本案属涉外、涉港的民事法律纠纷。庭审中，各方当事人均一致选择中国法作为本案的准据法，据此，本案适用中国法律处理涉案纠纷。因此，《海商法》就成为认定该海上货物运输合同当事人身份和解决争议的主要法律依据。本案争议的焦点问题，一是关于诚达公司是不是托运人的问题；二是关于海上危险货物运输中托运人的义务与责任问题。

【案例分析】

（一）关于海上货物运输合同托运人认定

中海公司是本案中货物运输的承运人，各方没有异议，关于诚达公司是不是托运人的问题，当事人存在争议。托运人是海上货物运输合同中与承运人相对的另一方当事人。根据《海商法》第四十二条，托运人是指：本人或者委托他人以本人名义或者委托他人为本人与承运人订立海上货物运输合同的人；本人或者委托他人以本人名义或者委托他人为本人将货物交给与海上货物运输合同有关的承运人的人。诚达公司是不是与承运人相对的托运人，应根据《海商法》第四十二条有关"托运人"的含义进行判断。本案中，鉴于诚达公司与中海公司订立了具有框架性质的有关海上货物运输的协议书，而案涉运输处于该协议书的有效期内，且诚达公司实施了将包括 SEGU4164932 集装箱在内的集装箱货物委托中海公司运输的订舱事宜，也未披露其仅是健子方公司等主体的代理人，故可以据此判断，诚达公司是以自己的名义委托中海公司运输，其属于《海商法》第四十二条规定的托运人。

（二）关于海上危险货物运输中托运人的义务与责任

在本案中，应当认定 SEGU4164932 集装箱中含锂离子电池的移动电源属于危险货物。因为锂离子电池的特殊属性，不仅《国际海运危险货物规则》将锂离子电池组划分为第 9 类危险品，而且《关于危险货物运输的建议书·规章范本》也将锂电池组列为危险品。同时，我国的《危险货物品名表》亦将锂离子电池组列为"第 9 类：杂项危险货物和物品，包括危害环境物质"。可见，无论是根据国际规则还是国内法规、标准，含锂离子电池的移动电源均应认定为危险货物。

关于危险货物海上运输托运人的义务和责任，《海商法》第六十八条规定，托运人托运危险货物，应当依照有关海上危险货物运输的规定，妥善包装，作出危险品标志和标签，并将其正式名称和性质以及应当采取的预防危害措施书面通知承运人；托运人未通知或者通知有误的，承运人可以在任何时间、任何地点根据情况需要将货物卸下、销毁或者使之不能为害，而不负赔偿责任。托运人对承运人因运输此类货物所受到的损害，应当负赔偿责任。承运人知道危险货物的性质并已同意装运的，仍然可以在该项货物对于船舶、人员或者其他货物构成实际危险时，将货物卸下、销毁或者使之不能为害，而不负赔偿责任。但是，本款规定不影响共同海损的分摊。可以看出，危险货物海上运输托运人有以下三项义务：依照有关海上危险货物运输的规定，妥善包装；依照有关海上危险货物运输的规定，作出危险品标志和标签；将危险品的正式名称和性质及应当采取的预防危害的措施书面通知承运人。其中，托运人的通知义务非常关键，该通知应当是正式的书面通知，通知的内容则是危险品的正式名称和性质及应当采取的预防危害的措施，托运人只有严格遵循了通知的形式和内容才算正确地履行了该义务。否则，托运人未通知或者通知有误的，承运人可以在任何时间、任何地点根据情况需要将货物卸下、销毁或者使之不能为害，而不负赔偿责任。并且托运人对承运人因运输此类货物所受到的损害，应当负赔偿责任。

本案中，事故集装箱内装载含锂离子电池的充电宝，根据《危险货物品名表》，锂离子电池属于危险物品，运输前需要向中海公司进行如实申报，但诚达公司并没有作申报。从订舱单来看，诚达公司托运货物时只是简单地申报货物为电子产品。由此可见，诚达公司未将其托运的含锂离子电池的移动电源作危险货物申报，明显违反了《海商法》第六十八条第一款的规定，应当承担赔偿损失的责任。

拓展阅读 8-6

三、关于危险物品肇事罪的定罪量刑问题

【案例 8-3】淮安市人民检察院诉康某某、王某某危险物品肇事案。①
【案例简介】

江苏省淮安市人民检察院以被告人康某某、王某某犯危险物品肇事罪，向江苏省淮安市中级人民法院提起公诉。

起诉书指控：被告人康某某、王某某驾驶安装报废轮胎的拖挂罐体车，超限超载

---

① 本案例来自《最高人民法院公报》2006 年第 8 期。

运输 40.44 吨液氯，途中因轮胎爆裂导致交通肇事，使液氯大量泄漏。事故发生后，二人既不救助对方车辆的遇险人员，也不在现场设置任何警示标志，而是跑到现场附近的麦田里，王某某打电话报警，报警时未说明危害情况。尔后二人在麦田里观望约 3 小时后逃离，次日下午向南京警方投案自首。此次事故，造成 485 人中毒，其中 29 人死亡，一万余名村民被迫疏散转移，近 9000 头（只）家畜、家禽死亡，2 万余亩农作物绝收或受损，大量树木、鱼塘和村民的食用粮、家用电器受污染、腐蚀，各类经济损失约 2000 万元。康某某、王某某的行为，触犯《刑法》第一百三十六条的规定，构成危险物品肇事罪，请依法追究其刑事责任。鉴于康某某、王某某能投案自首，依法可从轻处罚。

被告人康某某对上述指控未作辩解，其辩护人认为康某某的行为虽然构成危险物品肇事罪，但后果不是特别严重，应当在三年以下量刑。被告人王某某对上述指控未作辩解，其辩护人请求法院对王某某减轻处罚。

江苏省淮安市中级人民法院审理认为，被告人康某某驾驶不符合安全标准的机动车超载运输剧毒危险化学品液氯，被告人王某某不尽押运职责，纵容康某某实施上述违法行为，二人共同违反毒害性物品的管理规定，以致在运输中发生液氯泄漏的重大事故，其行为已经触犯《刑法》第一百三十六条的规定，构成危险物品肇事罪。事故发生后，二人不尽救助对方受伤人员、设置警戒区域和协助抢险人员处置事故的法定义务，而是逃离现场，致使损害后果特别严重，依照《刑法》第一百三十六条的规定，应当在三年以上七年以下有期徒刑的幅度内量刑。公诉机关指控的罪名成立，予以支持。事故发生的次日，被告人康某某、王某某向公安机关投案，投案后亦能如实供述自己的罪行，有自首情节。但是根据康某某、王某某在本案中的犯罪事实、犯罪性质、犯罪情节及对社会的危害程度，依照《刑法》的相关规定，只能从轻处罚，不能减轻处罚。据此，江苏省淮安市中级人民法院判决：被告人康某某犯危险物品肇事罪，判处有期徒刑六年六个月；被告人王某某犯危险物品肇事罪，判处有期徒刑六年六个月。

【案例要旨】

危险物品肇事罪是物流活动中最为常见的危害生产安全犯罪之一。关于危险物品肇事罪的定罪和量刑问题是本案要解决的核心问题。

【案例分析】

《刑法》第一百三十六条规定，违反爆炸性、易燃性、放射性、毒害性、腐蚀性物品的管理规定，在生产、储存、运输、使用中发生重大事故，造成严重后果的，处三年以下有期徒刑或者拘役；后果特别严重的，处三年以上七年以下有期徒刑。该条文是危险物品肇事罪定罪量刑的基本依据。鉴于该条无明确的定罪量刑标准，实践中难以把握。因此，在《最高人民法院、最高人民检察院关于办理危害生产安全刑事案件适用法律若干问题的解释》中对定罪量刑标准作出了明确规定，原则上以死亡一人以上，或者重伤三人以上，或者造成直接经济损失一百万元以上等作为入罪标准。

本案中，康某某驾驶机件不符合安全技术标准的车辆运输剧毒化学品且严重超载，导致左前轮爆胎，罐车侧翻，液氯泄漏，是造成此次特大事故的直接原因。王某某作为驾驶员兼押运员，对运输剧毒化学品的车辆安全行驶负有重要监管职责，却纵容安全机件不符合技术标准且严重超载的剧毒化学危险品车辆上路行驶，是造成此次事故发生的又一直接原因。事故发生后，康某某、王某某逃离现场，应共同负事故的全部责任。康某某、王某某的行为，触犯《刑法》第一百三十六条的规定，构成危险物品肇事罪。

具体而言，被告人康某某、王某某分别领取了危险货物运输从业资格证、道路危险货物运输驾驶员资格证，证明二人了解道路运输液氯的安全知识，有从事道路运输液氯的专业资格。道路运输液氯过程中，也随车配备了必要的应急处理器材和防护用品，这是符合《危险化学品安全管理条例》相关规定的。但是根据查明的事实，事故拖挂罐体车核定的最大充装重量为 30 吨液氯，而本次事故发生前实际充装了 40.44 吨液氯，严重超载。牵引车使用了多个应当报废的轮胎，这是严重违反《道路交通安全法》《危险化学品安全管理条例》相关规定的。被告人康某某、王某某使用具有安全隐患的机动车超载运输剧毒化学品，在客观方面存在违反管理规定的行为，在主观方面明知该行为有可能引发危害公共安全的事故，却轻信能够避免，则对事故的发生存在重大过失，其行为已经触犯《刑法》第一百三十六条的规定，构成危险物品肇事罪。

除了《刑法》的规定之外，《道路交通安全法》第七十条规定，在道路上发生交通事故，车辆驾驶人应当立即停车，保护现场；造成人身伤亡的，车辆驾驶人应当立即抢救受伤人员，并迅速报告执勤的交通警察或者公安机关交通管理部门。因抢救受伤人员变动现场的，应当标明位置。乘车人、过往车辆驾驶人、过往行人应当予以协助。《危险化学品安全管理条例》第五十一条规定，剧毒化学品、易制爆危险化学品在道路运输途中丢失、被盗、被抢或者出现流散、泄漏等情况的，驾驶人员、押运人员应当立即采取相应的警示措施和安全措施，并向当地公安机关报告。公安机关接到报告后，应当根据实际情况立即向安全生产监督管理部门、环境保护主管部门、卫生主管部门通报。有关部门应当采取必要的应急处置措施。可见，由于违规行为在先，导致危险物品在运输中发生事故的，行为人负有立即向公安部门报告，并采取一切可能的警示措施的法定义务。但在事故发生后，康某某、王某某不但未尽以上应尽的义务，反而迅速逃离现场。王某某虽然在逃离途中通过电话报警，但报警时未说明情况。抢险人员到来后，二人未协助抢险，而是在附近的麦田里观望，以致此次液氯泄漏在极短的时间内迅速衍化为重大公共灾难事件，康某某、王某某的行为与本案的特别严重后果之间存在直接因果关系，应当对本案的特别严重后果承担责任。因此，依照《刑法》第一百三十六条的规定，应当在三年以上七年以下有期徒刑的幅度内量刑。

拓展阅读 8－7

四、关于快递物流安全法律问题

【案例 8－4】全国首例邮政监管渎职案。[①]

【案例简介】

2013 年 11 月 29 日，山东广饶化工厂三厂职工缪某某在收到网购的一双鞋子后出现呕吐、腹痛等症状，因抢救无效死亡，其妻子和女儿也出现中毒症状就医。医院诊断显示，死因为有毒化学液体氟乙酸甲酯中毒。该事件最终致 1 人死亡 9 人中毒，经媒体报道引起广泛社会影响。

"夺命快递"事件之所以发生，主要由于相关企业唯利是图，违规收寄危险化学品。原来，湖北省荆门熊兴化工厂（以下简称熊兴化工厂）是一家生产危险化学品氟乙酸甲酯的专业工厂。氟乙酸甲酯的运输，需要由取得危险货物运输资质的企业进行专业运输，运费较高。为了节省运费，熊兴化工厂负责人杨某某联系到湖北省沙洋县圆通速递公司（以下简称沙洋县圆通速递）为其寄递氟乙酸甲酯。2013 年 11 月 26 日，熊兴化工厂将 25 千克氟乙酸甲酯装进塑料桶，发往潍坊鸣冉化工有限公司，快递员收寄时开具了 0780 号运单。同日，缪某某网购的皮鞋由湖北武汉圆通速递收货点收寄，两邮件在此相遇，由同一辆货车运送到圆通速递潍坊转运中心。圆通速递潍坊转运中心员工王某、张某在卸货时均感觉到车厢内异味很重，随后同时身体不适，被送医院就诊。安全员刘某查找到还在渗漏液体的 0780 号邮件，确认为污染源。该中心经理梅某某决定把挑选出来的 150 件被污染快件作为"问题件"处理，其他同车快件继续递出。由于梅某某仅安排员工通过目视方法挑选被污染快件，没有采取任何技术措施，被污染的快件未被全部拣出。2013 年 11 月 29 日上午，缪某某收取被污染快件后中毒。

【案例要旨】

随着快递业的快速发展，快递安全事故也屡屡发生，为了整治快递业务中的安全乱象，我国的快递安全相关政策性文件和法律法规不断完善，有力地保障了快递物流

---

① 卢金增，刘洪伟. 全国首例邮政监管渎职案 [J]. 检察风云，2015（24）：28－30.

的安全。同时，针对快递物流安全事故的具体情况，相关责任人要分别依法承担刑事责任、行政责任和民事责任。

【案例分析】

(一) 关于快递物流安全的法律规定

快递业是现代服务业的重要组成部分，是推动流通方式转型、促进消费升级的现代化先导性产业。近年来，随着网络技术和电子商务的发展，我国快递物流业快速增长，企业数量大幅增加，业务规模持续扩大，服务水平不断提升，全国快递业务量连续多年位居世界第一。我国快递业在降低流通成本、支撑电子商务、服务生产生活、扩大就业渠道等方面发挥了积极作用。但与此同时，快递业安全隐患较多的问题仍较为突出，由于快递物流具有业务流程便捷、价格低廉和人物分离等特点，不法分子利用快递物流渠道违法购销枪支弹药、管制刀具、毒品、爆炸物品和危险化学品等危险物品的案件屡屡发生，造成人员伤亡、财产损毁等严重后果，不但侵犯了相关当事人的合法权益，还严重危害了社会的公共安全。

为了整治快递物流业中的安全乱象，加强对快递物流业的监管，遏制快递物流过程中违法、违规事件的发生。一方面，国家相关部门相继出台了一系列政策性文件，比如《关于加强邮件、快件寄递安全管理工作若干意见》（中综办〔2014〕24 号）、《关于加强物流安全管理工作的若干意见》（中综办〔2015〕13 号）等，并连续多年在全国范围内集中开展寄递物流安全专项整治行动；另一方面，国家不断完善快递安全领域的立法，已经形成了相对完善的快递安全法律法规体系。比如《邮政法》《快递暂行条例》《邮政业寄递安全监督管理办法》《禁止寄递物品管理规定》等。根据上述法律法规，相关主体各自承担相应的寄递安全职责和义务。比如，邮政管理部门应当监督指导企业加强寄递安全管理，依法对寄递企业实施安全监督检查，查处违法收寄、禁寄物品行为；寄递企业应当严格执行收寄验视制度，建立健全安全教育培训制度、安全检查制度等；用户交寄邮件、快件应当遵守法律、行政法规以及国务院和国务院有关部门关于禁寄物品的规定，不得交寄禁寄物品，不得在邮件、快件内夹带禁寄物品，不得将禁寄物品匿报或者谎报为其他物品交寄等。

根据《禁止寄递物品管理规定》的规定，禁止寄递物品（禁寄物品）主要包括以下三类：一是危害国家安全、扰乱社会秩序、破坏社会稳定的各类物品；二是危及寄递安全的爆炸性、易燃性、腐蚀性、毒害性、感染性、放射性等各类物品；三是法律、行政法规以及国务院和国务院有关部门规定禁止寄递的其他物品。具体的禁寄物品按照其附件《禁止寄递物品指导目录》执行，该目录列举了枪支（含仿制品、主要零部件）弹药、管制器具、爆炸物品、毒性物质等 18 类物品和其他物品。所谓其他物品是指《危险化学品目录》《民用爆炸物品品名表》《易制爆危险化学品名录》《易制毒化学品的分类和品种目录》《中华人民共和国禁止进出境物品表》载明的物品和《人间传染的病原微生物名录》载明的第一类、第二类病原微生物等，以及法律、行政法规、国务院和国务院有关部门规定禁止寄递的其他物品。

从相关的政策性文件和法律法规看，在寄递安全领域，相关主体的职责、义务和责任有着明确、具体的要求，禁寄物品涵盖范围也有较为清晰的界定。快递业务中的相关主体，只要严格执行相关政策和法律，就可以保障快递物流的安全。结合本案看，氟乙酸甲酯是危险化学品，国家规定禁止寄递。但熊兴化工厂违反规定托运危险化学品，沙洋县圆通速递违反规定收寄危险化学品，圆通速递潍坊转运中心违反规定把污染件递出。就这样，相关企业的违规行为导致了这起"夺命快递"事件。

（二）关于快递物流安全事故的法律责任

快递物流安全事故造成人身伤亡或财产损失、危害公共安全等危害后果的，快递企业、货主或托运人等相关当事人需要根据事故的具体情况，分别依法承担刑事责任、行政责任和民事责任。

一是刑事责任。寄递企业违法收寄禁寄物品，货主或托运人、寄件人等快递客户在邮件、快件内夹带禁寄物品，将禁寄物品匿报或者谎报为其他物品交寄，造成严重社会危害后果而触犯《刑法》的，要依法承担刑事责任。另外，快递监管机构相关责任人也可能存在玩忽职守等渎职犯罪，也要依法承担刑事责任。从"夺命快递"事件看，事件发生后，潍坊市检察院意识到该事件背后可能隐藏着邮政监管人员渎职犯罪问题，办案检察官根据潍坊市邮政管理局工作人员的岗位职责和监管流程，认定该局分管监管业务的副局长管某某，监管科副科长孔某某，科员刘某霖、刘某雯负有监管责任，最终4人均以玩忽职守罪被判处免予刑事处罚。圆通速递潍坊转运中心发现危险化学品泄漏后，没有向当地邮政管理部门报告，而是对疑似快件自行进行了隔离，并将同一车次的其他快件先后投出而造成严重后果；熊兴化工厂委托并无危险化学品承运资质的沙洋县圆通速递为其寄递氟乙酸甲酯，并隐瞒化学物品的危险性，也是事故发生的重要原因。相关企业的负责人梅某某、杨某某分别以重大责任事故罪和危险物品肇事罪被判处有期徒刑二年，缓刑三年。

二是行政责任。寄递企业违法收寄禁寄物品，货主或托运人、寄件人等快递客户违规寄递禁寄物品，尚不构成犯罪的，可以依照《邮政法》《治安管理处罚法》及有关法律、行政法规的规定处罚，行政处罚的形式包括罚款、吊销经营许可证等。比如《邮政法》第七十五条规定，邮政企业、快递企业不建立或者不执行收件验视制度，或者违反法律、行政法规以及国务院和国务院有关部门关于禁止寄递或者限制寄递物品的规定收寄邮件、快件的，对邮政企业直接负责的主管人员和其他直接责任人员给予处分；对快递企业，邮政管理部门可以责令停业整顿直至吊销其快递业务经营许可证。用户在邮件、快件中夹带禁止寄递或者限制寄递的物品，尚不构成犯罪的，依法给予治安管理处罚。在本案中，收寄快件的沙洋县圆通速递由于收寄验视不规范，被依法吊销快递业务经营许可证。圆通速递潍坊转运中心的运营主体潍坊捷顺通快递有限公司在责任事故发生后的迟报行为，被罚款两万八千元。

三是民事责任。寄递企业违法收寄禁寄物品，快递用户违反规定，在邮件、快件内夹带禁寄物品，将禁寄物品匿报或者谎报为其他物品交寄，造成人身伤害或者财产损失的，相关主体要依法承担民事责任。这里的民事责任主要是指民事侵权责任，主要的责任方式是赔偿损失。民事侵权责任适用《民法典》中"侵权责任编"的相关规定，易燃、易爆、剧毒、高放射性、强腐蚀性、高致病性等高度危险物造成他人损害的，可以适用"侵权责任编"中"高度危险责任"的相关规定。结合本案来看，"夺命快递"致人死亡的案件中，托运人熊兴化工厂与沙洋县圆通速递作为侵权人对受害人要承担民事责任。具体来说，熊兴化工厂擅自委托没有危险品承运资质的快递公司运输危险品；沙洋县圆通速递没有严格执行邮件收寄验视制度，将危险化学品当作普通物品运输。可见，两主体都严重违反了相关法律法规的禁止性规定，最终导致的安全事故的发生。但是，应当明确的是，两主体事前并没有主观的意思联络，事中也没有客观的共同行为，只是它们单独实施的违法行为在偶然的情况下成为同一损害结果发生的共同原因。因此，不能成立共同侵权，它们的行为是数人分别侵权，理论上也称为无意思联络的数人侵权，应当判定两主体承担基本相当的按份责任。

拓展阅读 8-8

本章小结

现代物流经营活动中，物流安全问题是物流业界共同关注的热点问题。我国的现代物流业发展过程中，政府统筹发展，始终高度重视物流安全生产工作。本章首先介绍了物流安全的概念、意义等基本理论，梳理了物流安全相关国际公约与规则和国内物流安全政策与法律规范基本概况，分析了物流安全的法律关系，并结合相关案例探讨了关于危险货物的概念及其运输条件的豁免，物流活动当事人应履行的安全义务和责任等问题。同时，通过危险物品肇事犯罪案件和邮政监管渎职案件等典型事件，对物流经营中暴露出的物流安全隐患和问题进行分析。总之，发生物流安全事故的原因是多方面的，但是因经济利益驱动而进行违法、违规活动是其主要方面。因此，落实物流企业安全生产主体责任，加强政府物流安全的执法监督力度，维护物流活动安全运作，仍然需要政府、企业的共同努力。

第九章　物流纠纷解决机制

导　言

物流活动相关法律问题具有其特殊性，在物流活动中可能产生多种类型的法律纠纷，此时我们需要采取有效的纠纷解决方式保障当事人的合法权益。本章主要学习的内容是物流纠纷的解决机制，通过本章的学习来充分了解物流活动中的法律纠纷类型、特点及解决途径。

第一节　物流纠纷解决机制概述

一、物流活动中主要的法律关系与纠纷类型

在物流活动中存在多个不同的环节，而且涉及的法律关系主体和法律关系的类型较多。如图 9-1 所示，物流法律关系的主体主要有物流活动中的寄件人、收件人、物流企业或平台、配送员、行政机关及其他参与物流活动的第三人。

而在物流活动的不同环节，各类主体之间会形成不同的法律关系，主要有物流民事法律关系、物流行政法律关系、物流刑事法律关系等。

（一）物流民事法律关系

民事法律关系是民事权利义务关系，包括民事人身权关系和民事财产权关系。民事人身权关系表现为平等主体之间的人身权利义务关系，其本质是人身关系中的平等人格关系。民事财产权关系表现为平等主体之间的财产权利义务关系，包括物权关系和债权关系。[①] 在物流活动中，寄件人、收件人和物流企业之间存在多种类型的物流民事法律关系。

---

① 李锡鹤. 论民事（法律）关系的概念和本质 [J]. 华东政法学院学报，2001（1）：24-31.

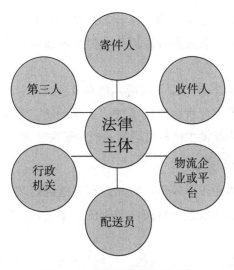

图 9‑1 物流法律关系的主体

第一类是物流合同法律关系。主要是以运输合同法律关系、装卸合同法律关系、包装合同法律关系、保险合同法律关系为主。例如，在电商物流中，作为卖方的商家将货物交付物流企业进行配送，此时就形成了一份运输合同。在这份运输合同中，商家通常是寄件人，买家则是收件人，进行物流服务的物流企业是承运人。在大宗商品运输过程中，进行物流服务的物流企业与第三方签订装卸合同也相应形成物流合同法律关系。在物流活动中也常存在保险合同关系。例如，托运人为所寄送物品购买保险，保价物品如果在物流配送途中发生损毁、灭失等情形，也将涉及保险合同相关事宜。在电商物流中，电商企业通常为其所销售的商品购买商业保险，以防范物流过程中货品损毁或灭失的风险。在个人寄递物品时，也可通过保价的方式要求获得相应的保险赔偿。此外，承运人通常也会给物流车辆购买各类保险，一旦物流活动中发生交通事故则需考虑保险合同是否有效及如何进行理赔等问题。

第二类是物流侵权法律关系。在物流活动中可能存在各类主体之间的民事侵权法律关系，尤其是在运输和配送中可能产生交通事故侵权问题，例如运输人员和配送人员作为侵权方引起的交通事故侵权损害赔偿纠纷，或者作为被侵权方存在的索赔问题等。网上深圳交警平台数据显示，2018 年期间，深圳共发生涉及外卖、快递等即时配送电动自行车一般程序道路交通事故 13 起，事故共造成 8 人死亡、11 人受伤。事故死亡人数占全年道路交通事故死亡总人数的 2.8%，占全年涉摩电事故死亡总人数的 7.2%。在运输中发生的道路交通事故形成侵权法律关系的话，需要分析其中的侵权责任构成要件等法律问题。

在物流活动中需注意物流侵权法律关系与物流合同法律关系竞合的情形。实践中，物流活动中的财产损害赔偿纠纷案件主要是寄送物品在物流过程中发生损毁、灭失的情形。此时，物权人可以基于财产损害赔偿提起侵权之诉，也可以基于双方之间的物流合同提起合同之诉。对于此类法律关系竞合的情形，有的原告基于损害情形选择了侵权之诉而放弃合同之诉，有的原告则因并非原先物流合同当事人而无法提起合同之诉，从而选择侵权之诉。

除此之外，物流民事法律关系还包括其他涉及人身权、财产权的法律关系。对于这些问题，需要从多个层面分析物流民事法律关系的特点和纠纷解决需求，充分了解目前的纠纷解决机制，为相关主体提供适当的纠纷解决建议。

（二）物流行政法律关系

物流活动涉及的主体和环节较多，对其进行有效的行政监管能够促进物流行业健康发展，保障参与人的合法权益。目前，对物流活动进行监管的行政机关和主要的行政法律关系类型如下。

一是行政监管法律关系。各类行政机关与物流活动参与者等形成了行政监管法律关系。例如，国家邮政局的主要职责中包含承担邮政监管责任，推动建立覆盖城乡的邮政普遍服务体系，推进建立和完善普遍服务和特殊服务保障机制，提出邮政行业服务价格政策和基本邮政业务价格建议，并监督执行；负责快递等邮政业务的市场准入，维护信件寄递业务专营权，依法监管邮政市场；负责监督检查机要通信工作，保障机要通信安全；负责邮政行业安全生产监管；承办国务院及交通运输部交办的其他事项等。物流活动中的许多环节都需要接受各级邮政管理局的监督和管理。在我们前面学习过的供应链物流、电商物流、跨境物流、应急物流等各种类型的物流活动中，物流活动参与者应当严格遵守相关法律法规的要求。此时邮政管理局与物流活动参与者之间形成了行政监管法律关系。此外，国家邮政局负责快递等邮政业务的市场准入，拟进行快递业务的物流企业需符合准入条件并办理相关手续。而交通运输部承担涉及综合运输体系的规划协调工作，承担公路、水路运输市场监管责任，水上交通安全监管责任和公路、水路建设市场监管责任，对物流活动中的多个环节有监管职责。交通运输部施行了《邮件快件包装管理办法》（交通运输部令 2021 年第 1 号）、《邮政业寄递安全监督管理办法》（交通运输部令 2020 年第 1 号）、《国际航空运输价格管理规定》（交通运输部令 2020 年第 19 号）等部门规章制度，对于规范物流活动起到了重要的作用。交通运输部在交通运输管理过程中与物流活动参与者之间的行政法律关系也具有较大的代表性。

二是行政执法法律关系。例如，市场监督管理部门负责市场综合监督管理，组织和指导市场监管综合执法工作，监督管理市场秩序。市场监督管理部门对物流活动中的物流安全性和合规性进行检查与许可。例如，在实践中就有物流活动参与者关于物流索道机器人和运输箱是否需要实施工业产品生产许可证管理的咨询问题。对于此类许可管理问题和对物流的市场监管问题就形成了物流市场的行政执法法律关系。除此之外，市场监督管理部门对冷链物流中的冷链运输车辆和所载的货物进行检疫证明、消毒证明等的专项检查执法活动，对第三方物流进行监管等具体行政行为，会形成相应的行政执法法律关系。

三是行政复议和行政诉讼法律关系等。如果物流企业等对行政监管部门的监管和执法活动提出异议，可以就具体纠纷依法提出行政复议或者提起行政诉讼。在行政诉讼中，行政机关与物流活动参与者之间就形成了行政诉讼法律关系。

（三）物流刑事法律关系

刑事法律关系的主体双方在刑事法律规定的范围内，正是围绕犯罪构成和刑事责任而确立各自的权利与义务。[①] 在物流活动中也存在犯罪行为，需要对其中的刑事法律关系进行分析。在物流刑事法律关系中比较典型的犯罪行为主要包括妨害社会管理秩序罪和侵犯财产罪。

其一，妨害社会管理秩序罪。例如，在司法实践中利用物流活动非法运输文物、毒品和其他违禁品的刑事案件，需要依法追究相关主体的刑事责任。

其二，侵犯财产罪。例如，在物流活动过程中出现的针对寄递物的盗窃犯罪、职务侵占犯罪，对运费的职务侵占犯罪，以及骗取保价物品的赔偿等的诈骗犯罪等。

在物流活动中出现的以上犯罪类型严重侵扰社会公共秩序或者个人人身和财产安全，对物流活动造成了非常不利的影响。我们在了解物流法律纠纷时，需注意不同类型的刑事法律问题。

（四）主要的法律纠纷类型

如上文所述，在物流活动中几类常见的法律关系包括物流民事法律关系、物流行政法律关系和物流刑事法律关系。另外也存在物流劳动法律关系等。与之相应，主要的法律纠纷可以细分为物流民事法律纠纷、物流行政法律纠纷、物流刑事法律纠纷、物流劳动法律纠纷，如图 9-2 所示。

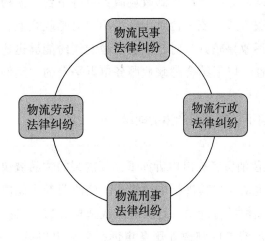

图 9-2 物流活动中主要的法律纠纷类型

---

① 杨兴培. 论刑事法律关系 [J]. 法学，1998（2）：19-25.

二、物流活动中的法律纠纷解决方式

物流活动涉及的领域较为广泛，既包括海上运输、陆上运输及空中运输，又包括仓储、装卸、流通加工等环节，导致物流活动的管辖权分散，解决纠纷难度较大。物流活动中的法律纠纷各有特点，在产生了相应的法律纠纷之后当事人可以选择多种纠纷解决方式，如图9-3所示。当事人之间可以通过申诉、友好协商的和解方式来解决纠纷，也可以由中立第三方居中进行调解，或者选择仲裁、诉讼等方式解决物流活动中的法律纠纷。

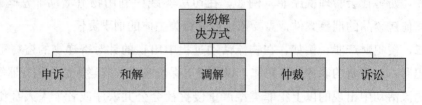

图9-3　物流活动中的法律纠纷解决方式

（一）申诉

邮政快递行业相关法律纠纷有其特有的申诉制度，该制度对解决物流流通领域的法律纠纷具有较好的作用。国家邮政局于2014年修订了《邮政业消费者申诉处理办法》，并在2020年发布了《邮政业用户申诉处理办法》，这两个部门规章为保障邮政服务和快递服务质量，保护用户合法权益，规范申诉行为和处理工作提供了重要的制度依据。而且，国家邮政局专门开设了邮政业服务申诉平台，为物流法律纠纷提供了更加便捷的在线纠纷解决方式。该平台对于解决用户对邮政企业、经营快递业务的企业的服务质量提出的申诉效果较好，对于事实清楚的纠纷能够迅速提供解决办法，效率较高，也更具备针对性。以下结合邮政业服务申诉平台的"案例选登"相关案件了解申诉方式。

【案例9-1】快递不送货上门产生的纠纷。①

【案例简介】

2022年1月，某位消费者提出申诉如下：其购买的物品被快递员投递到小区驿站之后十几天未配送，也从未与其进行电话沟通。该消费者将此情形投诉至该快递物流企业，对方才对其寄递物进行配送，且放置在快递柜旁边，未按照其填写的地址配送至家门口。因此，该消费者向邮政业服务申诉平台提出申诉。对此，平台展开调解，该快递物流企业核实快递员确实存在未预约就将快递投递至驿站的情形。该快递物流

---

① 本案例来自邮政业服务申诉平台的"案例选登"。

企业与申诉人取得联系，根据其提出的要求进行整改，申诉人表示满意无异议。

【案例分析】

本案是一起快递配送中产生的未按照约定方式进行配送的纠纷。该纠纷事实清楚，权利义务关系明确，经过邮政业服务申诉平台居中调解最终促进消费者和物流企业解决该问题，纠纷解决效率较高。《国家邮政局关于 2022 年 2 月邮政业用户申诉情况的通告》显示，在 2022 年 2 月，国家邮政局和各省（区、市）邮政管理局通过"12305"邮政业用户申诉电话和申诉网站共处理申诉 27335 件。申诉中涉及邮政服务问题的 828 件，占总申诉量的 3%，环比下降 23.1%，同比增长 16.5%；涉及快递服务问题的 26507 件，占总申诉量的 97%，环比下降 11.6%，同比增长 47.2%。可见"12305"邮政业用户申诉电话和申诉网站等对于解决邮政等物流纠纷起到了重要作用。

（二）和解

和解是一种重要的私力救济手段，对解决民事纠纷具有显著的优势。当事人之间产生了民事纠纷之后可以自行协商，如果能够达成一致则可以形成和解协议来明确各自的权利义务关系。和解的优势是其较为方便、快捷，有利于直接解决纠纷并快速形成合意。在法律性质上，一份和解协议实质上是一份特殊的民事合同。在和解协议中，当事人自行约定其民事实体权利义务关系，此由民事实体法予以调整。[①] 但是和解也具有一定的局限性，如果当事人无法和解或者达成和解协议之后拒绝履行，那么还需要采取其他的纠纷解决方式。

在物流活动中的法律纠纷，可以通过和解的方式解决纠纷并维护合法权益。

【案例 9-2】 常熟长恒物流有限公司与观致汽车有限公司运输合同纠纷案。[②]

【案例简介】

2017 年 3 月，江苏长久物流有限公司与观致汽车有限公司签订了《2017 年度××汽车整车运输服务协议》约定了运输路线、运输时间等事项。此后，江苏长久物流有限公司按约定进行整车运输，至 2018 年 3 月业务结束。2018 年 4 月开始，江苏长久物流有限公司将××汽车整车运输服务的相关业务交给其投资成立的全资公司常熟长恒物流有限公司进行运输。2018 年 4 月，常熟长恒物流有限公司与观致汽车有限公司签订了《2018 观致汽车整车运输服务协议》，约定了物流运输的相关内容。合同签订后，常熟长恒物流有限公司继续为观致汽车有限公司进行整车运输服务。截至 2018 年 12 月 10 日，观致汽车有限公司尚结欠常熟长恒物流有限公司运输费及仓储费 71475584.91 元（不包括 2018 年 4 月发生的运输费）。因此，常熟长恒物流有限公司向法院提起诉讼，要求观致汽车有限公司支付该运输费及仓储费，并赔偿相应损失等。

---

① 赵秀举. 论民事和解协议的纠纷解决机制 [J]. 现代法学，2017，39（1）：132-144.
② 本案例来自江苏省常熟市人民法院民事判决书（2019）苏 0581 民初 4223 号。

【案例分析】

本案是一起关于物流活动中的运输费和仓储费支付的法律纠纷。在运输合同的履行中，物流企业与运输合同中的对方当事人存在尚未结清的费用因而产生了纠纷。2020 年 2 月 25 日，经常熟长恒物流有限公司与观致汽车有限公司友好协商，双方就本案涉及的运输费、仓储费、案件受理费、诉讼保全费、保全担保保险费等费用达成《和解协议》。最终这一合同纠纷通过和解的方式得到了处理。双方当事人通过友好协商，在达成的《和解协议》中就和解款项的金额、范围、支付方式、法律后果等进行了约定。在签订了《和解协议》之后，按照协议约定有支付义务的一方当事人按照协议内容实际履行，使双方的物流运输合同纠纷得到解决。从本案中，我们可以看到物流合同纠纷中双方当事人采取和解协议的方式解决纠纷具有便捷的优点，如果能够达成一致意见也能够促进双方继续合作。

拓展阅读 9-1

（三）调解

调解与和解都属于私力救济方式，程序较为简单。但与和解方式不同，调解通常有中立的第三方进行居中协调。各国对调解的规定有所不同。在日本，调解是指经设置于法院里的调解委员会的斡旋调停，使当事人达成解决纠纷合意的程序。它在广义上属于一种非讼事件。① 调解作为一种解决纠纷的方式，它也同样具有程序上的优越性和自身的局限性。相较于和解而言，调解中有中立的第三方来居中斡旋，解决纠纷的可能性更高。而且现在有越来越多的专业组织来从事商业调解活动，对于提高调解成功率有积极意义。但和和解一样，调解最终形成的是和解协议，属于特殊的合同，并不具有强制执行力。

在物流活动中，合同纠纷是物流企业与托运方法律纠纷中最常见的类型。对于此类纠纷，双方当事人可以进行协商或者通过第三方进行调解从而快速解决纠纷。对物流活动中的法律纠纷可以采取民间调解、诉讼调解和行政调解等方式。目前已经有多种形式的调解中心专门从事物流调解工作，例如，浙江省杭州市靖江街道成立了专门

---

① 包冰锋. 我国民事诉讼和解制度的反思 [J]. 西南政法大学学报，2005，7 (6)：81-87.

的物流（快递）行业人民调解委员会，通过调解员及时调处和消除矛盾，促进了物流纠纷的解决。浙江省金华市也成立了金东区物流行业人民调解指导委员会，专门针对物流行业中出现的形形色色的法律纠纷进行调解。

【案例9-3】公路货物运输合同纠纷案。

【案例简介】

2020年3月29日，原告将一批犬粮交由被告云南××物流公司承运，运输途中部分犬粮包装袋破损无法再次销售，给原告造成了经济损失。原告在与被告沟通未果之后将案件诉至法院。2020年4月13日，法院在征得当事人同意后进入诉前调解程序，承办法官及时与双方当事人电话沟通，听取意见，梳理矛盾焦点，帮忙达成调解。此后，法官在帮助双方当事人达成了调解协议后依法适用小额诉讼程序制作了民事调解书，解决了双方当事人之间的赔偿纠纷。

【案例分析】

本案是一起公路货物运输合同纠纷，案件案情较为简单，诉讼的标的额较小。案件中采取了诉讼调解的方式，在经过双方当事人同意的前提下，法官对案件进行了调解，让双方当事人进行充分商讨，最终形成了一致的和解协议，促进了纠纷的解决。另外，本案中法官在双方当事人达成调解协议后制作了民事调解书，为当事人的纠纷解决提供了更具有执行力的法律文书。除了本案中采取的诉讼调解方式，在实践中民间调解和行政调解也发挥着重要的作用。

（四）仲裁

仲裁和调解的相似之处是二者都有中立的第三方参与纠纷的解决，而仲裁中的中立第三方通常是仲裁庭。在整个民事纠纷解决方式的框架体系内，仲裁与调解一样，都以当事人意思自治原则为基础，寻求在法院之外由私的机构解决民事纠纷。[①] 但是仲裁与和解、调解也有所不同，仲裁作为纠纷解决程序，实行"一裁终局"，仲裁庭作出的仲裁裁决具有强制执行力。物流活动中的民商事法律纠纷类型比较复杂，在大宗货物等商业物流中涉及的标的额较大，争议相对比较复杂，选择以仲裁的方式解决纠纷具有合理性。

出于对物流活动中法律纠纷的重视，中国海事仲裁委员会成立了专门的物流争议解决中心，专门从物流行业聘请专家，设有物流专业仲裁员名册。该中心专门解决物流相关案件，并为物流企业提供研究和咨询服务，在解决物流活动法律纠纷方面发挥了相当大的作用。仲裁过程中，双方当事人可以选择仲裁员、仲裁规则，具有较大的自主性和灵活性，给物流活动当事人提供了更多的选择空间。现在已经有许多物流领域的专业仲裁员，为当事人解决纠纷提供更加专业的服务。仲裁庭经过审理案件作出

---

① 赵秀举.诉讼视角下的仲裁管辖权限的扩张及问题 [J].当代法学，2015（6）：18-25.

仲裁裁决之后，当事人如果没有按照仲裁裁决履行裁决内容，另一方当事人可以向法院申请强制执行仲裁裁决。与和解和调解形成的和解协议不同，仲裁裁决具有强制执行力。

（五）诉讼

与私力救济不同，诉讼是一种公力救济方式。当事人可以将纠纷文书提交到有管辖权的法院，由法院依法进行审理和判决。法院所作出的判决具有强制执行力，能够充分保障当事人的权利。物流活动中的法律纠纷同样可以采取诉讼的方式加以解决。在中国裁判文书网进行检索可以看出，目前有关于物流的司法案件数量较多，涉及的案件类型较多，争议事项较为复杂。物流纠纷案件包括物流各个环节存在的法律纠纷，其中以物流合同纠纷和物流侵权纠纷为主。

总的来说，以上各类纠纷解决方式各有特点，为供应链物流、跨境物流、应急物流、电商物流提供了多元化的纠纷解决方案，对物流活动中的法律纠纷实践起到了重要的作用。

第二节 物流活动相关司法案件分析

通过诉讼的方式解决法律纠纷具有较大的优势，法院作出的判决书具有强制力和执行力。在物流活动中的法律纠纷中也多采取诉讼方式来加以解决，当事人可以将争议上诉到法院进行诉讼。

一、物流活动相关司法案件的主要案由

物流活动相关司法案件的主要案由情况如表 9-1 所示。

表 9-1　　　　　　　　　物流活动相关司法案件的主要案由情况

案由类别	主要案由
民事案由	合同、无因管理、不当得利纠纷
	侵权责任纠纷
	与公司、证券、保险、票据等有关的民事纠纷
	劳动纠纷、人事纠纷
	知识产权与竞争纠纷
	物权纠纷
	海事海商纠纷

案由类别	主要案由
刑事案由	侵犯财产罪
	危害公共安全罪
	破坏社会主义市场经济秩序罪
	侵犯公民人身权利、民主权利罪
	妨害社会管理秩序罪
行政案由	治安管理
	道路交通管理
	土地行政管理
	城市规划管理
	工商行政管理
	质量监管行政管理
	公路交通行政管理
	劳动和社会保障行政管理

二、物流纠纷及相关司法案件

在物流活动相关法律纠纷中司法案件数量最多的是相关民事案件。

(一) 物流合同纠纷

物流活动的整个流程中存在物流企业、物流第三人、实际承运人、物流平台等多个主体之间签订的多种类型的合同。其中比较典型的是物流运输合同，它在整个物流活动的合同体系中是最常见的合同类型。

1. 物流合同纠纷的主要类型

由于物流活动有多种分类方式，我们可以根据不同的分类标准对物流合同纠纷进行分类。

根据物流活动的环节不同，物流合同纠纷分为物资储备合同纠纷、物流包装合同纠纷、物流运输合同纠纷、物流装卸合同纠纷、物流配送合同纠纷等。这些合同在具体的单一物流活动中并不必然同时出现，通常根据实际需要而签订不同类型的物流合同，因此可能产生不同的物流合同纠纷。

根据采取的运输方式的不同，物流合同纠纷分为公路运输合同纠纷、铁路运输合同纠纷、海上运输合同纠纷、航空运输合同纠纷和多式联运合同纠纷。不同的运输方式可能产生的合同纠纷内容会有所不同。例如，在公路运输合同纠纷中，可能存在货物运输时效的法律纠纷、物品短少的法律纠纷等；而在海上运输合同纠纷中，则可能出现由于储存不当导致冷链产品变质，或者由于海损导致货物灭失或者毁损等问题。

根据合同纠纷的内容不同，物流合同纠纷分为物流货运代理合同纠纷、物流货物运输合同纠纷、物流技术转让合同纠纷、物流特许经营合同纠纷、物流配送合同纠纷、物流仓储合同纠纷、海运集装箱租赁合同纠纷、保险合同纠纷等。在物流活动中产生的各类纠纷可依据其主体、内容的不同而形成不同的纠纷类别。例如，在一个需要采取海运的物流活动中，可能同时存在托运人与承运人之间的物流货物运输合同纠纷，以及承运人与第三方之间的海运集装箱租赁合同纠纷。此时就需要对两种纠纷都进行处理。

2. 解决物流合同纠纷的法律依据

法院在审理有关物流合同纠纷的案件时，根据案件情况适用不同的法律依据。在国内物流法律纠纷方面，主要的法律依据包括《民法典》《邮政法》《快递暂行条例》等法律法规中的相关条款，对于物流合同有专门规定的适用该专门规定，没有专门规定的适用相关法律规范的一般规定。在国际物流法律纠纷方面，则需要根据《中华人民共和国涉外民事关系法律适用法》确定案件的准据法，或者在《民法典》等法律中有明确规定的直接适用的法津时根据该规定确定案件的准据法。然后根据案件的准据法对案件进行实体裁判。在《民法典》施行之前，《合同法》曾是解决物流民事法律纠纷的重要法律依据。对于《合同法》和《民法典》的衔接问题，《最高人民法院关于适用〈中华人民共和国民法典〉时间效力的若干规定》第一条明确规定："民法典施行后的法律事实引起的民事纠纷案件，适用民法典的规定。民法典施行前的法律事实引起的民事纠纷案件，适用当时的法律、司法解释的规定，但是法律、司法解释另有规定的除外。民法典施行前的法律事实持续至民法典施行后，该法律事实引起的民事纠纷案件，适用民法典的规定，但是法律、司法解释另有规定的除外。"第二条规定："民法典施行前的法律事实引起的民事纠纷案件，当时的法律、司法解释有规定，适用当时的法律、司法解释的规定，但是适用民法典的规定更有利于保护民事主体合法权益，更有利于维护社会和经济秩序，更有利于弘扬社会主义核心价值观的除外。"

3. 物流合同纠纷的司法实践

在司法实践中，物流合同纠纷案件在整个物流活动的法律纠纷案件中占据了较大的比例。另外，国际物流还涉及外国法律适用和国际民事诉讼、国际商事仲裁等法律问题。

实践中，物流运输合同纠纷比较常见，其中存在的合同纠纷问题具有典型性。下面以物流公司之间层层委托并产生了运费纠纷的案件为例来进行分析。

【案例 9 - 4】中航国际煤炭物流有限公司、广西中信国际物流有限公司运输合同纠纷案。①

---

① 本案例来自中华人民共和国最高人民法院民事判决书（2020）最高法民终 920 号。

【案例简介】

中航国际煤炭物流有限公司（甲方）与广西中信国际物流有限公司（乙方）签订了六份煤炭运输合同，约定由广西中信国际物流有限公司承运甲方公司的煤炭。在这六份合同签订后，广西中信国际物流有限公司又与广西玉柴物流集团有限公司柳州分公司（简称玉柴柳州分公司）签订四份货物运输合同和一份货物运输补充协议，将其与中航国际煤炭物流有限公司签订的煤炭运输合同项下的煤炭运输业务全部转委托给玉柴柳州分公司运输。此后，玉柴柳州分公司又分别与另外四个物流公司各签订一份货物运输合同，将上述运输义务转委托给这四个物流公司承运。在以上各个合同的履行过程中，相关公司因支付的运费产生法律纠纷，因此向法院提起了诉讼。

【案例分析】

本案是一起物流运输合同纠纷案件，案件中物流公司之间层层委托并产生了运费纠纷。运输合同纠纷是物流合同纠纷中的主要类型，在运输合同纠纷中既有类似于本案的运费纠纷，也有由于时效问题、货损问题等导致的法律纠纷。

在法律纠纷的解决方面，本案的法律纠纷集中于物流合同的履行上。双方当事人在六份煤炭运输合同中约定了两种不同的支付方式。一方面约定乙方以 10000 吨（注：第四份合同约定 20000 吨）运输量为一批次，乙方把每批次的总车次、数量、吨位的数据报给甲方；甲方收到乙方所需核对的单据后核对；甲方在收到乙方发票后 3 个工作日内将运输费用支付给乙方。另一方面还约定了乙方以甲方发出的确认函（第五份合同为付款通知函，下同）为付款依据，把每批次总吨位的数据报表及发运单据交给甲方，甲方负责人签字后乙方按照确认函（或付款通知函）支付第三方物流费用。甲方收到乙方所需核对的单据后，在 1 个工作日内将核对后的总数量、总吨位确认并传真给乙方。乙方付款后应及时向甲方开具运输发票，甲方应在乙方支付物流费用后 30 天内将运输费用支付乙方。

在法律适用方面，由于本案判决作出时间在《民法典》生效之前，因此本案一审法院主要法律依据是《合同法》第六十条、第二百八十八条、第二百九十二条。本案争议的法律问题主要是合同履行过程中的支付条款纠纷，因此主要法律依据是《合同法》关于合同履行的法律规定。

拓展阅读 9-2

除此之外，物流活动中的运输合同纠纷还有运输合同履行中造成的经济损失赔偿纠纷，我们通过以下案件分析其中的法律问题。

【案例 9-5】长荣海运（英国）有限公司、厦门嘉联恒进出口有限公司等海上货物运输合同纠纷案。①

【案例简介】

上诉人：长荣海运（英国）有限公司（以下简称长荣海运公司）、厦门嘉联恒进出口有限公司（以下简称厦门嘉联恒公司）。

被上诉人：深圳市华展国际物流有限公司（以下简称华展公司）。

2010 年 9 月 13 日，华展公司向包括嘉联恒海运公司在内的多名承运人及其分公司/代理人出具托运人承诺函。2016 年 11 月，就涉案货物运输事宜，华展公司以自己的名义通过长荣海运公司的网上订舱系统向其订舱，2016 年 11 月 25 日，华展公司接受厦门嘉联恒公司的委托，为涉案货物在海关进行出口报关。2016 年 12 月 26 日，涉案集装箱货物被运抵目的港并自船上卸下。各方当事人均确认，因收货人无法办理清关手续，涉案集装箱货物一直滞留在卸货港，并存放于码头。2017 年 6 月 29 日，厦门嘉联恒公司签署弃货通知函称：长荣海运公司可以根据需要丢弃或处分涉案货物，如果被弃货的价值不足以向长荣海运公司支付涉案货物的运费、仓储费、滞留费和其他费用，厦门嘉联恒公司将承担不足部分。

【案例分析】

本案是关于海上货物运输合同履行中造成的经济损失赔偿纠纷。

首先，本案是一个涉外运输合同纠纷案件。由于案件中的双方当事人长荣海运公司、厦门嘉联恒公司分别是英国法人和中国法人，因此本案具有涉外因素。案件中的货物是由中国盐田港经海路运到意大利拉斯佩奇亚港，属于国际海运合同。

其次，本案的法律适用需要考虑冲突法。由于案件具有了涉外因素，所以在案件的司法审判中需要解决法律适用的问题，并根据案件的准据法来具体确定当事人之间的权利与义务关系。本案中各方当事人都选择适用中国法律来解决双方之间的实体争议，所以案件的准据法是中国法律。具体来说，在本案判决中主要援引的实体法是《海商法》和《合同法》。

最后，本案争议的纠纷是国际海上货物运输合同纠纷。在海上货物运输中由于当事人的原因导致运输合同的目的无法实现，货物滞留，产生了经济纠纷。这是国际物流中的一种纠纷类型，需要加以注意。

另外，在物流活动的合同纠纷中还有很多其他类型的法律纠纷，可以结合所涉及的法律分析物流活动合同纠纷的特殊性。其中，货物运输合同纠纷、货运代理合同纠

---

① 本案例来自广东省高级人民法院民事判决书（2019）粤民终 1702 号。

纷、货物配送合同纠纷是比较常见的类型。

拓展阅读 9 - 3

(二) 物流侵权纠纷

1. 物流侵权纠纷的主要类型

在物流活动的各个环节，存在不同的侵权纠纷。对于各类侵权纠纷，可以根据不同的标准划分为多种类型。

根据侵权内容的不同，物流活动中的侵权纠纷主要分为交通事故侵权纠纷、知识产权侵权纠纷、环境污染侵权纠纷、隐私权侵权纠纷等。例如，在道路运输过程中由于运输人疏忽导致第三人受伤的情形下，需要及时对被侵权人进行赔偿。赔偿内容可能涉及医疗费、误工费等。交通事故侵权纠纷在物流侵权纠纷中占据了较大的比例。另外知识产权侵权问题也比较显著，在知识产权侵权纠纷中，要及时制止侵权行为，并依法对侵权人进行处罚。

根据物流领域的不同，物流活动中的侵权纠纷主要分为供应链物流侵权纠纷、电商物流侵权纠纷、末端物流侵权纠纷、跨境物流侵权纠纷、智慧物流侵权纠纷等。不同的物流侵权纠纷具有不同的特点。智慧物流过程中的侵权问题相对复杂，侵权主体、侵权方式的确定有一定难度。对于无人车、无人机导致的损害赔偿问题，要依法追究相关主体的侵权责任；电商物流环节较多，涉及的个人信息较为广泛，存在隐私权侵权的法律风险，尤其是姓名、地址、电话号码等个人信息，可能被不法分子利用，造成寄递方敏感信息泄露。

2. 解决物流侵权纠纷的法律依据

发生物流侵权纠纷后，法院在审理相关案件时主要的法律依据如下。

(1)《侵权责任法》。在 2021 年 1 月 1 日《民法典》施行之前，《侵权责任法》是解决物流侵权纠纷的主要法律依据之一。我国侵权责任法的体系是按照"总则＋分则"的结构构建起来的，两大部分之间具有内在的、紧密的逻辑联系。[①] 法院在审理相关案

---

① 王利明. 论我国侵权责任法分则的体系及其完善 [J]. 清华法学，2016，10 (1)：112 - 126.

件时，根据《侵权责任法》的规定判断是否构成侵权及如何进行赔偿。《侵权责任法》第二章规定了认定侵权责任的构成要件，在符合法律规定的要件时，构成侵权并承担相应的法律责任。在物流过程中存在的交通事故侵权纠纷、环境污染侵权纠纷等各类侵权纠纷，都以是否符合本法规定的要件作为判断侵权构成与否的标准。

（2）《民法典》。《民法典》第七编是有关侵权责任的专门性规定，其中规定了侵权责任的构成要件和损害赔偿，以及特殊侵权责任的问题。第七编的第五章中有关机动车交通事故责任的规定，是解决物流交通事故的侵权责任认定和损害赔偿问题的重要法律依据。第七编的第七章是关于环境污染和生态破坏责任的规定，能够解决物流活动中的环境侵权责任问题。

（3）《道路交通安全法》。对于道路交通事故造成的物流侵权纠纷，还需根据《道路交通安全法》的规定进行判处。在《民法典》和《侵权责任法》中都对此作出了规定，其中，《民法典》第一千二百零八条规定，机动车发生交通事故造成损害的，依照道路交通安全法律和本法的有关规定承担赔偿责任；《侵权责任法》第四十八条规定，机动车发生交通事故造成损害的，依照道路交通安全法的有关规定承担赔偿责任。

除了以上几部法律之外，有关物流侵权纠纷适用的法律还有其他部门规章、地方法规和规章、司法解释等。

3. 物流侵权纠纷的司法实践

物流侵权纠纷案件数量较多，类型较为复杂。在司法实践中涉及的主要侵权纠纷是交通事故侵权纠纷、环境污染侵权纠纷等。下面我们通过一起交通事故侵权纠纷案件来说明物流活动中的侵权责任构成和侵权损害赔偿问题。

【案例 9-6】 何某某与赵某某、济源市万通物流有限公司机动车交通事故责任纠纷案。①

【案例简介】

再审申请人（一审原告、二审上诉人）：何某某。

被申请人（一审被告、二审被上诉人）：赵某某、济源市万通物流有限公司（以下简称万通物流公司）。

2016 年 4 月 2 日 2 时许，赵某某因疏于观察导致所驾车辆车头右部撞上停在应急车道的何某某驾驶的客车左后部，导致车辆损坏、何某某及车内乘员受伤。经当地交通管理局认定，赵某某负主要责任，何某某负次要责任。事发后，何某某住院治疗，经诊断为全身多发伤。该肇事车辆是赵某某挂靠在万通物流公司名下经营。2016 年 6 月和 2017 年 4 月，何某某分别就其遭受交通事故的医疗费用、后续治疗等经济损失向江宁法院提起诉讼，要求赵某某、万通物流公司、中国人民财产保险股份有限公司济

---

① 本案例来自江苏省高级人民法院民事判决书（2020）苏民再 196 号。

源支公司（以下简称人保济源支公司）赔偿。

【案例分析】

本案是发生于物流活动中的交通事故侵权纠纷。在物流活动中，经常要使用各种交通工具，在途时间较长，产生的交通事故侵权纠纷相对较多。本案中的侵权人是物流公司的货运人员，被侵权人是道路上的第三人。

（1）侵权责任构成。在侵权纠纷案件中首先应当确定是否构成侵权行为。根据法律规定，认定侵权责任应当符合其构成要件。两大法系一般都规定行为人对他人承担侵权责任是有条件的，只有符合民法或者侵权法所要求的条件，行为人才有可能对他人承担侵权责任。行为人对他人承担侵权责任所应当具备的这些"条件"常常被称为"构成要件"或者"构成要素"。[①] 通常，对侵权行为构成要件的研究主要考察有无加害行为和损害结果、二者有无因果关系以及加害人的主观过错，[②] 具体如图9-4所示。

图9-4　侵权行为构成要件

首先，有加害行为。加害行为包括行为和违法两个要素，具有违法行为的性质。违法行为指的是违反法律规定的义务的行为，分为作为的违法行为和不作为的违法行为。[③] 侵权人赵某某是完全民事行为能力人，其在进行物流货物运输的过程中，因疏于观察导致发生了交通事故，与何某某驾驶的车辆发生碰撞。

其次，有损害结果。无论是以过错责任原则为归责原则的侵权行为，还是以无过错责任原则为归责原则的侵权行为，都以损害事实的存在作为构成要件。[④] 在本案中，这一交通事故造成车辆损坏，何某某及车内乘员受伤。一方当事人的财产和人身损害，因此存在损害结果。

再次，加害行为与损害结果之间存在因果关系。经查证，本案中何某某的财产和

---

① 张民安．"侵权行为的构成要件"抑或"侵权责任的构成要件"之辨：行为人对他人承担侵权责任条件的称谓［J］．政治与法律，2012（12）：119-133.

② 丛立先．网络版权侵权行为构成要件探论［J］．法学评论，2007（5）：114-119.

③ 邱业伟，纪丽娟．网络语言暴力概念认知及其侵权责任构成要件［J］．西南大学学报（社会科学版），2013，39（1）：38-43＋173-174.

④ 丛立先．网络版权侵权行为构成要件探论［J］．法学评论，2007（5）：114-119.

人身损害结果是由这起交通事故导致的，加害行为与损害结果之间存在直接的因果关系。这一因果关系较为清晰，属于"一因一果"的因果关系。在实践中，还存在多种因果关系的类型，在诉讼中需要仔细确认其因果关系成立与否。

最后，加害人存在主观过错。侵权行为的主观过错一般有故意和过失两种。根据案件判决书可知，这一交通事故是加害人疏于观察而导致的，属于主观上有过失，存在主观过错。

从以上几项构成要件来看，本案中构成了交通事故侵权行为。而根据法律规定，行为人因过错侵害他人民事权益，应当承担侵权责任。因此，本案中法院判处赵某某对何某某进行赔偿。

（2）侵权损害赔偿。本案争议的焦点是交通事故造成的损害赔偿范围。交通事故可能造成被侵权人人身和财产的损失，比如身体损害、财物受损等。裁判文书显示，本案再审的争议焦点是何某某主张的医疗费、护理费、残疾辅助器具费、交通费是否应予支持，如果支持，那么赔偿的数额应当如何认定。何某某在此前提起的诉讼中已经就其损伤申请了司法鉴定，由于这起交通事故所产生的经济损失已由法院处理完毕，侵权人已经实际履行。

在《道路交通安全法》第七十五条、第七十六条中对于机动车发生交通事故造成人身伤亡、财产损失的赔偿问题进行了规定。其中第七十六条规定，机动车发生交通事故造成人身伤亡、财产损失的，由保险公司在机动车第三者责任强制保险责任限额范围内予以赔偿，不足的部分，按照下列规定承担赔偿责任：机动车之间发生交通事故的，由有过错的一方承担赔偿责任；双方都有过错的，按照各自过错的比例分担责任；机动车与非机动车驾驶人、行人之间发生交通事故，非机动车驾驶人、行人没有过错的，由机动车一方承担赔偿责任；有证据证明非机动车驾驶人、行人有过错的，根据过错程度适当减轻机动车一方的赔偿责任；机动车一方没有过错的，承担不超过百分之十的赔偿责任。交通事故的损失是由非机动车驾驶人、行人故意碰撞机动车造成的，机动车一方不承担赔偿责任。在本案中，人保济源支公司、万通物流公司根据本规定进行了赔偿。

拓展阅读 9-4

由于物流活动中特定种类物品运输中可能产生环境污染的情况，因此在物流侵权纠纷中还有可能涉及环境污染侵权纠纷的公益诉讼的问题。以下我们通过一则环境污染公益诉讼案件说明这一问题。

【案例9-7】太平财产保险有限公司滨州中心支公司、山东滨州航远物流有限公司环境污染责任纠纷案。[①]

【案例简介】

2017年12月30日0时30分许，杨某某驾驶拖挂大型罐车沿国道112线自东向西行驶至易县紫荆关镇小盘石村急弯路段时，因车速快，发生单方事故，油罐车侧翻，车载的危险货物（约32.62吨柴油）泄漏，大部分柴油经路边雨水涵洞和路肩流入拒马河，造成公路路面损坏，周围土壤、河水、树木遭到不同程度的污染。驾驶人杨某某负此次事故全部责任。

事故发生后原易县环境保护局对泄漏柴油造成的生态环境污染进行了应急处置，事后原易县环境保护局未能与被告就应急处置费用及生态环境污染治理等相关费用事宜达成一致。为避免生态环境污染扩大，原易县环境保护局开展了生态环境治理修复工作，并垫付了部分生态环境治理修复费用。经公益诉讼起诉人委托，山西省环境污染损害司法鉴定中心对此次事故柴油泄漏造成生态环境污染产生的应急处置费用和生态环境治理修复费用等事项进行了鉴定评估，即2017年12月30日112国道易县紫荆关镇小盘石村路段柴油罐车侧翻致柴油泄漏所产生的应急处置费用约124215.00元，此次事件造成生态环境损害所需要的生态环境治理修复费用约1364828.19元。

【案例分析】

本案是由于危险物品运输中发生交通事故造成的环境污染纠纷。在本案中，保定市人民检察院作为公益诉讼起诉人起诉了该起交通事故责任人司机杨某某及其所在的物流企业山东滨州航远物流有限公司，是针对本次交通事故导致所运输的危险物品（柴油）造成严重环境污染后果提起的诉讼。这对于解决环境污染范围大、侵权对象多的情况起到了较好的诉讼效果，能够显著提高诉讼效率，保障被侵害的环境权。

拓展阅读9-5

---

① 本案例来自最高人民法院（2020）最高法民申2188号。

（三）物流行政纠纷

物流活动涉及的主体和环节较多，亟须加强对物流活动的有效监管。行政机关在加强监管的过程中可能与相关物流主体产生物流行政纠纷。对于这一问题，我们首先要考察物流行政纠纷的主要类型，分析其中的法律关系。

1. 物流行政纠纷的主要类型

从物流行政管理的类型来看，物流行政纠纷主要有治安管理相关行政纠纷、消防管理相关行政纠纷、道路交通管理相关行政纠纷、土地行政管理相关行政纠纷、城市规划管理相关行政纠纷、检验检疫管理相关行政纠纷、环境保护行政管理相关行政纠纷、公路交通行政管理相关行政纠纷、铁路行政管理相关行政纠纷、航空行政管理相关行政纠纷、劳动和社会保障行政管理相关行政纠纷、经贸行政管理相关行政纠纷等。在行政主体进行以上具体行政行为时，可能与特定物流主体形成法律纠纷。例如，冷链物流需符合相应的检验检疫要求，行政监管部门可采取监管的方式确认其检验检疫情况。在此过程中如果产生监管法律纠纷，则属于以上所列的检验检疫管理相关行政纠纷。

从行政机关实施的具体行政行为类型来看，物流行政纠纷包含行政处罚法律纠纷、行政许可法律纠纷、行政强制法律纠纷、行政登记法律纠纷等。以行政许可法律纠纷为例，在物流活动中也涉及许多需要进行行政许可的事项，例如，道路运输经营许可、进出境运输工具改造许可、兼营境内运输许可、快递业务经营许可等，如果产生相关纠纷就属于行政许可法律纠纷。

2. 物流行政纠纷的司法实践

在司法实践中，关于物流行政纠纷的案件有多种类型，下面我们通过一则案件分析行政许可法律纠纷问题。

【案例 9-8】宣城市联邦物流有限公司与中华人民共和国合肥海关注销行政许可案。①

【案例简介】

上诉人（一审原告）：宣城市联邦物流有限公司。

被上诉人（一审被告）：中华人民共和国合肥海关（以下简称合肥海关）。

合肥海关于 2014 年 12 月 26 日作出《中华人民共和国合肥海关监管场所注册登记证书》（以下简称《注册登记证书》）确认本案原告设立宣城市联邦物流海关监管场所事项，该《注册登记证书》载明其有效期至 2017 年 12 月 26 日。2017 年 11 月 27 日，原告通过 EMS 国内标准快递向被告邮寄了《经营海关监管作业场所延续申请书》，申请延续《注册登记证书》有效期。此后，合肥海关对此作出行政许可申请不予受理决定书，决定对原告提出的经营海关监管作业场所企业延续的行政许可申请不予受理。2017 年 12 月 27 日，被告合肥海关因本案中的行政许可并未在其有效期届满前被准予延续，因此对本案原告

---

① 本案例来自安徽省高级人民法院行政判决书（2018）皖行终 977 号。

作出注销决定书的决定。原告不服该行政许可决定，遂提起行政诉讼。

【案例分析】

本案是有一起关于行政许可法律纠纷的案件，所涉及的行政许可类型是海关监管场所注册登记许可。

通常认为，一个典型的许可制度包含一套申请流程、一项行为授权、许可实施的监管和许可违反的制裁。[①] 申请行政许可需要符合相应的申请流程和要求，不同类型的行政许可通常都包含特定的申请要求。根据《行政许可法》的规定，可以设定行政许可的事项包括：直接涉及国家安全、公共安全、经济宏观调控、生态环境保护以及直接关系人身健康、生命财产安全等特定活动，需要按照法定条件予以批准的事项；有限自然资源开发利用、公共资源配置以及直接关系公共利益的特定行业的市场准入等，需要赋予特定权利的事项；提供公众服务并且直接关系公共利益的职业、行业，需要确定具备特殊信誉、特殊条件或者特殊技能等资格、资质的事项；直接关系公共安全、人身健康、生命财产安全的重要设备、设施、产品、物品，需要按照技术标准、技术规范，通过检验、检测、检疫等方式进行审定的事项；企业或者其他组织的设立等，需要确定主体资格的事项；法律、行政法规规定可以设定行政许可的其他事项。

在本案中，由于原告提交延长海关监管作业场所有效期的申请书存在提交时间问题而产生了行政许可法律纠纷。被告根据《海关总署公告2017年第37号（关于明确海关监管作业场所行政许可事项的公告）》第八条的规定，申请该延长有效期许可应于2017年11月26日前提出，但原告提出的时间为2017年11月27日。根据《行政许可法》第五十条的规定，被许可人需要延续依法取得的行政许可的有效期的，应当在该行政许可有效期届满三十日前向作出行政许可决定的行政机关提出申请。但是，法律、法规、规章另有规定的，依照其规定。行政机关应当根据被许可人的申请，在该行政许可有效期届满前作出是否准予延续的决定；逾期未作决定的，视为准予延续。在本案中，由于原告提出申请的时间超出了本项行政许可的申请延长有效期，所以未获得批准。

拓展阅读 9-6

---

① Colin Scott. 作为规制与治理工具的行政许可 [J] . 法学研究，2014，36（2）：35-45.

（四）物流刑事案件

对物流活动中构成刑事犯罪的行为要依法追究其刑事责任。

1. 物流刑事案件的主要类型

目前，物流相关的刑事案件由主要涉及侵犯财产犯罪、危害公共安全犯罪、破坏社会主义市场经济秩序犯罪、妨害社会管理秩序犯罪等。

（1）侵犯财产犯罪。在各种类型的物流活动中，可能存在的侵犯财产犯罪有盗窃罪、诈骗罪、职务侵占罪、抢劫罪、故意毁坏财物罪等。例如，尹某某、王某云等人的盗窃案就是物流活动中的实际承运人串通他人实施的盗窃案件，当事人在物流活动过程中实施了以虚假商品替换实际承运货品的盗窃行为。该行为侵害了物流合同中其他当事人的合法财产权益，构成了刑事犯罪。

拓展阅读 9 - 7

（2）危害公共安全犯罪。在物流活动中可能存在的危害公共安全犯罪主要有非法制造、买卖、运输、邮寄、储存枪支、弹药、爆炸物犯罪等。例如，在杨某、牛某等非法制造、买卖、运输、邮寄、储存枪支、弹药、爆炸物犯罪案件中，李某某等人非法制造电雷管，被告人张某知李某某等人制造电雷管，仍协助购买点火头并制作雷管引线，并多次通过物流方式将该电雷管出售给他人。此类案件是利用物流方式从事的犯罪行为，属于物流活动中的刑事犯罪的一种类型。

拓展阅读 9 - 8

（3）破坏社会主义市场经济秩序犯罪。在此类犯罪活动中，相关主体通过物流活动实施犯罪行为。其中，生产、销售伪劣产品罪中多是犯罪分子通过物流活动运输、传递伪劣产品，造成较大的社会危害。例如，在方某某、朱某等生产、销售伪劣产品罪案件中，被告人方某某伙同吕某专等人为谋取非法利益，以其合股设立的福州××食品有限公司为载体，根据事先协议，以每斤 20 元左右价格，连续收购由被告人朱某、陈某某夫妇等人开设的加工点，以猪肉为原材料，添加牛肉纯粉、牛肉精油等添加剂生产出来的五香味、香辣味、沙嗲味假牛肉干。销售人员收到客户订单并收取货款后通知郑某明根据订单将朱某等人发运过来的假牛肉干包装，并由郑某明直接通过物流发送给全国各地客户。本案中，被告人就是通过物流活动实施犯罪行为。

拓展阅读 9-9

（4）妨害社会管理秩序犯罪。物流活动中的妨害社会管理秩序罪主要涉及扰乱公共秩序罪、妨害司法罪、破坏环境资源保护罪、危害公共卫生罪，以及走私、贩卖、运输、制造毒品罪等。

2. 物流刑事案件相关司法实践

在物流刑事案件中比较典型的犯罪行为包括妨害社会管理秩序犯罪和侵犯财产犯罪。下面我们通过一起物流活动中的盗窃案来了解物流刑事案件中的侵犯财产犯罪相关内容。

【案例 9-9】尹某某、王某云、袁某某等盗窃案。[①]

【案例简介】

2015 年 1 月至 2016 年 6 月，尹某某等人事前经过预谋，由几人提供运输车辆，雇用另外几人为货车司机，负责承运邢台德龙钢铁公司外矿。但几人在运输途中，将承运的铁精粉卸载于事先租好的场地内，再用事先准备好的假铁粉装车，并将调包后的铁粉卸到目的地。几名被告虽参与承运数额不等，但共同导致邢台德龙钢铁公司遭受了巨大的经济损失。

【案例分析】

本案是一起发生在物流活动中的盗窃案，属于物流刑事案件中的一种。在物流活动中，快递员、装卸工、分拣员等相关从业人员侵害货物的违法犯罪行为也呈现多

---

① 本案例来自河北省高级人民法院刑事裁定书（2018）冀刑终 443 号。

发、高发、频发的状态，较常见的为盗窃、职务侵占类案件。[①] 本案中，多个参与物流活动的主体事前预谋租赁场地、雇用人员、提供车辆，并在较长的时间内多次实施了盗窃行为，给物流货品所有人造成了较大的经济损失。

关于承运人非法占有运输物品的行为，理论与实务中对认定为盗窃罪还是职务侵占罪存在较大的分歧。[②] 在本案中，包括实际承运人、物流收件人的部分员工在内的被告人采取偷换承运物品的方式秘密窃取了大量承运物，构成了盗窃罪。在实践中，还存在物流分拣员在分拣过程中盗窃运输物品的情况，包括私自截取电商物流中的配送物品和故意毁坏寄递物品的行为。对于此类非法占有他人财物构成犯罪的行为根据不同情形追究其刑事责任。

本案中还涉及盗窃数额的确定问题。盗窃数额的认定对于盗窃罪的定罪和量刑都有重要的作用。几名被告人在一年多的时间中持续进行了盗窃配送货品的行为，涉案财物除最后被发现的两车外，其他的都已不复存在，较难确认实际盗窃数额。受案法院根据最高人民法院、最高人民检察院《关于办理盗窃刑事案件适用法律若干问题的解释》第四条第（一）项的规定，被盗财物有有效价格证明的，根据有效价格证明认定；无有效价格证明，或者根据价格证明认定盗窃数额明显不合理的，应当按照有关规定委托估价机构估价。本案中，由受害人邢台德龙钢铁公司向专业评估机构提供了大量书证以进行评估。在评估之后，结合案件中的其他各项证据最终计算出盗窃数额。

第三节　替代性纠纷解决机制

由于实践中物流活动纠纷类型较多，实际采取的纠纷解决机制也比较多元化。除了以上我们学习过的几种方式，还有符合物流活动特点的诉讼外替代性纠纷解决机制。包括电商平台的居中调解、商事仲裁、劳动仲裁等。

一、电商平台的居中调解

电商平台通常为消费者设置了物流纠纷的解决方式。对于电商物流中存在的发货问题、配送问题和货损问题，平台可以居中进行协调。

电商物流可能存在的法律纠纷主要包括以下三种。一是延迟发货、延迟配送产生

[①] 张勇旦. 物流从业人员窃取货物犯罪行为的认定：兼论职务侵占罪 [J]. 上海公安学院学报，2019，29 (6)：50 - 55.

[②] 翟辉. 新型物流模式下承运人非法占有运输物的行为性质 [J]. 法律适用，2021 (6)：174 - 184.

经济损失引发的纠纷。在电商物流中，由于促销活动等可能导致物流配送流量在短时间内急剧增加，从而延误配送时间，产生货物损失。尤其是对于生鲜易腐产品的损失更大，也更容易产生纠纷。例如，在 2015 年的"双十一"购物促销活动中，从 11 月 10 日开始，"双十一"给航空物流带来的效应开始显现。11 月 11 日当天，光是中国南方航空公司的客机腹舱货邮总运量近 2700 吨，其中广州枢纽的国内货邮运量超过 460 吨，同比增长了 8%。物流流量短时剧增但运力不足的情况下，可能延误货品派送时间，从而引发纠纷。二是物流货物侵权纠纷。电商物流中，分拣员、配送员、装卸员如果非法占有和盗取、损毁货物，则会构成民事侵权或者刑事犯罪。除此之外，物流配送过程中如因交通事故导致人员和财产损害，也应依法解决相应的侵权纠纷。三是物流承运商与卖方的物流合同纠纷。

电商平台通常自设纠纷解决机制，通过电商平台作为中立第三方来居中解决买卖双方和物流企业之间的纠纷。在发生了电商物流纠纷之后，买家可以向电商平台发起投诉，由平台联系卖家或者物流企业解决，最终督促卖家或者物流企业及时进行赔付。电商平台对订单情况十分了解，与买卖双方沟通较为便利，能够及时解决物流纠纷。而电商物流作为一种重要的物流类型，其法律纠纷的解决在很大程度上与其他物流法律纠纷是类似的，可以采取的方式也比较类似。其独特性主要在于电商物流纠纷类型更加聚焦，其纠纷内容比较集中，并且通常有专门的电商平台解决纠纷途径，所以其中的法律纠纷解决效率更高。

二、商事仲裁

随着我国物流产业的快速发展，物流活动日益频繁，物流服务愈加多样，物流参与者日益增多，物流活动中的权益争议也逐步增多。由于物流所涉领域广，导致物流争议的管辖权分散，程序较为复杂，加之物流本身专业性、技术性强，疑难法律问题较多，这种现状很不利于物流争议的妥善解决。

物流纠纷就其性质来说属于民商事纠纷，商事仲裁是物流纠纷替代性解决机制的重要方式，与诉讼相比，具有较大的优越性。一方面，商事仲裁充分尊重当事人意愿，保密性强、成本低、效率高。物流纠纷案件仲裁不受级别管辖和地域管辖的限制，只要当事人订立有效的仲裁条款，仲裁机构就可以受理。另外，当事人可以自主选择自己信任的仲裁员组成仲裁庭来审理案件。仲裁案件实行不公开审理制度，既可以保护当事人的商业秘密，又可以维护当事人的信誉。仲裁实行一裁终局，裁决书自作出之日起即发生法律效力，方便当事人以较低的成本高效解决纠纷，能大大减轻当事人的负担。另一方面，仲裁专业性、权威性高，仲裁裁决易于执行。物流纠纷的仲裁员大部分是在物流行业或法律部门工作多年的专家学者，对物流法律事务具有丰富的实践经验，因而审理案件更具有权威性和说服力，有助于公正地仲裁物流纠纷。另外，一方当事人不履行仲裁裁决的，另一方可以向人民法院申请强制执行。对于涉外仲裁，这个优点更为明显，中国是1958年《承认及执行外国仲裁裁决公约》的缔约国，涉外仲裁裁决可以在世界上上述公约的成员国得到承认和执行，为当事人强制执行涉外仲裁裁决提供了便利。

根据《仲裁法》的规定，平等主体的公民、法人和其他组织之间发生的合同纠纷和其他财产权益纠纷，可以仲裁。当事人采用仲裁方式解决纠纷，应当双方自愿，达成仲裁协议。没有仲裁协议，一方申请仲裁的，仲裁委员会不予受理。当事人达成仲裁协议，一方向人民法院起诉的，人民法院不予受理，但仲裁协议无效的除外。物流活动纠纷多数属于合同纠纷或侵权纠纷，纠纷当事人如果在纠纷发生前或纠纷发生后达成了仲裁协议，可以通过仲裁方式解决纠纷。目前，我国已经出现了专业性物流争议仲裁机构，比如中国海事仲裁委员会物流争议解决中心，该中心提供海运、陆运、空运纠纷仲裁及其他物流仲裁服务。物流争议解决中心作为专业性仲裁机构对物流争议进行仲裁，可以有效解决物流纠纷。

三、劳动仲裁

早期的劳动争议主要集中在开除、辞退违纪职工等方面，形式单一，内容简单。近年来，有关于劳动合同、劳动报酬、保险福利待遇、解除劳动合同应支付的补偿金、赔偿金，以及订立劳动合同时劳动者缴纳风险金、保险金、集资款等发生的涉及经济方面的劳动争议开始增多。[①] 劳动仲裁是劳动争议诉讼程序的替代性纠纷解决机制，是ADR（代替性纠纷解决方式）的一种。

物流活动中存在的劳动纠纷采取劳动仲裁的方式有以下特点和优势。

第一，程序便捷，劳动纠纷解决效率较高。《中华人民共和国劳动争议调解仲裁法》的立法初衷之一是提供给广大劳动争议解决服务的需求者尽可能快捷、高效、低成本的纠纷处理模式，本法的实施免除了劳动争议仲裁的费用，缩短了仲裁周期，引入了劳动监察和支付令制度。[②] 对于物流活动中的劳动争议，也起到了快速解决的效果，能够为劳资双方提供具有针对性的纠纷解决路径，在实践中取得了较好的实效。

第二，生效的法律文书具有执行力，有助于保障当事人的合法权益。经过劳动人事争议仲裁委员会作出生效的裁决书，当事人拒不执行的，可以申请人民法院强制执行。例如，在肖某与上海××物流有限公司劳动仲裁纠纷案中，上海市奉贤区劳动人

---

① 黎克双. 劳动仲裁的经济分析 [J]. 中南大学学报（社会科学版），2009，15（3）：403 - 406.

② 王蓓. 我国劳动争议仲裁制度的缺陷与完善 [J]. 河北大学学报（哲学社会科学版），2013，38（3）：75 - 82.

事争议仲裁委员会作出的奉劳人仲（2017）办字第2882号裁决书已发生法律效力，权利人肖某于2018年1月23日向法院申请，要求被执行人履行生效法律文书确定的义务，即向申请执行人支付人民币14000元及相应的罚息、迟延履行期间的加倍债务利息。法院于2018年1月23日立案执行，并向被执行人发出执行通知书和报告财产令，责令其立即履行上述义务，并对其采取了纳入失信被执行人名单、限制高消费等强制执行措施。

另外，在众包物流等新兴物流形式中，劳资双方关于劳动关系建立与否存在不同认识，可能导致发生交通事故等情形下的劳动关系难以确认的问题。在劳动法律关系方面，众包物流平台与配送员之间的劳动法律关系认定存在模糊性，尽管配送员在平台获得订单并提供配送服务，但事实上其与物流平台之间的联系并不充分，且可以自由决定接单时间和接单频率，这与传统的劳动关系有所不同。末端配送员人数众多，在是否签订劳动合同、劳动赔偿、工伤认定等方面存在不规范之处，可能导致较多劳动纠纷，并且还将影响物流业的长期发展，不利于物流业的良好运行。对此，采取劳动仲裁方式专门解决这些问题有助于解决物流活动中存在的劳动纠纷。

本章小结

在物流活动的不同环节中，涉及的法律关系主体和法律关系的类型较多，物流纠纷较为复杂。针对物流活动中的寄件人、收件人、物流企业或平台、配送员、行政机关，以及其他参与物流活动的第三人之间形成的物流民事法律关系、物流行政法律关系、物流刑事法律关系等，可以根据纠纷情况采取申诉、和解、调解、仲裁和诉讼等多种纠纷解决方式。在实践中，物流活动所涉及的法律问题可采取的方式还包括电商平台的居中调解、商事仲裁、劳动仲裁等，物流活动造成的环境污染侵权纠纷可能涉及公益诉讼的情形。通过不同纠纷解决方式形成的纠纷解决体系能够为物流活动参与者提供公正、全面、快捷的纠纷解决途径，有利于我国现代物流持续高速发展。